Spring Tide Surging from Chongqing

Western Development Strategy in Chongqing

潮起巴渝

——西部大开发重庆剪影

编写组组长 童小平　总撰稿 王佳宁

中国社会科学出版社

图书在版编目（CIP）数据

潮起巴渝：西部大开发重庆剪影/王佳宁等著 . —北京：中国
社会科学出版社，2017.5
ISBN 978 - 7 - 5203 - 0112 - 1

Ⅰ.①潮…　Ⅱ.①王…　Ⅲ.①西部经济—区域开发—研究—
重庆　Ⅳ.①F127.719

中国版本图书馆 CIP 数据核字（2017）第 067700 号

出 版 人	赵剑英
责任编辑	侯苗苗
特约编辑	明　秀
责任校对	周晓东
责任印制	王　超

出　　版	中国社会科学出版社
社　　址	北京鼓楼西大街甲 158 号
邮　　编	100720
网　　址	http：//www.csspw.cn
发 行 部	010 - 84083685
门 市 部	010 - 84029450
经　　销	新华书店及其他书店

印　　刷	北京君升印刷有限公司
装　　订	廊坊市广阳区广增装订厂
版　　次	2017 年 5 月第 1 版
印　　次	2017 年 5 月第 1 次印刷

开　　本	710×1000　1/16
印　　张	25.5
字　　数	298 千字
定　　价	78.00 元

凡购买中国社会科学出版社图书，如有质量问题请与本社营销中心联系调换
电话：010 - 84083683

西部大开发那一段，我们一起走过……

从左至右依次为（以姓氏笔画为序）：马述林、于学信、马瑞麟、王佳宁、王菊梦、朱江、仲建华、陈乃文、陈伟、沐华平、杨庆育、李秀敏、杨丽琼、邱杰、李勇、沈晓阳、陈澍、赵江平、罗明刚、翁杰明、童小平、戴科。

《潮起巴渝——西部大开发重庆剪影》

Spring Tide Surging from Chongqing: Western Development Strategy in Chongqing

---

编写组组长   Writing Group Leader

童小平   Tong Xiaoping

副组长   Deputy Group Leader

陈　澍   Chen Shu

执行组长   Executive Leader

王佳宁   Wang Jianing

总策划　总撰稿   Master Planner and Chief Writer

王佳宁   Wang Jianing

策　划　撰稿执行   Planner and Executive Writer

王资博　罗重谱   Wang Zibo Luo Chongpu

王妙志　王君也   Wang Miaozhi Wang Junye

访　谈   The Interviewer

王佳宁　康　庄   Wang Jianing Kang Zhuang

胡静锋   Hu Jingfeng

莫远明　刘　霖   Mo Yuanming Liu Lin

渝州路铿锵　风劲帆正扬

——《潮起巴渝——西部大开发重庆剪影》序

童小平

西部大开发，是中国的大战略，是区域的大机遇。中共中央、国务院在世纪之交做出的这个重大决策，是中国社会主义现代化建设全局的重要组成部分。重庆是中国中西部地区唯一的直辖市，是西部大开发重要的战略支点。西部大开发战略实施以来的重庆，展开了壮阔而深入的探索与实践。作为一群亲历者、实践者，感恩时代赋予的机遇，难忘领导、同志们付出的艰辛，铭记人民群众的劳动贡献。在重庆直辖二十周年之际，若本书能从一个层面献映这一过程，哪怕有遗漏、有缺陷，也是一件有意思、有意义的事。

西部地区的稳定、发展和繁荣，事关各族群众福祉，事关我国改革开放和社会主义现代化建设全局，事关国家长治久安，事关中华民族伟大复兴，不仅具有重大的现实意义，而且具有深远的历史意义。实施西部大开发，是贯彻邓小平同志"两个大局"战略构想，逐步缩小地区差距，加强民族团结，保障边疆安全和社会稳定，推动社会进步的重要举措；是调整地区经济结构，发挥各地优势，促进生产力合理布局，提高国民经济整体效益和水平的迫切要求；是扩大国内需求，开拓市场空间，保持国民经济持续快速健康发展，实现现代化建设第三步战略目标的重大部署。

重庆市实施西部大开发是一项宏大的系统工程和艰巨的历史任务。2001 年 5 月，江泽民同志在重庆主持召开西部大开发工作座谈会时，希望重庆集中精力办好"四件大事"，即按期完成三峡库区移民任务、振兴老工业基地、加快农村经济发展、加强生态环境保护和建设，使重庆早日建成长江上游的经济中心。2002 年 6 月，江泽民同志视察重庆时指出，"重庆在实施中央关于三峡工程建设和西部大开发这两大决策中处于重要的战略地位，应该充分利用自己的优势条件，抢占先机，有所作为，加快发展，更好地发挥特大中心城市的作用"。重庆市按照江泽民同志的指示精神和国家西部开发总体规划，结合特殊市情，确立了重庆在西部大开发中的总体定位，其核心内容是"三中心两枢纽一基地"，即把重庆构筑成为长江上游的金融中心、商贸流通中心、科教信息中心，综合交通枢纽、现代化通信枢纽，以高新技术为基础的现代产业基地。

重庆市实施西部大开发具有鲜明的时代特征，是新时期、新形势下的新战略，须进一步解放思想，更新观念，勇担使命，创新性地探索解决发展中的新问题。2007 年是重庆直辖市成立十周年。在十届全国人大五次会议期间，胡锦涛同志参加重庆代表团审议时寄语重庆，希望"把重庆加快建成西部地区的重要增长极、长江上游地区的经济中心、城乡统筹发展的直辖市，在西部地区率先实现全面建设小康社会的目标"，并提出了四大重点任务，这就是我们概括的"314"总体部署，为重庆科学发展定了向、导了航。2007 年 6 月，经国务院批准，国家发改委批复重庆市为统筹城乡综合配套改革试验区。统筹城乡改革试验既是中央赋予的重要使命，也是重庆借助国家战略实现地方腾飞的工作抓手，更是全市城乡联动、跨越发展的难得机遇。

重庆市实施西部大开发战略，须把思想和行动统一到中央的重大决策和战略部署上来，干在实处、走在前列，发挥战略支撑功能，在重点突破的基础上，带动整个区域经济社会的发展。2010 年 12 月 6—8 日，习近平同志在重庆调研时对重庆在改革发展稳定方面取得的成绩给予了肯定，同时要求各级干部特别是领导干部要进一步察实情、出实招、干实事、求实效，以扎实的作风做好各项工作，推动重庆经济社会又好又快发展。2016 年 1 月 4—6 日，习近平总书记来到重庆视察调研。习近平总书记对党的十八大以来重庆经济社会发展取得的成绩和各项工作给予肯定，指出重庆区位优势突出、战略地位重要，在国家区域发展和对外开放中具有独特而重要的作用，"十三五"时期发展潜力巨大、前景光明，党中央对重庆未来发展寄予厚望。

西部大开发战略实施以来的重庆，正在发挥战略支撑、对外窗口和辐射带动等功能。在战略支撑上，重庆联结东、中、西，联结长江经济带和"一带一路"。在对外窗口上，重庆对外开放的历史悠久，重庆成为新中国第四个直辖市后对外影响逐渐增大，对外交往日益频繁。在辐射带动上，重庆是重要的中心城市，是西部地区重要的物资、资金、人才集散地。正如中央所强调的，重庆市正在落实中央关于发挥重庆战略支点和联结点的重要作用，加大西部地区门户城市开放力度的要求，推动西部大开发战略深入实施。

西部大开发战略实施以来的重庆，正在展现鲜明的特点。党中央、国务院正确领导和关怀的持续性是保证；市委、市政府发展战略选择的科学性是牵引；发展与改革联动是关键；经济增长的开放性和创新性是引擎；基础设施互联互通的畅达性是基础；产业结构调整和招商落户的先进性是突破；经济、社会、民生、和谐共进是根本。

西部大开发战略实施以来的重庆，正在释放多重政策效应。第一，经济综合实力实现大跨越；第二，基础设施实现大建设；第三，产业结构实现大调整；第四，城乡面貌实现大改观；第五，生态环境实现大保护；第六，社会进步实现大发展；第七，发展方式实现大转变；第八，统筹城乡实现大变革；第九，内陆开放实现大崛起；第十，民生福祉实现大提升。

西部大开发战略实施以来的重庆，创造了许多"第一"。重庆成为全国第一个以省为单位的综合配套改革试验区，特别是国发〔2009〕3号文件将重庆统筹城乡发展上升为国家战略，赋予了重庆直辖市新的黄金定位和发展政策。两江新区作为我国内陆地区第一个国家级开发开放新区，在创立之初就期望深入推动西部大开发，探索内陆开放新方式，促进我国对外开放向内陆腹地纵深发展。重庆笔记本电脑产业在国内首创了结算中心与加工贸易相结合的发展范式，重庆建成了全球规模第一的笔记本电脑生产基地。重庆在全国第一次开辟"渝新欧"国际贸易大通道，打通西北向物流大通道，依托这条铁路，货物可在相对时间较快、花费较少的情况下往返于欧洲和中国内陆地区，其着眼于中国西部整体开发开放战略，更成为新丝绸之路的大动脉。除福特大本营——美国底特律之外，重庆成为福特在全球布局中最重要的基地，推动重庆汽车业雄踞中国第一方阵。2003年开工建设的宜万铁路2010年建成通车投入运营，其前身是川汉铁路，这条我国铁路史上修建难度第一的山区铁路，从筹建到通车竟历经百年。重庆轻轨较新线是全国第一条高架胶轮跨座式单轨车线，国产化率居全国第一。重庆航空发展提升了国家中心城市功能，重庆机场获得"2011 年度亚太地区最佳进步奖"。重庆启动了全国最大规模的统筹城乡户籍制度改革，其走势显现了中国新型城镇化之路的特点，率先提出了农民户籍入城的保障链"学有所教、劳有所得、病有所医、住有所居、老有所养"。

西部大开发战略实施以来的重庆，见证了不少感人故事。要做城乡统筹改革的确是一个系统工程，好像一个人抱着一个很大的西瓜，真的无法下口，大家为此做了许多艰苦卓绝的努力。两江新区就是国家启动新十年西部大开发的开篇之作，重庆由开放的"三线"变成"一线"，成为汇聚全球生产要素的战略要地。从全国老工业基地，到全球最大笔记本电脑生产基地的"童话蜕变"，重庆只用了短短 3 年时间。"渝新欧"作为一条国际联运大通道，正是"一带一路"战略有力的实践者。长安福特发动机工厂从开工到投产，仅仅用了 2 年时间，这是福特汽车 110年历史上建成速度最快的工厂。渝怀铁路是我国西部大开发的标志性工程之一，是当时新中国成立以来重庆最大的基础建设工程。重庆轻轨的规划、运营、建设，一开始就注重百姓需求，定为"市民工程"，现已成为百姓生活的重要期待。重庆江北国际机场定位为全球知名的国际机场、中国重要的大型复合枢纽机场，进行了多次扩建，万州、黔江等机场的开建更是可圈可点。

西部大开发战略实施以来的重庆，绚丽了一个个节点。2000年 1 月 9 日，市西部开发工作小组首次会议召开，重庆正式启动西部大开发工作。2001 年 4 月，美国福特汽车等世界著名企业落户重庆。2002 年 10 月 23 日，三峡库区第一条铁路——达万铁路（达川市—万县市）全线通车。2003 年 6 月 19 日，重庆市政府召开第九次常务会，酝酿电力体制改革，改革目标是实现全市城乡居民用电同质同价。2004 年 12 月 8 日，重庆江北国际机场扩建工程竣工启动，该工程是中国民航总局和重庆市"十五"重点建设项目。2005 年 12 月 26 日，重庆轻轨 2 号线（较场口—新山村）实现全线贯通，标志着重庆成为西部首个拥有轨道交通的城市。2006 年 2 月 16 日，重庆首家本地航空公司——重庆航空公司注册登记，为重庆产业发展增添了新的动力。2007 年 3 月 4 日，重庆代表团建议批准在重庆设立国家级统筹城乡综合改革试验区。2008 年 12 月 4 日，全国首家农村土地交易所在重庆挂牌成立。2009 年 1 月 26 日，国务院发出《关于推进重庆市统筹城乡改革和发展的若干意见》，由此，重庆统筹城乡改革发展上升为国家战略。2010 年 6 月 18 日，重庆两江新区正式挂牌成立，面积达 1200 平方千米；7 月 28 日，重庆市统筹城乡户籍制度改革工作全面启动。2011 年 6 月 20 日，重庆市政府与全球最大笔记本电脑制造商仁宝电脑集团签署战略合作协议，仁宝正式签约落户重庆，继惠普、宏碁、华硕三大电脑品牌商落户后，总产量占全球产量的 90%、全球排名前六位的笔记本电脑代工企业全部落户重庆，全球最大笔记本电脑基地初显轮廓。2012 年 4 月 12 日，渝新欧（重庆）物流有限公司挂牌成立。2013 年 9 月 13 日，市委四届三次全会通过了《关于科学划分功能区域、加快建设五大功能区的意见》，将全市 8.2 万平方千米划分为都市功能核心区、都市功能拓展区、城市发展新区、渝东北生态涵养发展区和渝东南生态保护发展区。2014 年 8 月 15 日，《重庆市统筹城乡重点改革总体方案》出台，涉及新型农业经营体系、农民工户籍制度、农村金融服务、地票制度、农村流通体系五个方面。2015 年 11 月 7 日，《中华人民共和国和新加坡共和国关于建立与时俱进的全方位合作伙伴关系的联合声明》发表，双方全力支持在中国西部地区的第三个政府间合作项目发展，确定项目名称为"中新（重庆）战略性互联互通示范项目"。2016年8月，党中央、国务院决定在重庆市设立自贸试验区。

本书凝聚着广大重庆人民群众的智慧与心血，是西部大开发实践中，重庆经济社会建设与发展的一段见证、一本记录、一首嘹亮的歌；是一扇了解重庆、关注重庆、期待重庆的重要窗口。

本书凝聚着干部、专家、学者的智慧与心血，实践解读与理论分析有机结合，抚脉实践律动，把握政策根底，凸显时代气息；突出宏观视野、注重操作故事与研究色彩，精心献映，多渠道、广视角展示重庆西部大开发状况及运行轨迹。

本书凝聚编写组成员的智慧与心血，于西部大开发，是一个纪念；于重庆直辖市20周年，是一份礼品。

品往昔峥嵘岁月，显"四个自信"；望如今巴渝大地，恰勃勃生机；瞻西部楚楚前景，乃洞烛道远。祝愿重庆在新一轮西部大开发中更显雄勇、更彰新实！

第一章　全国视野

——西部大开发全国层面政策演进

20 世纪末期酝酿、2000 年实施的西部大开发战略，是我国实现"三步走"战略目标、加速经济社会发展而采取的重大战略，是实现"两个一百年"奋斗目标和中华民族伟大复兴的中国梦的重大举措。

表 1 –1　　　　　　　　　西部大开发主要政策回顾

阶段	政策	年份
奠基阶段	《国务院关于实施西部大开发若干政策措施的通知》	2000
	《关于西部大开发若干政策措施的实施意见》	2001
	《"十五"西部开发总体规划》	2002
	《关于进一步完善退耕还林政策措施的若干意见》	2002
	《国务院关于进一步推进西部大开发的若干意见》	2004
	《关于印发促进西部地区特色优势产业发展意见的通知》	2006
	《西部大开发"十一五"规划》	2007
	《关于加强东西互动深入推进西部大开发的意见》	2007
	《中西部地区外商投资优势产业目录》（2008 年修订）	2008
	《关于应对国际金融危机保持西部地区经济平稳较快发展的意见》	2009

续表

阶段	政策	年份
加快 发展 阶段	《关于深入实施西部大开发战略的若干意见》	2010
	《关于中西部地区承接产业转移的指导意见》	2010
	《关于深入实施西部大开发战略有关税收政策问题的通知》	2011
	《西部大开发"十二五"规划》	2012
	《科技助推西部地区转型发展行动计划》（2013—2020 年）	2013
	《中西部地区外商投资优势产业目录》（2013 年修订）	2013
	《西部地区鼓励类产业目录》	2014

一　奠基阶段（2000—2009 年）

区域发展不均衡是自然、历史、经济和政治等因素共同作用的结果，没有西部地区的发展就没有惠及全国十几亿人口的全面小康社会，统筹区域发展被提上了重要日程。西部开发是非均衡发展战略向均衡发展战略的阶段性转变。在实践中，区域发展战略选择不仅要注重经济效益，而且要充分考虑政治意义和社会影响。经过改革开放后几十年的高速发展，20 世纪 80 年代初，邓小平同志就我国区域的开发提出了"两个大局"的战略思想，并且对"两个大局"的实施制定了大致的时间表。到 20 世纪末，经过 20 多年的改革开放，我国综合国力显著增强，人民生活接近小康，在此节点上，西部开发战略被提出来。

（一）政策演进轨迹

20 世纪的西部，是我国相对贫困和落后的地区。西部地区有 1/2 以上的国土，3 亿多人口，新中国成立后也曾经形成了一批工业基地和较大的城市群体，加之西部蕴藏我国最丰富的矿产和能源资源，广袤的国土和众多的人口是巨大的潜在市场，开发西部对国家供应和需求都会产生较大的作用。从区域发展看，开发西部是要从根本上改变西部经济效益低下的状况，用现代科学技术和经营思想来改造西部的技术结构、产品结构和经营机制，缩小与东部地区的差距，从而在整体上提升国民经济发展的效率水平，更好地促进区域协调发展，达到全国经济社会快速稳定发展的目的。从这个意义上来看，实施新一轮的西部大开发，具有全局和战略的意义。正基于此，西部大开发上升到国家战略层面。

第一，基础设施政策的演进。开发初期，《国务院关于实施西部大开发若干政策措施的通知》明确提出力争用5—10年时间，使西部地区基础设施建设取得突破性进展，西部开发有一个良好的开局。国家优先建设西部地区的水利、交通、能源、基础设施，并且中央财政性建设资金、政府优惠贷款给予西部地区一定的倾斜。重大工程包括青藏铁路、兰新铁路二线、西气东输、西电东送等西部交通和能源大通道的开通与建设。2004年3月，《国务院关于进一步推进西部大开发的若干意见》出台，把水利、交通、能源、通信等基础设施项目作为西部大开发"优先"建设的项目。可以看到，前期开发是一种总体的、基础的初步开发，这对于改善西部地区交通环境等基础设施起到了积极作用，成为西部地区深入开发的重要前提。随着国家财力的进一步增强和西部地区基础设施建设的加快，《西部大开发"十一五"规划》明确了"坚持以线串点、以点带面，依托交通枢纽和中心城市，充分发挥资源富集、现有发展基础较好等优势，加快培育和形成区域增长极，带动周边地区发展"。

第二，财税投资政策的演进。从经济发展阶段看，西部地区的发展水平还相对较低，仍处于财税投资带动的发展阶段，这也是西部大开发战略实施以来西部地区经济增长的主要原因。政府在西部开发中的作用主要体现在改善投资环境、完善市场机制、加强资源流动和提高投资回报率上。2009年开始，煤炭、原油、天然气等的资源税由从量计征改为从价计征，并且逐步增加到有色金属等矿产资源行业。2009年一年时间内给新疆新增了35.78亿元的地方财政收入。在转移支付上，除了一般性转移支付外，专项补助资金的分配、中央财政扶贫资金、中央基本建设投资资金和建设国债资金都向西部地区倾斜。故而，西部大开发在2000—2009年固定资产投资增速加快、地区经济呈高速增长态势、地区工业化快速推进、居民生活水平明显改善、东西部相对差距逐步缩小、对外开放水平显著提高、投入产出效益稳步提升。自2007年后，不管是处于经济周期的上行阶段还是下行阶段，西部地区经济增长率始终高于全国其他地区。2009年8月，国务院专门出台了《关于应对国际金融危机保持西部地区经济平稳较快发展的意见》，提出6项新举措来化解国际金融危机对西部地区经济发展的影响。在应对国际金融危机的"一揽子"计划中，中央扩大内需投资的43%以上的资金投向了西部地区民生工程、基础设施、生态环境、产业振兴、技术创新和灾后重建等领域。

第三，产业企业政策的演进。西部大开发以来，部分企业按照15%的所得税税率征收企业所得税。对在西部地区新办交通、电力、水利、邮政、广播电视企业，业务收入占企业总收入70%以上的，可享受所得税"两免三减半"优惠。西部大开发以来，西部地区三次产业结构不断趋向合理。2000年以来，西部地区工业在三次产业中一直居于主导地位，产业升级换代正在加速推进，工业化水平不断提高，这也是推动西部地区经济增长的重要因素。2000 年 10 月，国务院发布的《国务院关于实施西部大开发若干政策措施的通知》，把"巩固农业基础地位，调整工业结构，发展特色旅游业"作为实施西部大开发的 4 项重点任务之一；2002 年 12 月，农业部发布的《关于加快西部地区特色农业发展的意见》，提出要突出抓好西部地区特色农业的发展重点，即特色种植业产品、特有园艺产品、草业和草地畜牧业、高效生态特种水产养殖业、特色农产品加工业；2004 年 3 月，《国务院关于进一步推进西部大开发的若干意见》发布，把"大力调整产业结构，积极发展有特色的优势产业"作为进一步推进西部大开发要抓好的 10 项重点工作之一；2006 年 5 月，国务院西部开发办、国家发展改革委、财政部、中国人民银行、中国银行业监督管理委员会、国家开发银行联合发布了《关于印发促进西部地区特色优势产业发展意见的通知》，系统提出了西部地区特色优势产业发展的总体思路、发展重点和政策措施，其中西部地区特色优势产业的发展重点是能源及化学工业、重要矿产开发及加工业、特色农牧业及加工业、重大装备制造业、高技术产业和旅游产业。2000 年 6 月，由原国家经贸委、原国家计委、原外经贸部发布了《中西部地区外商投资优势产业目录》。随后，2004 年 7 月和 2008 年 12 月，国家发展和改革委员会和商务部对其进行过两次修订，形成《中西部地区外商投资优势产业目录》（2004 年修订）和《中西部地区外商投资优势产业目录》（2008 年修订）。这些政策及支持措施对西部产业结构调整发挥了正确引导和强力支持作用。在企业发展方面，《"十五"西部开发总体规划》要求，国有大中型企业现代企业制度基本建立，非公有制企业产值和资产占全部企业的比重较大幅度上升，利用外资和进出口贸易占全国的比重明显提高。《西部大开发"十一五"规划》要求，进一步改善企业发展环境，消除制约个体、私营等非公有制经济发展的体制性障碍和政策性因素，放宽和扩大非公有制经济市场准入；改进和加强对非公有制企业的服务和监管，加大政府资金的引导和支持力度，重点支持实施中小企业成长工程；完善现代企业制度，提高经营管理水平，增强企业活力和竞争力。深化垄断行业改革，放宽准入，加强监管，积极引入战略投资者，实行投资主体多元化，大力发展混合所有制经济；加强中央企业与西部地区各类企业的联合，通过股权置换和相互参股等多种形式，实现更高层次和更大范围的资源优化配置；积极推进西部地区老工业基地企业分离办社会职能工作，合理解决历史遗留的国有大中型困难企业退出市场问题。

第四，科教文卫政策的演进。2000 年《政府工作报告》指出，实施西部地区大开发战略，当前和今后一段时期，要大力发展科技和教育。加快科技成果转化。2001 年《政府工作报告》指出，"十五"期间要突出重点，搞好开局，使科技、教育有较大发展。2004 年《政府工作报告》提出，继续实施西部大开发战略，以义务教育、公共卫生和基层文化建设为重点，促进社会事业发展。《"十五"西部开发总体规划》要求，先进适用技术在重点开发领域普遍得到应用，科技创新能力得到加强，九年义务教育基本普及，城乡居民文化卫生等公共服务水平明显提高；大力弘扬各民族的优秀文化，重视民族民间文化的保护、发掘和整理，加强对历史遗迹和文物的保护；积极发展文化产业，汲取传统文化的精华为西部开发服务；建立健全群众文化基础设施，建设一批图书馆、文化馆、文化站，在中心城市逐步建设具有地区特色和民族特色的博物馆；重视西部地区影视创作和民族语言电影译制工作，加强农村电影放映工作。《西部大开发"十一五"规划》要求，加强农村和城市社区基层公共文化设施和服务网络建设，继续实施西新工程、村村通广播电视、农村电影放映工程和文化信息资源共享工程，加强乡镇综合文化站等基层文化设施建设，推进民族民间传统文化保护、抢救性文物保护、重大文化自然遗产保护设施建设；扶持农村业余文化队伍。加强城乡社区体育设施建设，开展全民健身活动，保护发展民族民间体育。加快发展文化产业和体育产业，进一步完善文化产业政策，充分发挥少数民族文化特色优势，加快培育骨干文化企业，增强文化产品国际竞争力。

第五，生态环保政策的演进。一是实行退耕还林还草，天然林保护、防沙治沙工程有相应的补贴发给居民。2003 年 1 月 20 日，《退耕还林条例》正式实施。国务院西部开发办、国家林业局和国务院法制办在人民大会堂共同组织召开了学习贯彻《退耕还林条例》座谈会。二是生态移民和生态转移支付。

第六，人力人才政策的演进。一是人才帮扶政策，经济、干部、科技等各类人才对西部地区对口支援。二是人才政策，鼓励人才到西部工作。一些部门单位出台了相应的西部专项计划。中科院大力实施"西部之光"人才培养计划，最根本的是吸引、稳定和发展能扎根西部的科技队伍；司法部提出了筹建西部律师顾问团，组织西部司法培训班，扶持司法中介组织的多项措施，支持西部大开发。

第七，民族地区政策的演进。党的十六大报告强调，实施西部大开发战略，关系全国发展的大局，关系民族团结和边疆稳定。《国务院关于实施西部大开发若干政策措施的通知》，把 5个民族自治区（西藏、宁夏、新疆、内蒙古、广西）和贵州省、云南省、青海省 3 个少数民族较多的省份全部纳入西部开发的政策适用范围，为我国西部民族地区经济发展提供了千载难逢的历史性机遇。《中华人民共和国国民经济和社会发展第十个五年计划纲要》专门对民族地区的开发作了部署。《关于西部大开发若干政策措施实施意见的通知》明确指出："加大对西部地区特别是民族地区（指民族自治区、享受民族自治区同等待遇的省和非民族省份的民族自治州）一般性转移支付的力度……在一般性转移支付资金分配方面，对民族地区给予适度倾斜。从2000年起，中央财政安排一部分财力，专项用于对民族地区的转移支付。"《"十五"西部开发总体规划》对少数民族地区经济和社会全面发展作了具体部署和安排。2005年5月颁布施行《国务院实施〈民族区域自治法〉若干规定》；同年，中共中央、国务院颁发《关于进一步加强民族工作加快少数民族和民族地区经济社会发展的决定》。

（二）阶段性特征

第一，尊重规律，量力而行。进入21世纪，我国的国情已经发生很大的变化，随着社会主义市场经济的深入推进，各种经济社会规律已经在日常活动中产生明显的作用。出台的政策举措，始终坚持从实际出发，按客观规律办事。尽管当时我国的财力已经比较雄厚，但是在确定重点任务和战略目标的时候，没有好高骛远，而是坚持量力而行。比如在提出加大财政转移支付力度时，表述为随着中央财力的增加，逐步加大中央对西部地区一般性转移支付的规模。在加大金融信贷支持方面，提出银行根据商业信贷的自主原则，加大对西部地区基础产业建设的信贷投入。在政策实施的时期上，只界定在21世纪头10年。

第二，系统战略，突出重点。本阶段政策举措所涵盖的内容覆盖了西部大开发所涉及的所有领域，如资金项目、金融信贷、财政转移、投资环境、税收优惠、土地矿产、价格收费、对外开放、协作援助、科技教育、文化卫生，等等。但同时又明确当前和今后一段时期实施西部大开发的重点任务是：加快基础设施建设；加强生态环境保护和建设；巩固农业基础地位，调整工业结构，发展特色旅游业；发展科技教育和文化卫生事业。力争用5—10年时间，使西部地区基础设施和生态环境建设取得突破性进展，西部开发有一个良好的开局。

第三，统筹规划，分步实施。本阶段提出了实施西部大开发，要依托亚欧大陆桥、长江水道、西南出海通道等交通干线，发挥中心城市作用，以线串点，以点带面，逐步形成西部有特色的内陇海兰新线、长江上游、南（宁）贵（阳）昆（明）等跨行政区域的经济带，带动其他地区发展。而在具体的政策设计上，从西部的实际情况出发，如项目建设的表述并非全面开花，而是提出了优先安排的建设项目是水利、交通、能源等基础设施，优势资源开发与利用，有特色的高新技术及军转民技术产业化项目。加强西部地区建设项目法人责任制、项目资本金制、工程招投标制、工程质量监督管理制、项目环境监督管理制等制度建设和建设项目的前期工作。在扩大开放方面也是立足西部实际设计的，扩大西部地区服务贸易领域对外开放，将外商对银行、商业零售企业、外贸企业投资的试点扩大到直辖市、省会和自治区首府城市，允许西部地区外资银行逐步经营人民币业务。允许外商在西部地区依照有关规定投资电信、保险、旅游业。兴办中外合资会计师事务所、律师事务所、工程设计公司、铁路和公路货运企业、市政公用企业和其他已承诺开放领域的企业。

第四，立足长远，顾及当前。本阶段前瞻强调，到21世纪中叶，要将西部地区建成一个经济繁荣、社会进步、生活安定、民族团结、山川秀美的新西部，展示了半个世纪后的西部愿景。同时也提出了一系列的现实优惠政策，如加大建设资金投入力度，优先安排建设项目，加大财政转移支付力度，加大金融信贷支持，实行税收优惠政策，实行土地和矿产资源优惠政策，进一步扩大外商投资领域，进一步拓宽利用外资渠道，大力发展对外经济贸易，促进地区协作与对口支援，吸引和用好人才，发挥科技主导作用，增加教育投入和加强文化卫生建设等。

第五，硬件投入，软件造血。本阶段既注意在政策、资金、项目等方面的硬件投入，又注重改善投资环境的政策设计，指出大力改善投资的软环境，深化西部地区国有企业改革，加快建立现代企业制度，搞好国有经济的战略性调整和国有企业的资产重组。加大对西部地区国有企业减负脱困、改组改造的支持力度。加强西部地区商品和要素市场的培育和建设。积极引导西部地区个体、私营等非公有制经济加快发展，凡对外商开放的投资领域，原则上允许国内各种所有制企业进入。凡是企业用自有资金或利用银行贷款投资国家鼓励和允许类产业的项目，项目建议书和可行性研究报告合并程序报送，初步设计、开工报告不再报政府审批。相应简化外商投资项目审批程序。进一步转变政府职能，实行政企分开，减少审批事项，简化办事程序，强化服务意识。消除行政垄断、地区封锁和保护，加强依法行政，保护投资者合法权益。

（三）政策效应

第一，促进了国家整体富强。贫困不是社会主义，局部富裕也不能自动实现全局富裕。没有西部地区的富强就谈不上全国的富强。实施西部大开发正是从这个意义上来保证国家发展大局和整体利益，促进社会公平，更好地促进其他地区的经济发展。

第二，促进了民族和睦、社会稳定和边疆安全。西部是我国多民族集聚居住的地区，同时又与周边十几个国家接壤。实施西部大开发，不仅有利于增进民族团结与和睦，增强中华民族凝聚力，保持边疆稳定，而且有利于改善国家的安全环境，为全国的经济社会发展提供必要的社会基础条件。

第三，促进了国民经济发展整体效率水平提升。西部地区蕴藏着我国丰富的自然资源，主要资源都集中在西部。20 世纪 60 年代在发挥资源优势思想指导下形成以采掘工业、原材料工业为主的结构，受体制和价格等因素的影响，这种产业结构已经不适应市场经济的要求，严重影响了西部比较优势的发挥。西部大开发就是要从根本上改变过去西部经济扭曲的局面，用现代科学技术和经营思想来提升改善和改造西部的产业结构和经营机制，缩小与东部的效率与效益的差距，从而在整体上提升国民经济发展的效率水平，促进整体区域的协调发展。

第四，促进了国家自然生态环境保护和可持续发展。西部大开发有利于加强对生态环境的保护和建设，合理规划土地，治理水土流失和环境污染，有利于改造传统污染型产业，培育环保生态型产业，重新构建全国生态屏障，实现整个国家的可持续发展。

第五，促进了国内市场空间开拓、内需扩大、就业机会增加。西部地区的人均 GDP、地方财政和居民消费水平等与东部地区都有较大的差距，但这也说明西部有广阔的发展空间。西部大开发利用西部的优势条件，发展特色经济，提高人民生活水平，增加西部地区有效需求以推动整个国家经济发展，同时也从总体上增加就业数量。

二 加快发展阶段（2010 年至今）

在新背景下，深化西部大开发的重大意义进一步凸显，西部大开发在我国区域协调发展总体战略中具有优先地位，在构建社会主义和谐社会中具有基础地位，在可持续发展中具有特殊地位。深入实施西部大开发战略，是应对国际金融危机冲击、保持我国经济平稳较快发展的重要举措；是有效扩大国内需求、拓展我国发展空间的客观需要，是构建国家生态安全屏障、实现可持续发展的重大任务；是不断改善民生、增进民族团结和维护社会稳定的重要保障；是缩小地区发展差距、实现全面建设小康社会目标的必然要求。西部地区的繁荣、发展和稳定，事关各族群众福祉，事关我国改革开放和社会主义现代化建设全局，事关国家长治久安，事关中华民族伟大复兴，不仅具有重大的现实意义，而且具有深远的历史意义。鉴于以上背景，党中央、国务院在2010 年发布了《关于深入实施西部大开发战略的若干意见》，引领西部大开发进入一个新阶段。

（一）政策演进轨迹

在新形势、新背景下，西部地区面临难得的发展机遇。在世界经济格局深刻变化的新形势下，扩大内需是我国经济发展的长期战略方针和基本立足点。西部战略资源丰富、市场潜力巨大的优势进一步凸显；我国与周边国家区域经济一体化深入发展，为西部加快对外开放、提升沿边开放水平提供了新契机；国内经济结构深刻调整，经济发展方式加快转变，为西部承接产业转移和构建现代产业体系创造了有利条件；西部自身的投资环境和发展条件不断改善，为实现又好又快发展奠定了基础；我国综合国力显著增强，有条件、有能力继续加大对西部地区的支持力度。但同时东部与西部发展水平的差距仍然较大，基础设施落后、生态环境脆弱的"瓶颈"制约仍然存在，经济结构不合理、自我发展能力不强的状况还没有得到根本改变，贫困面广量大、基本公共服务能力薄弱的问题仍然突出，加强民族团结、维护社会稳定的任务仍然繁重，西部地区仍然是我国全面建设小康社会的难点和重点。

第一，基础设施政策的演进。2010 年以来，有关部门将交通、水利等基础设施建设放在优先地位，编制实施了《西部大开发水利发展"十二五"规划》等专项规划，陆续新开工了一批重点工程建设项目，基础设施建设全面推进，发展保障能力稳步提升。2014 年《政府工作报告》要求，优先推进西部大开发，要谋划区域发展新棋局，由东向西、由沿海向内地，沿大江大河和陆路交通干线，推进梯度发展。依托黄金水道，建设长江经济带。实施差别化经济政策，推动产业转移，发展跨区域大交通大流通，形成新的区域经济增长极。2015 年《政府工作报告》提出，拓展区域发展新空间，在西部地区开工建设一批综合交通、能源、水利、生态、民生等重大项目，把"一带一路"建设与区域开发开放结合起来，加强新亚欧大陆桥、陆海口岸支点建设；推进长江经济带建设，有序开工黄金水道治理、沿江码头口岸等重大项目，构筑综合立体大通道，建设产业转移示范区，引导产业由东向西梯度转移。"十三五"推进西部大开发，西部地区继续把交通、水利、信息、能源等基础设施建设放在优先位置，加快构建功能配套、安全高效、适度超前的现代化基础设施体系，提升发展保障能力。在交通方面，将基本建成"联通内外、覆盖城乡，功能配套、服务高效，运转顺畅、安全环保"的综合交通运输体系和信息、能源基础设施体系。在水利方面，抓好水资源节约利用和水生态建设，建设节水型社会，大力推进水生态保护和修护；加大水利工程建设力度，加快推进一批重大水利工程建设，着力加强民生水利建设。

第二，财税投资政策的演进。《西部大开发"十二五"规划》强调，把深入实施西部大开发战略放在区域发展总体战略优先位置，将继续从财政、税收、投资等十个方面，给予西部地区特殊优惠政策支持。2010年中共中央、国务院出台了《关于深入实施西部大开发战略的若干意见》，提出新一轮西部大开发中的财税、投资、金融等政策，为未来10年西部地区实现大发展奠定了政策基础和发展基调。国家进一步加大了对西部均衡性转移支付力度，并在教育、人才、医疗、社会保障、扶贫开发等方面的专项转移支付重点向西部倾斜，以逐步增强西部地区地方财力和公共服务提供能力，使西部地区居民能够与中、东部地区居民一样共享改革开放成果。"十二五"时期以来财政政策持续发力，特别是财政支出和转移支付对西部地区经济和社会发展的带动作用较以往明显提升。显然，以企业所得税优惠为主的税收优惠政策对西部经济增长起到了积极的推动作用。西部经济总量增长迅速，工业生产发展迅猛，地方财政收入持续增加，缩小了区域间差距。"十三五"推进西部大开发，将逐步开展建立和完善生态补偿、资源税费改革等符合主体功能区要求的体制机制改革。

第三，产业企业政策的演进。为推进实施以市场为导向的优势资源转化战略，国务院于2010年8月颁布实施了《关于中西部地区承接产业转移的指导意见》，2013年5月国家发展改革委和商务部又联合发布了《中西部地区外商投资优势产业目录》（2013年修订），逐步落实差别化的产业政策。在国家政策的引导下，西部地区产业规模不断扩大，产业转移承接速度加快，产业结构不断优化。在新一轮西部大开发战略中，税收优惠政策得以延续 10 年，即以企业所得税和关税为切入点，对符合条件的企业进行税收减免的优惠。为了提高政策受益对象的针对性，2014 年 10 月 1 日起正式实施了《西部地区鼓励类产业目录》，目录突出了西部各省份的产业发展现状和特点。"十二五"、"十三五"推进西部大开发，着力于立足资源禀赋条件，发展有竞争力的特色优势产业。深入实施以市场为导向的优势资源转化战略，坚持走新型工业化道路，围绕建设国家能源基地、资源深加工基地、装备制造业基地、战略性新兴产业基地，合理布局一批重大产业项目，不断完善特色优势产业体系。这些基地的建设，坚持"高标准、严要求"，起点要高，避免走"先污染、再治理"的老路。

第四，科教文卫政策的演进。西部基础教育经费投入大幅增加，义务教育从全面普及到巩固提高，基础教育均等化取得突破性进展。《西部大开发"十二五"规划》要求，深入实施科教兴国战略，坚持优先发展教育，大力提高科技创新能力；优化高校布局结构，办好一批有特色、高水平大学，支持西部地方高校特色优势学科专业发展；新增高校招生计划向西部地区倾斜，扩大东部地区高校在西部地区招生规模；完善科技创新平台体系，加强重点实验室、工程（技术）研究中心、工程实验室以及企业技术中心建设，继续开展国家与地方联合创新平台建设；深化医药卫生体制改革，建立健全基本公共卫生服务网络，扩大国家基本公共卫生服务项目，实施重大公共卫生服务专项；实施西部文化和自然遗产保护专项工程，深入挖掘民族传统文化资源，促进优秀传统文化传承、创新和发展；深入开展历史文化名城、名镇、名村及民族特色村寨保护与发展工作；加强基层公共体育设施和民族特色体育场馆建设，打造环青海湖国际自行车赛、宁夏银川国际摩托车赛、内蒙古赛马等特色体育竞技活动品牌，促进群众性文化体育活动发展；加快文化"走出去"步伐，扩大对外文化交流，构建以优秀民族文化为主体、吸收外来有益文化的对外开放格局。

第五，生态环保政策的演进。《全国主体功能区规划》（2011）公布的 25 个国家重点生态功能区中，有 16 个功能区在西部，另有 5 个功能区含若干西部区域。国家专门组织编制了《西部地区重点生态区综合治理规划纲要》（2012—2020 年），将西部重点生态区划分为西北草原荒漠化防治区、黄土高原水土保持区、青藏高原江河水源涵养区、西南石漠化防治区、重要森林生态功能区。2015 年 10 月，中国共产党第十八届中央委员会第五次全体会议通过的《中共中央关于制定国民经济和社会发展第十三个五年规划的建议》要求，推动区域协调发展，塑造要素有序自由流动、主体功能约束有效、基本公共服务均等、资源环境可承载的区域协调发展新格局，深入实施西部大开发，强化生态环境保护。"十三五"时期，西部地区走生态优先、绿色发展之路，坚持不懈地抓好生态建设和环境保护，使绿水青山产生巨大生态效益、经济效益、社会效益。在生态建设方面，一方面推进一批生态区综合治理，进一步实施退耕还林还草、退牧还草等重点生态工程和各类循环经济试点示范；另一方面加快建立健全生态保护补偿机制，深化碳排放、清洁能源发展等重点领域改革。在环境保护方面，核心是处理好加快工业化、城镇化与环保标准不降低的关系，避免因增长冲动毁掉绿水青山。

第六，人力人才政策的演进。西部地区最突出的问题是培养人才难、引进人才难、留住人才更难。《西部大开发"十二五"规划》要求，深入贯彻国家中长期人才发展规划纲要，落实重大人才政策和重大人才工程，抓好培养、引进、使用和激励人才各项工作，实施西部大开发重点人才开发工程，着力培养重点领域急需紧缺人才和少数民族人才，形成有利于各类人才脱颖而出、充分施展才能的选人用人机制；加快创新型科技人才培养与引进，围绕特色优势产业发展，建设一支高层次、高技能专门人才队伍；扩大干部交流规模，提高干部交流层次，继续做好中央和国家机关、经济发达地区与西部地区干部双向交流和挂职、任职锻炼工作；加大党政领导干部、企业经营管理人员和专业技术人员的教育培训力度，积极支持西部地区人才培训、公务员对口培训和基层干部培训；鼓励和引导各类人才到西部地区建功立业；加强人才国际交流合作，大力引进国外智力；积极发挥浙江大学中国西部发展研究院在西部开发中的智力支撑作用。"十三五"时期，西部大开发人力人才政策将在继承中发展，在发展中创新，将深入实施"大众创业，万众创新"，以提升自主创新能力、推进创新型区域和创新型城市建设。加大各类人才培养力度，继续实施重点人才开发工程，大力强化人力资本积累；加快优化人才结构，扩大干部交流规模，提高交流层次，为经济发展向创新驱动转型奠定坚实基础。

第七，民族地区政策的演进。坚持认真贯彻落实中央支持民族地区发展的政策措施，积极支持民族地区跨越式发展。2010年10月，中国共产党第十七届中央委员会第五次全体会议通过的《中共中央关于制定国民经济和社会发展第十二个五年规划的建议》提出，加大支持西藏、新疆和其他民族地区发展力度，扶持人口较少民族发展。2010年《政府工作报告》要求，继续深入推进西部大开发，重点抓好西藏和四省藏区、新疆经济社会发展政策的制定和实施工作。2011 年《政府工作报告》提出，坚持把实施西部大开发战略放在区域发展总体战略的优先位置，认真落实西部大开发新十年的政策措施和促进西藏、新疆等地区跨越式发展的各项举措。《西部大开发"十二五"规划》要求，认真贯彻落实中央支持西藏、新疆跨越式发展和长治久安的各项政策措施，推动四川、云南、甘肃、青海等省藏区经济社会发展，加快内蒙古、广西、宁夏等民族地区发展；不断加大中央投入力度，不断加大对口支援、对口帮扶力度，确保各族人民物质文化生活水平不断提高；支持发展民族特色产业，着力保障和改善民生，优先解决特困少数民族贫困问题，进一步加大对人口较少民族支持力度；充分发挥新疆生产建设兵团在新疆的特殊作用，进一步支持兵团建设和发展。"十二五"期间，中央财政进一步加大对民族地区的转移支付力度，2011—2013 年累计安排民族地区转移支付 1218 亿元，其中 2013 年 464 亿元，是 2009 年的 1.76 倍。2013 年，国家对内蒙古、广西、西藏、宁夏、新疆五个自治区和贵州、云南、青海三个少数民族人口较多省份的扶贫投入大幅提高。

（二）阶段性特征

一方面，突出了"六个坚持"。一是坚持夯实基础、加快发展。始终把发展作为第一要务，加强基础设施建设，改善投资和发展环境，大力发展特色优势产业，不断增强经济发展内生动力。二是坚持统筹兼顾、协调发展。依靠科技创新，加快经济结构调整，转变经济发展方式，加强生态建设和环境保护，促进经济发展与人口、资源、环境相协调。三是坚持以人为本、和谐发展。始终把保障和改善民生作为一切工作的出发点和落脚点，着力解决涉及群众切身利益的问题，不断提高城乡居民生活水平；大力推进民族团结进步，维护社会稳定，使各族群众共享改革发展成果。四是坚持因地制宜、分类指导。按照主体功能区要求，统筹规划重点经济区、重点生态区和城镇布局；根据不同区域特点，在着力培育新的经济增长极的同时，切实加大扶持力度，加快推动革命老区、民族地区、边疆地区、贫困地区脱贫致富，走出一条符合各地区实际的发展路子。五是坚持改革创新、扩大开放。加快转变思想观念，深化重点领域和关键环节改革，消除制约发展的体制机制障碍，增强发展活力和动力；扩大对内对外开放，建设国际陆路大通道，构筑内陆开放和沿边开放新格局。六是坚持自力更生、国家支持。充分发挥西部地区的积极性、主动性、创造性，立足自身努力推进经济社会发展；进一步完善和强化各项政策措施，加大国家支持力度。

另一方面，明晰了阶段性发展目标。2010 年西部大开发新政策明确提出两个五年的具体目标。到 2015 年，西部地区特色优势产业体系初步形成，经济总量比 2008 年翻一番；基础设施不断完善，经济社会发展支撑能力进一步增强；重点生态区综合治理取得积极进展；森林覆盖率达到 19% 左右，单位地区生产总值能耗明显降低；社会事业加快发展，基本公共服务能力显著提高；城乡居民收入加快增长，与经济发展速度的差距逐步缩小。到 2020 年，西部地区基础设施更加完善，现代产业体系基本形成，建成国家重要的能源基地、资源深加工基地、装备制造业基地和战略性新兴产业基地，综合经济实力进一步增强；生态环境恶化趋势得到遏制，基本公共服务能力与东部地区差距明显缩小；人民生活水平和质量大幅提升，基本实现全面小康社会奋斗目标。

（三）政策效应

第一，经济社会加快发展。西部大开发政策的实施，使西部在 21 世纪的前 15 年经济社会快速发展，是历史上发展最快的时期。

表 1-2 显示，15 年来，西部地区的 GDP 在全国的份额提高了 2.82 个百分点。2010 年 GDP 总量为 2000 年的 4.6 倍，在这一高基数水平上，西部占全国的份额在 2010 年后的短短 5 年间又提高了 1.8 个百分点，对全国经济的稳定增长起到了重要的支撑作用。15 年间，西部地区财政支出占全国比重提高了 5.14 个百分点，同期东部下降了 5.75 个百分点，这充分体现了西部开发政策中的财政转移支付的调整，体现了两个大局中"先进带落后"的思想。从投资来看，15 年间西部地区占全国比重上升了 6.66 个百分点，而东部地区下降了 12.8 个百分点，这表明国家投资重点的转移。社会消费品零售总额反映着经济辐射和流通水平。15 年间西部地区社会消费品零售总额在占比上几乎没有发生变化，仅上升了 0.68 个百分点，这表明西部的商品流通及消费水平还相对较低。

表 1-2 西部地区主要经济社会指标变化

年份	指标	全国（亿元）	东部地区		西部地区	
			数据（亿元）	比重（%）	数据（亿元）	比重（%）
2000	GDP	88190	51019	57.85	16654	18.88
	财政支出	10454	4758	45.51	2601	24.88
	固定资产投资总额	32917	17484	53.10	6110	18.56
	社会消费品零售总额	34152	18582	54.40	5997	17.55

续表

年份	指标	全国 （亿元）	东部地区		西部地区	
			数据（亿元）	比重（%）	数据（亿元）	比重（%）
2014	GDP	636138	350100	55.03	138100	21.70
	财政支出	129215	51379	39.76	38797	30.02
	固定资产投资总额	512020	206409	40.30	129142	25.22
	社会消费品零售总额	271896	140947	51.83	49851	18.23

　　第二，基础建设迈开大步。表1-3显示，在公路建设上，西部15年来占比提高7.21个百分点，公路通车里程从55.39万千米提高到179.39千米。铁路里程提高了6.97个百分点，里程增加21600千米。加上航空、航运及管道建设，到2015年，西部地区基本形成立体交通骨架网络，为大开发奠定了坚实基础。

表1-3　　　　　　　　　西部地区基础设施建设状况变化

指标名	年份	全国 （万千米）	东部地区		西部地区	
			数据（万千米）	占比（%）	数据（万千米）	占比（%）
公路 里程	2000	167.98	44.31	26.37	55.39	32.97
	2010	400.82	109.64	27.35	156.83	39.12
	2014	446.39	121.81	27.8	179.39	40.18
高速 公路 里程	2000	1.63	0.91	55.82	0.36	22.08
	2010	7.41	2.98	40.21	2.12	28.74
	2014	11.19	3.77	23.69	3.82	34.13
铁路 营运 里程	2000	6.87	1.49	21.68	2.20	32.02
	2010	9.12	2.46	26.97	3.58	39.25
	2014	11.18	3.17	28.35	4.36	38.99

第三，生态环境大为改善。加强生态环境保护和建设，是实施西部大开发的重要切入点。中央提出了按照"全面规划、分步实施、突出重点、先易后难、先行试点、稳步推进"的原则先后在西部实施了退耕还林、天然林保护、退牧还草、长江防护林建设等重大生态工程，大力恢复和增加林草植被，减少水土流失，长江、黄河上游等重点流域生态环境明显改善，加强了西部生态安全屏障。2010 年我国造林总面积达到 6027 万公顷，其中西部地区占比接近 60%；2014 年当年造林面积 554912 公顷，其中西部造林 271210 公顷，占比近 50%。在生态环境各方面都取得了较大的成绩，截至 2014 年年底，退牧还草工程累计安排草原围栏建设近 0.53 亿公顷，其中禁牧 0.27 亿公顷，休牧 0.24 亿公顷，这些措施使天然草休养生息，工程区植被群落得到明显恢复。以处于长江上游的重庆市为例，西部大开发以来，主要环境质量指标得到全面提升（见表 1-4）。

表 1-4　　　　　　　　重庆市生态环境主要指标变化　　　　　　单位:%

指标	基础数据	
	2000 年	2015 年
森林覆盖率	24.20	45
建成区绿化覆盖率	25	42
城市生活污水集中处理率	10	91
城市垃圾无害化处理率	11	99
工业固体废物综合利用率	63	89

第四，对外开放水平提升。表 1-5 显示，西部大开发战略实施以来，西部对外开放水平大幅提升，特别表现在进出口上，

随着产业结构提升，对外贸易大幅度攀升，进出口总额占全国比重提高了 4.07 个百分点，其总额由 171 亿美元跃升到 2793 亿美元，增加了 16.3 倍。国家批准了重庆两江新区等 6 个国家级新区，建成对外开放交通枢纽和国家级口岸，例如重庆在大开发中逐渐形成内陆开放高地，形成了航空、铁路、水路三大对外枢纽，建立了三大国家级保税区和一级口岸。同时，对外开放质量进一步提升，利用外资更加注重质量提升、技术领先和引导结构调整，出口结构中技术含量水平高产品比重逐年上升，更重要的是，西部人民的开发开放意识更加强烈，这是西部大开发非常坚实的基础。

表 1-5　　　　　　　　西部地区进出口总额变化

年份	全国（亿美元）	东部地区		西部地区	
		数据（亿美元）	占比（％）	数据（亿美元）	占比（％）
2000	4742	4368	92.11	171	3.30
2010	29739	26863	90.32	1283	4.31
2015	37888	32269	85.16	2793	7.37

第五，人民生活质量提高。西部大开发是基于我国区域差距而提出来的，而这种差距最重要的指标就是城乡居民收入水平（值得说明的是，该指标反映不了同一地区收入差距问题）。15 年来，西部大开发政策效应最重要的就是使西部城乡居民收入水平有了较大幅度的提高（见表 1-6）。

从表 1-6 可以看出，15 年间，西部城镇居民收入增长了 3.3 倍，农村居民收入增长了 3.9 倍，但与全国平均水平相比，城镇居民收入相对下降，比全国平均水平下降了 6.83 个百分点，

但农村居民收入上升了 9.07 个百分点，西部城乡居民收入差距
有所缩小。

表 1 − 6　　　　　　　　西部地区城乡居民收入水平变化

指标名	年份	全国（元）	东部地区		西部地区	
			数据（元）	占比（%）	数据（元）	占比（%）
城镇	2000	6280	7899	125.70	5642	89.84
居民	2010	19109	23273	121.79	15806	82.71
收入	2014	29381	33905	153.90	24390	83.01
农村	2000	2253	2933	130.18	1685	74.78
居民	2010	5919	8143	137.57	4418	74.64
收入	2014	9892	13144	132.87	8295	53.85

第二章 重庆态势

——西部大开发重庆层面政策演进

实施西部大开发战略以来，重庆发展改革取得明显成效的一条基本经验就是，市委、市政府及全市上下紧紧抓住战略机遇。西部大开发，为重庆发展注入了新的活力，更揭开了重庆加快发展的新篇章。

一 奠基阶段（2000—2009 年）

西部大开发对重庆是最大最实在的机遇。正是得益于国家西部开发机遇，我们建成或开工了一大批多年想干而没有条件干的重大项目，取得了一系列良好的政策效应。我们深知，抓发展、搞调控就要未雨绸缪，努力做到高人一等，提出的各种政策措施必须要有可操作性；要努力做到快人半拍，眼光一定要有前瞻性，人家没有看到的我们要先看到，先提出、先分析、先报告。特别是对国家出台的政策反应及时，对经济运行中的苗头性、倾向性问题要见微知著、及时察识，对新鲜事物要在萌芽状态就能认识到其意义、价值，加以培育引导。西部大开发的 10 年，成就了重庆的宽裕小康。2002 年，重庆人均 GDP 达到 800 美元，解决了温饱，迈进了基本小康的门槛。市第三次党代会提出的"2012 年重庆市人均 GDP 达到 3000 美元"的目标，2009 年已提前实现。

（一）政策演进轨迹

2001 年 5 月，江泽民同志在重庆主持召开西部大开发工作座谈会时，希望重庆集中精力办好"四件大事"，即按期完成三峡库区移民任务、振兴老工业基地、加快农村经济发展、加强生态环境保护和建设，使重庆早日建成长江上游的经济中心。重庆市按照江泽民同志的指示精神和国家西部开发总体规划，结合特殊市情，确立了重庆在西部大开发中的总体定位，其核心内容是"三中心两枢纽一基地"，即把重庆构筑成为长江上游的金融中心、商贸流通中心、科教信息中心，综合交通枢纽、现代化通信枢纽，以高新技术为基础的现代产业基地。《国务院关于实施西部大开发若干政策措施的通知》印发后，童小平作为市发展计划委主任，带领职工研究起草了《重庆市实施西部大开发若干政策措施》，2001 年 9 月报市委、市政府正式印发。该文件涉及财政税收、信贷和融资、土地和资源开发、对内对外开放、人才和科技创新五个方面 50 条具体政策，在重庆后来的开发开放中起到了重要作用。2001 年 9 月 28 日，《中共重庆市委、重庆市人民政府关于印发〈重庆市实施西部大开发若干政策措施〉的通知》（渝委发〔2001〕26 号）出台。2002 年 6 月，江泽民同志视察重庆时指出，"重庆在实施中央关于三峡工程建设和西部大开发这两大决策中处于重要的战略地位，应该充分利用自己的优势条件，抢占先机，有所作为，加快发展，更好地发挥特大中心城市的作用"。2003 年 12 月 9 日，《重庆市人民政府关于深入贯彻党的十六大精神加快西部大开发和全面建设小康社会的意见》出台。2007 年是重庆直辖十周年，在十届全国人大五次会议期间，胡锦涛同志参加重庆代表团审议时寄语重庆，希望

"把重庆加快建成西部地区的重要增长极、长江上游地区的经济中心、城乡统筹发展的直辖市，在西部地区率先实现全面建设小康社会的目标"，并提出了四大重点任务，这就是我们概括的"314"总体部署，为重庆科学发展定了向、导了航。

第一，基础设施政策的演进。2000 年重庆市《政府工作报告》提出，抓住西部大开发的历史机遇，要加速以交通、通信为重点的基础设施建设，构筑参与西部大开发的"快车道"。2001 年重庆市《政府工作报告》提出，推进西部大开发，要抓好重大基础设施建设，竣工一批、续建一批、新开工一批、推进前期工作一批。2002 年重庆市《政府工作报告》提出，实施"八大民心工程"，搞好重点项目建设。2003 年重庆市《政府工作报告》提出，继续突出抓好基础设施等方面的 90 个重点项目建设。2007 年重庆市《政府工作报告》提出，加快枢纽型、功能性、网络化基础设施建设；完善连接中西部、辐射全国的综合交通枢纽。

第二，财税投资政策的演进。2000 年重庆市《政府工作报告》提出，要加大外引内联力度，扩大区域经济合作，特别是推进川渝合作，汇聚各方力量，形成强大合力，共同谱写西部大开发的宏伟篇章。2001 年重庆市《政府工作报告》提出，实施西部大开发，重庆优势明显。与东部地区相比，重庆具有资源富集、市场潜力巨大和劳动力成本低廉的优势；与西部多数省区相比，重庆拥有科教、人才和产业优势；此外，重庆还具有中西部唯一直辖市、拥有长江黄金水道和三峡库区开发、承东启西的区位三大独特优势。我们要充分发挥这些优势，尽快将重庆建成长江上游的经济中心。为此，要按照重庆市实施西部大开发战略的总体思路，以西部大开发统揽经济社会发展的全局，制定重庆市贯彻国家西部大开发政策措施的实施意见并抓好落实；制定三大经济发展区的实施方案并启动建设。2002 年重庆市《政府工作报告》提出，抓紧研究制定和落实应对"入世"的各项措施；出台促进城乡居民消费的政策措施；加快投融资体制改革。2003年重庆市《政府工作报告》提出，以小城镇及特色园区建设为重点促进三大经济区协调发展；在开拓出口产品和市场多元化上取得明显进展；加快国有资产管理体制及投融资体制改革步伐；解决开放引资中暴露的体制弊端为重点继续整治发展环境。2008年重庆市《政府工作报告》提出，加快建设西部地区重要增长极，要力争在 2007 年基础上，到 2012 年，地方财政收入翻一番，超过 1500 亿元；全社会固定资产投资翻一番，达到 6500 亿元；社会消费品零售总额翻一番以上，达到 3500 亿元；外贸进出口总额翻两番以上，达到 300 亿美元；实际利用外商直接投资和内资均翻两番以上，分别达到 50 亿美元和 1600 亿元。到 2012年，金融机构本外币存贷款年末余额双双突破 1 万亿元；商品销售总额突破 8000 亿元，物流增加值达到 1000 亿元。2009 年重庆市《政府工作报告》提出，加快建设西部金融服务高地，组建电子票据交易中心、OTC 市场、生猪等畜产品远期交易所，争取更多银行、证券、保险、基金等境内外金融机构落户。

第三，产业企业政策的演进。2000 年重庆市《政府工作报告》提出，要充分发挥重庆西部工业重镇、三峡库区开发和承东启西重要联结点的三大优势，积极构筑长江经济带西部增长极、成渝经济新高地和长江上游经济中心三大战略制高点，使重庆在西部大开发中发挥战略支撑、对外"窗口"和辐射带动三大功能。要积极调整经济结构，形成新的产业优势和区域经济优势。2001 年重庆市《政府工作报告》提出，与西部多数省区相比，重庆拥有科教、人才和产业优势；此外，重庆还具有中西部唯一直辖市、拥有长江黄金水道和三峡库区开发、承东启西的区位三大独特优势。我们要充分发挥这些优势，尽快将重庆建成长江上游的经济中心，力争结构调整取得新成效。2002年重庆市《政府工作报告》提出，加快推进经济结构战略性调整，重点抓好10个"农业产业化百万工程"和一批重大高新技术项目建设；进一步增强经济增长活力，重点是完善政策措施，促进中小企业和非公有制经济发展。2003年重庆市《政府工作报告》提出，通过多种渠道和方式吸纳30万人就业和再就业；在信息化带动工业化和发展劳动密集型产业方面取得新进展；加快国有企业改革步伐。2004年重庆市《政府工作报告》提出，以加快推进富民兴渝、建设长江上游经济中心、全面建设小康社会总揽改革发展全局，深入推进西部大开发，把工作重点转到调整经济结构、转变增长方式、提高增长质量和效益上来，突出抓好老工业基地调整改造，加快推进农业产业化、农村城镇化和劳动力结构调整，坚定不移地支持非公有制经济发展。2007年重庆市《政府工作报告》提出，着眼于承接国内外产业转移，争取重庆成为全国新的外资密集区、跨国公司进入西部的首选地。

第四，科教文卫政策的演进。2000年重庆市《政府工作报告》提出，要大力发展科技教育。2001年重庆市《政府工作报告》要求，科技教育和文化卫生事业取得新进展；启动北部新区的开发建设，搞好出口加工区和大学科技园区的规划建设；办好"一会一节"和"重庆高新技术成果交易会"。2002年重庆市《政府工作报告》提出，落实"科教兴渝"战略决定，将市委一届九次全会的精神落到实处。2003年重庆市《政府工作报告》提出，进一步实施好"科教兴渝"战略。2004年重庆市

《政府工作报告》提出，促进物质文明、政治文明和精神文明协调发展，促进社会全面进步和人的全面发展。2006 年重庆市《政府工作报告》提出，努力建设长江上游教育中心和西部教育高地。2008 年重庆市《政府工作报告》提出，在 2007 年基础上，到 2012 年，教育人才高地和文化高地六大功能领先西部，城市核心竞争力大幅提升，集聚、辐射、带动能力日益凸显。全社会研发经费支出占全市生产总值的比重达到 2%；基本普及高中阶段教育，高等教育毛入学率达到 30%，人均受教育年限达到 9.2 年；文化产业增加值占全市生产总值的比重达到 4%。

第五，生态环保政策的演进。2000 年重庆市《政府工作报告》提出，要加强生态环境保护和建设，实现可持续发展。2001 年重庆市《政府工作报告》提出，搞好生态建设和环境保护，按计划完成退耕还林还草和 25 度以下坡耕地综合整治任务，编制上报并争取启动《三峡库区生态建设和环境保护规划》。2002 年重庆市《政府工作报告》提出，加大生态环境建设与保护力度。

第六，人力人才政策的演进。2000 年重庆市《政府工作报告》提出，抓住西部大开发的历史机遇，努力开发人才资源。2003 年重庆市《政府工作报告》提出，进一步实施好"人才强市"战略。2006 年重庆市《政府工作报告》提出，营造有利于人才成长、聚集和人尽其才的良好环境，加快构建西部地区和长江上游人才高地。2008 年重庆市《政府工作报告》提出，在 2007 年基础上，到 2012 年，高层次专业技术人才和高技能人才分别达到 10 万人、75 万人。2009 年重庆市《政府工作报告》提出，大力实施人才素质提升工程，创新人才政策，优化人才环境，引进 20 名海外知名专家、1000 名高层次紧缺人才，让重庆成为西部创新创业的首选之地。

第七，民族地区政策的演进。重庆先后制定了《中共重庆市委、重庆市人民政府关于进一步加强民族工作的决定》（渝委发〔2000〕7 号）、《中共重庆市委办公厅、重庆市人民政府办公厅关于黔江区比照民族自治地方享受民族优惠政策的通知》（渝委办〔2001〕41 号）和《中共重庆市委办公厅、重庆市人民政府办公厅关于转发〈中共重庆市委研究室、重庆市发展计划委员会关于加快发展秀山少数民族边贸经济的意见〉的通知》（渝委办发〔2001〕27 号）（以下简称《意见》），采取了一系列优惠政策和措施，从政策、资金、项目、人才、技术等方面给予民族地区大力帮助和扶持。

（二）阶段性特征

第一，中央领导关怀的持续性。2002 年 6 月，江泽民同志视察重庆时指出，"重庆在实施中央关于三峡工程建设和西部大开发这两大决策中处于重要的战略地位，应该充分利用自己的优势条件，抢占先机，有所作为，加快发展，更好地发挥特大中心城市的作用"。童小平当时作为市计委主任，感到中央对重庆寄予了厚望，新生直辖市的发展机遇来了。2007 年是重庆直辖十周年，在十届全国人大五次会议期间，胡锦涛同志参加重庆代表团审议时寄语重庆，希望"把重庆加快建成西部地区的重要增长极、长江上游地区的经济中心、城乡统筹发展的直辖市，在西部地区率先实现全面建设小康社会的目标"，并提出了四大重点任务，这就是我们概括的"314"总体部署，为重庆科学发展定了向、导了航。2008 年 12 月 21—22 日，温家宝同志冒着严寒来渝考察，指出重庆在我国西部大开发和现代化建设全局中具有重要的战略地位，国家将坚定不移地实施西部大开发战略，加大对西部地区的支持力度，重庆也要切实承担起国家赋予的历史使命，把改革开放推向一个新的阶段。2009 年 7 月 9—11 日，李克强同志来渝就三峡后续工作及西部大开发进行考察，要求重庆在西部大开发中必须发挥更重要的作用。当时，童小平作为副市长参与陪同和参加了座谈会，备感鼓舞。

一个鲜明例证是两江新区的设立。2008 年 4 月，为了贯彻落实胡锦涛同志对重庆做出的"314"总体部署，重庆市向温家宝同志汇报提出请求国家给重庆更多支持，并提出了要扩大重庆的开发开放，在西部形成一个增长极。温家宝同志责成国家发改委等有关部门研究这一问题，当年 6 月，国家发改委牵头，50多个部委 200 多人到重庆进行了历史上最大的一次调查研究，就在这次调研的时候，国家发改委提出了设立两江新区的想法。到2008 年年底，国务院印发了 3 号文件，其中明确要在重庆设立两江新区。温家宝同志在 2008 年年底到重庆来调研的时候指出，有关部门要认真研究两江新区事宜。到了 2009 年年初，时任国务院副总理李克强同志到重庆来，听取重庆汇报后特别指出重庆是中西部地区唯一的直辖市，提出设立两江新区主要是树立一面旗帜的思想。当年 4 月，我们就正式向国务院报告了两江新区的总体方案，随后国家发改委牵头对我们的方案进行了论证。

第二，西部开发机构的发展性。1999 年 12 月 30 日，重庆市成立西部开发领导小组，由时任市委书记贺国强同志任组长，时任市委副书记、市长包叙定，市委副书记、常务副市长黄奇帆任副组长，办公室主任由分管计划的副市长兼任，市计委主任兼任办公室常务副主任。2000 年 1 月 9 日，贺国强同志主持召开市西部大开发领导小组首次会议，标志着重庆市正式启动西部大开发工作。时隔 2 天，重庆市 107 个西部大开发重大基础设施项目敲定，总投资达 2400 亿元。童小平 2000 年 5 月担任市发展计划委主任，兼任西部办常务副主任，从此与西部开发工作结下了不解之缘。2003 年 2 月，为适应新一届市委、市政府的工作需要，领导小组作了调整，由时任市委书记黄镇东同志任组长，时任市委副书记、市长王鸿举，市委副书记、常务副市长黄奇帆和童小平任副组长，童小平是担任分管发展计划的副市长，兼任办公室主任，负责西部办日常工作。

第三，重大行动开展的影响性。2000 年 6 月 8—9 日，以"西部大开发与面向经济全球化的中国"为主题的"重庆·中国西部开发国际研讨会"在重庆市隆重开幕，全国人大常委会副委员长王光英、许嘉璐，全国政协副主席陈锦华，诺贝尔经济学奖得主克莱茵和澳大利亚前总理霍克等 260 多位中外宾客出席开幕式，国内外著名企业家、学者在大会和专题会上进行了演讲。2002 年 4 月 20—21 日，重庆市隆重召开重庆直辖与西部大开发研讨会，中共中央政治局常委、全国人大常委会委员长李鹏和全国人大常委会副委员长周光召出席会议并作重要讲话，李鹏要求"努力把重庆改革建设发展推向新阶段"。2004 年 10 月 12—13 日，第五届亚太城市市长峰会在重庆召开，时任中共中央政治局常委、国务院副总理黄菊代表中国政府发表主旨演讲，全国人大常委会副委员长许嘉璐出席，市委书记黄镇东、亚太城市市长峰会的发起城市——澳大利亚布里斯班市市长坎贝尔·纽曼致辞，市长王鸿举主持开幕式。这次盛会，是重庆直辖以来规模最大、影响最深的一次国际盛会，共有 41 个国家和地区、123 个城市参会。会议通过了峰会举办以来的第一个宣言——《重庆宣言》，诠释了城市可持续发展的道路，实现了峰会主题——"城市·人·自然"和谐共生。三峡百万移民被称为"世界级难题"，重点、难点都在重庆。重庆成功打好"库区牌"，破解了百万移民这道世界级难题。截至 2009 年，"搬得出"任务全面完成，累计完成移民投资 542 亿元，搬迁安置 113.8 万人；"稳得住"目标初步实现，库区移民基本生活得到有效保障，后期扶持政策逐步兑现。

第四，区域经济合作的协同性。随着经济全球化和区域一体化的快速推进，区域经济合作已经成为推动我国经济发展的重要动力。面对国内各区域板块迅速发展的新形势，市委、市政府高度重视国内经济合作，将对内开放与对外开放摆在同等重要的地位。重庆市紧紧围绕建设长江上游经济中心和全面建设小康社会的战略目标，加强了与国内东中西的区域经济交流与合作，我们以西南六省区市经济协调会、西南经济区市长联席会、长江沿岸中心城市经济协调会、重庆经济协作区等为依托，不断创新区域经济合作理念、不断提升区域经济合作地位、不断探索区域经济合作模式、不断丰富区域经济合作的内容，基本形成了多层次、宽领域的"片线圈翼"（西南一片、长江一线、周边一圈、南北两翼）的区域经济合作总体格局。一是西南一片。西南一片经济合作主要依托"西南六省区市经济协调会"和"西南经济区市长联席会"，涵盖了整个大西南地区。2004 年，重庆市与四川签署"1+6"框架协议，与贵州签署"1+16"框架协议，川渝黔区域合作揭开了新的篇章。2005 年，会议再次由川、滇、黔、藏、桂、渝联合举办，更名为"西南六省区市经济协调会"。西南六省区市紧紧围绕发展的主题，加强了领导层的互访和交流，逐步实现了由单一的物资合作向商品要素和服务全方位的合作转变，由单纯注重本地经济发展向谋求地区间经济协调发展转变，由以政府行为为主向市场引导下企业主动参与和政府推动相结合转变，由对内联合为主向对内对外两个开放并重转变，促进了地区经济结构的调整，统一大市场的逐步形成和区域经济的协调发展。二是长江一线。重庆市与沿江武汉、宁波、合肥、南京等城市通过高层推动，达成了一批带动全流域结构调整的资本和技术合作项目，围绕以长江水运为重点的带动沿江经济带产业发展战略，努力促进长江上中下游经济合作与协调发展，重点开展了吸引以上海为中心的长三角地区的企业、资金、技术项目，取得了明显成效。三是周边一圈。重庆市与周边经济关联程度较密切的川、滇、黔三省15地市组成了重庆经济协作区。重庆经济协作区已经成为长江上游中心城市的重要支撑地区，重庆市与周边地区经济合作不断加强，相互间经济融合度进一步提高。"十五"期间，围绕高等级公路建设，以重庆为中心开展省市间交通建设协调工作，促进周边各市以重庆方向为重点的公路改扩建工作进程，逐渐形成以重庆为中心、高等级公路为骨干的交通网络。四是南北两翼。市委市政府以渝粤、渝闽、渝鲁合作为重点，努力开拓向南和向北合作交流的空间。随着经济发展和交流加强，广东和山东西部战略逐渐发生变化，由对口支援逐渐转变到项目和市场合作上来。经过发展，重庆的产业基础、人文环境、社会条件等方面，已经逐渐具备了承接东部发达地区产业转移和技术合作的条件，也完全有能力承担东部地区开拓西部地区的前沿窗口，与广东、山东的合作显著增强。2004年渝浙签署两省市合作框架协议和部门合作协议，涉及工业、农业、旅游开发、水电开发、基础设施、城市建设及文教卫生劳务等广泛领域。重庆市还分别与杭州、宁波、台州等市举行双边经济合作洽谈会，市级各部门、各区县积极参与，为建立双边长期、稳定、友好的合作关系奠定了基础。市发展改革委与浙江省协作办初步建立了协调会议制度，约定每年召开一次协调会议。重庆市浙江企业联合会在渝挂牌成立。2005 年，重庆广东工业园落户江津双福工业园区，广东 200 多家在渝企业在渝成立重庆市广东商会。渝闽两地达成加强产业、劳务、旅游、科技教育四个方面的合作共识。渝鲁间就加强产业合作、推动三峡库区对口支援、共同开发劳务经济、拓展两地在城市规划、建设、管理等方面的合作空间达成一致意见。

第五，引资招商落户的先进性。长安福特 2001 年在北部新区投资建设了福特在中国的第一个总装厂，生产能力为 15 万辆/年，产品规划主要是嘉年华、福克斯、麦柯斯等 C 级车型。2005 年在南京江宁建立了第二个整车制造厂（后于 2012 年撤资），一期生产能力仅为 16 万辆/年，主要产品是马自达中低端车型。相对于大众、通用，福特进入中国较晚，在严峻的市场竞争面前，长安福特要实现第一兵团的目标，产能扩张迫在眉睫。由发改委、经信委、北部新区组成的工作团队，积极争取福特能在重庆投资建设新工厂，做大重庆基地产能，获取更多的市场份额和利润。但事关重大，最终决策权在福特总部，市政府主要领导向当时分管外资的吴仪副总理汇报了这一情况。吴仪副总理高度关注，亲笔给时任福特公司总裁兼首席执行官的艾伦·穆拉利先生写信，表达中国政府希望福特在中国加快发展的诚意。2007 年 4 月，童小平带着吴仪副总理的亲笔信，带领工作团队前往美国底特律福特总部，与艾伦·穆拉利进行磋商，谈判小组与福特高层就中国汽车市场、重庆投资环境等相关情况进行了多轮沟通洽谈，第三工厂落地重庆的序幕从此拉开。2007 年 8 月，在由福特产能扩充小组领导、长安公司和长安福特马自达共同完成的《长安福特马自达汽车有限公司产能扩充研究》中，第三工厂的建设方案被正式提出。重庆市随即着手地方优惠政策的制定，2007 年 9 月，《重庆市人民政府给予长安福特三工厂的优惠政策》出台。从 2007 年 10 月到 2009 年，我们与福特方展开了多轮艰苦谈判。最终，双方在主要优惠政策条款上基本达成一致。但福特在投资进度上还是比较迟疑，坚持要在南京和重庆扩能的基础上建第三工厂，而且表明将根据商务和市场情况安排中高档车在南京生产。面对这些不利因素，童小平表示："对于三工厂项目，重庆是志在必得"，并督促北部新区加快基础设施建设进度，争取第三工厂项目在 2009 年开工。为推进第三工厂项目尽快落地，时任市长王鸿举同志在 2009 年 6 月亲赴美国拜访了艾伦·穆拉利先生，进一步表明了重庆市政府的诚意和支持态度。至此，第三工厂项目终于取得实质性进展，得到了美国总部的大力支持。当时的常务副市长黄奇帆同志为争取福特公司在重庆建设第三工厂，做了大量工作。2007 年 9 月 25 日正式签约并举行了奠基仪式。这是继 2001 年福特与长安合作落户重庆以来，又一重大战略合作成果，正是有了长安福特第三工厂的落地，才有了后来的发动机工厂、变速箱工厂及大批零部件配套企业的落户重庆。

（三）政策效应

第一，综合经济实力的大跨越。西部大开发以来，重庆以西部大开发统揽经济社会发展全局，把实施西部大开发与完成中央交办的移民、扶贫、老工业基地改造和生态环境建设"四件大事"结合起来，与全面建设小康社会结合起来，与贯彻落实胡锦涛同志对重庆做出的"314"总体部署结合起来，每年滚动实施十件大事，各项重点任务顺利推进，经济社会发生了翻天覆地的变化。自 2000 年以来，重庆经济实现了三年迈出三大步的发展目标。2000 年经济增长 8.5%，出现加快发展的重大转机；2001 年增长 9%，经济和社会发展出现全局性新变化；2002 年经济总量、结构、速度、效益全面提升，GDP 达到 1971 亿元，增长 10.3%，人均 GDP 770 美元，基本跟上了全面建设小康社会的步伐。重庆以重大项目支撑五年规划落地，规划"十五"期间建设重点项目 90 多项，计划完成投资 5200 亿元；规划"十一五"推进 500 多个重大项目，计划总投资 9000 亿元。重庆从来就不缺乏改革创新的精神，作为全国老工业基地之一，直辖之初，国有企业历史包袱沉重，结构性矛盾突出，资产负债率高达 80%。为了"浴火重生"，全市展开了国企改革攻坚战，推进"五大结构调整"，在经历了刻骨铭心的"阵痛"之后，国有企业实现"凤凰涅槃"，2000 年全市国有企业实现整体扭亏为盈，31 家国企航母与行业精英成为全市经济社会发展的中坚力量，在推动国企改革的同时，非公有制经济快速发展。运作"八大投"，开启资产嬗变的重庆探索，基础设施建设集团担纲政府第三财政和公用事业市场化推手，国有企业资产总量跃居西部第一。2000—2009 年，全市 GDP 翻了两番，按不变价计算，年均增长 12%；全社会投资翻了三番，年均增长 25%；社零总额接近翻两番，年均增长 14%。重庆经济整体晋级，与 10 年前不可同日而语。

第二，基础设施的大建设。西部大开发以来，重庆市在国家的支持下，以交通为重点的基础设施建设作为突破口，加大对基础设施的投入，加快了基础设施建设进程。重庆大手笔推进基础设施建设，交通、能源、水利等"瓶颈"制约明显缓解。国家先后开工建设了青藏铁路、西气东输等西部大开发重点工程。经过努力争取和国家支持，重庆至怀化铁路、重庆轻轨项目正式列为国家西部大开发首批十大重点工程。西部大开发之前，从重庆主城到最边远区县需要三天时间，全市高速公路只有万渝、渝长2条，通车里程134千米。2003年市委、市政府提出"在2010年前构筑长江上游交通枢纽"的目标，在原来1997—2020年综合交通规划的基础上，将到2020年实施的规划整整提前10年。1999年江北机场年旅客吞吐量仅为245万人次，设计容量为120万人次的候机楼超负荷运转，狭窄的候机楼人满为患。市政府于是决定启动二期航站区及配套设施扩建工程，到2004年12月工程竣工，自此结束了重庆不能直飞欧美的历史。2005年后机场客运吞吐量以年均20%的速度增长，2007年突破1000万人次，进入世界繁忙机场行列。经过多年的酝酿，市委、市政府决定实施重钢搬迁，这是重庆有史以来投资最大的工业项目。2006年7月13日，黄奇帆同志带领市级有关部门负责人到重钢，就搬迁可行性进行调研，并安排市各相关部门进行选址、环评、土地、规划等前期工作。2006年8—11月，市发改委等部门就规划选址、环境评价等提出意见，重钢集团完成搬迁方案，同时将搬迁后的经济运行方案报告市政府。2006年12月16日，黄奇帆和童小平带队对选择的长寿新厂址进行综合考察，确定长寿江南镇为搬迁厂址，并呈报市委、市政府。当天，市委书记汪洋和市长王鸿举批示，同意选址意见，希望加快实施。2006年12月30日，市政府召开年度最后一次新闻发布会，宣布2007年启动重钢环保搬迁工程。总之，基础设施上档升级。交通方面，西部大开发之初，全市高速公路仅142千米，10年后达到1577千米，铁路营运里程突破1300千米，结束了重庆无复线、"两翼"无铁路的历史，港口吞吐能力突破1亿吨，集装箱吞吐能力达到170万标箱；能源方面，一大批水电、火电项目建成投用，装机容量从过去 300 多万千瓦提升到现在的 1200 万千瓦，构建起西连四川、东接三峡国家"西电东送"中通道。水利建设大步推进，结束了无大型水库的历史，建成 20 座大中型水库，解决了800 余万农村人口饮水问题；城市建设方面，供水、污水垃圾处理、防护堤、滨江路等一批项目建成投用，城市面貌大为改观。经过 10 年发展，重庆已初步形成了作为西部地区重要增长极的基础设施框架，也为新 10 年又好又快发展奠定了雄厚基础。

第三，产业结构的大调整。产业是新型工业化的抓手，产业是城镇化的抓手，产业是富民兴渝的抓手。从在市发展计划委当主任，到副市长，到 2009 年 12 月又分管工业，童小平自始至终见证了重庆产业经济成长的历程。西部大开发前，重庆汽车摩托车、冶金、化工 3 大支柱产业占据工业半壁河山。西部大开发后，我们着力打造国家重要的先进制造业基地，加大开放型产业集群培育力度，老工业基地得以脱胎换骨。重庆市结合本地区资源优势，把培育发展特色经济摆在十分重要的地位，以此推动产业结构、城乡结构、所有制结构等的战略性调整。在农村经济发展方面，规划实施了优质柑橘深加工等十个农业产业化"百万工程"。同时，还将进一步规划实施产值超亿元的"百镇工程"、"区县工业园区"、农村商贸中心工程。在工业方面，坚持以信息化带动工业化，进一步培育和壮大汽车摩托车、化工医药、食品和建筑建材等支柱产业，优先发展信息工程、生物工程、环保工程三大先导产业，目标是将重庆建设成现代装备工业和综合化工基地。在第三产业方面，加快了传统的商贸流通业提升改造步伐，实施"双十百千"工程，即完善十个商业中心、培育发展十大连锁物流配送企业的"双十"工程，开辟 100 个社区商业服务中心、培育 100 个小城镇组合式连锁网络的双"百"工程，新建 1000 个规模以上的连锁店铺、扩大 1000 万元以上级边贸市场和限额以上市外分销机构数量的"双千"工程。积极培育和壮大旅游、会展业、物流配送等特色产业和现代服务业，优化提升第三产业结构。2005 年全市非农产业占 GDP 比重达到 84.5%，比 2000 年提高了 2.4 个百分点，非农产业就业人员比重达到 50%。工业"一花独放"的格局正在改善，四个重点产业有所发展。汽车摩托车正在做大做强，本地已有 50 万台汽车和 400 多万台摩托车的生产能力，解决 20 多万人就业，财税占全市比重达 40% 以上。2006 年 3 月 11 日，是重庆铝工业发展史上具有里程碑意义的日子。在北京，重庆市人民政府与中铝公司签署了联合建设中国铝加工之都的框架性协议，双方决定以中铝西南铝为基础、重庆西彭特色工业园区为核心，用 8—10 年的时间，把重庆建成国内装备技术水平一流、产能规模居前、产业链完善、产业高度集中、服务配套齐全、具有国际竞争力的铝加工高地。到 2007 年，产业发展趋向规模化、集群化、园区化，培育形成从汽车摩托车、装备制造、石油天然气化工、冶金、材料、轻纺 6 大支柱产业。从 2009 年开始，重庆 IT 产业从无到有，迅速崛起。

第四，统筹城乡的大变革。2007 年 6 月，经国务院批准，国家发改委批复重庆市为统筹城乡综合配套改革试验区，这之前经过了一系列精心的战略谋划。在 2006 年 8 月，市委、市政府就在全市开展了"发挥直辖优势、实现科学发展"一系列的研讨活动，在这个研讨活动中，统筹城乡发展是最主要、最基本的内容。在研讨过程中，我们提出了有关争取设立试验区的一些设想，2006 年 12 月 30 日，汪洋书记、王鸿举市长给温家宝总理写信提出了申请设立统筹城乡综合配套改革试验区的要求。总理第二天就做出了批示，根据总理的批示，国家发展改革委对重庆和成都统筹城乡发展所开展的工作进行了调研，并向总理做了报告。2007 年 2 月，市政府正式向国家上报了在重庆设立国家级统筹城乡综合改革试验区的申请，"两会"期间，重庆代表团向全国人大递交了关于批准在重庆设立国家级统筹城乡综合改革试验区的建议，胡锦涛总书记在参加重庆代表团讨论时，为新阶段重庆改革发展做出"314"总体部署，市第三次党代会就认真贯彻落实总书记"314"总体部署提出了各项方针政策，其核心就是八个字"统筹城乡　率先小康"。在重庆设立全国统筹城乡综合配套改革试验区，从开始的酝酿、构思、设计、申请到获得批准，既反映了全市人民的热切期盼，更包含了党中央、国务院的殷切希望和重托。《意见》形成的过程紧锣密鼓，从提出请求到正式出台，历时 9 个月、275 天。2008 年 4 月 27 日，市委、市政府向温家宝总理汇报提出了 12 项重大政策请求，温家宝总理做出了"两个更加"的论述，明确"在推进西部大开发中，应把重庆放在更加突出的地位，国家要更加重视和支持重庆发展"，并当即批示国家发改委和国务院研究室牵头组织调研。6 月 11 日，童小平带队参加国家发改委、国务院研究室在京组织召开的重庆调研工作启动会，这次会议定下的调子非常重要，为后来各部委对重庆市提出的各项要求鼎力相助奠定了良好的思想基础。6 月 21—30 日，国家发改委和国务院研究室牵头，组织由 45 个部委、219 人组成的调研组来渝开展集中调研，策划了 17 个专题，分 19 个调研组，走遍了重庆所有区县。这次调研实打实地为重庆"把脉、抓药"，调研组认真负责的工作态度给大家留下了深刻的印象。国家发改委杜鹰副主任赴渝东南调研，他一路上带病坚持工作，返回主城途中都在输液。9 月 10 日，国家发改委在征求部委意见的基础上，把《意见》初稿送重庆市征求意见，我们重点就财政、金融方面的政策表达了诉求。12月21日，温家宝总理来渝视察，承诺年内就算是加班也一定要召开国务院常务会，把《意见》审议了。12月31日，温家宝总理主持召开国务院第44次常务会议，原则通过《意见》。原定审议半个小时，结果用了一个半小时，各位副总理都表态支持，参会的部长中有11位发了言，总体上都赞成《意见》。2009年1月26日（牛年大年初一），总理签发《意见》。2月26日，市政府就印发了贯彻落实国务院关于推进重庆市统筹城乡改革和发展的若干意见的通知，要求全市上下以百倍的努力抢抓政策机遇，推进各项目标任务，切实担负起新定位、新使命，绝不辜负中央的支持和厚爱。重庆设立全国统筹城乡综合配套改革试验区并落实相关改革发展政策是贯彻落实科学发展观的重大战略部署。城乡统筹是我国面临的必须破解的一道难题。重庆，具有典型的城乡二元结构，城乡差距大，区域发展不平衡，资源节约和环境保护任务繁重，是我国基本国情的缩影。选择重庆作为改革试验区并落实相关改革发展政策，有利于探索在全国率先走出城乡统筹发展科学发展的新路，起到示范和带动作用。

第五，生态环境的大保护。生态环境保护和建设是西部大开发战略的重点。重庆市围绕实施以主城区为重点的"山水园林城市工程"和三峡库区为重点的"青山绿水工程"，加大了对生态环境的保护和建设。组织实施了退耕还林还草、天然林资源保护、生态环境建设综合治理、水土保持、野生动植物保护、生态富民家园等生态建设工程。2000年、2001年，每年分别完成退耕还林、荒山荒地造林各68万亩；2002年完成退耕还林220万亩，荒山荒地造林220万亩。在实施三峡库区水环境保护项目中，就三峡库区水污染防治规划、生态环境的项目总投资 250 亿元。重庆三峡库区地质灾害防治工程顺利启动。在主城区推行了"清洁能源工程"等"净空"措施，改善了空气质量，2002 年全年大气质量达到 Ⅱ 级或好于 Ⅱ 级标准的天数达到 65%。重庆市地处长江上游和三峡库区，在整个长江领域生态环境保护中的战略地位十分突出，市委、市政府特别强调，承接沿海产业转移要坚持"四不原则"，即坚持不污染环境、不破坏生态、不浪费资源、不搞低水平重复建设，我们要求相关部门在工作中，把合理利用资源和保护环境放到更加突出的地位，多承接一些低消耗、环保型产业转移项目，或者改造和淘汰重庆市高耗低效、污染严重的工业，凡是不符合新型工业化要求的项目一概不承接。我们坚持严格的环境评价制度，抓好产业转移项目的环保设施建设，市政府把环保指标作为每年考核各区县政府工作的重要内容，使承接沿海产业转移与重庆市社会、环境协调发展。为了规范引资行为，节约资源，市政府颁布了《重庆市招商工作规范》（试行），规定都市发达经济圈承接转移产业的单位投资强度近期不低于 15 亿元/平方千米，万元增加值能源耗费不高于 1.5 吨标准煤。渝西经济走廊单位投资强度近期不低于 10 亿元/平方千米，万元增加值能源耗费不高于 2 吨标准煤，在缺水区域禁止布局耗水型产业。三峡库区生态经济区单位投资强度近期不低于 5 亿元/平方千米，万元增加值能源耗费不高于 2.2 吨标准煤。通过设定准入门槛，把一些高耗能、高污染转移企业挡在了门外。重庆还动员全民广泛、深入、持久地开展环保、节能的宣传教育，大力倡导文明、节约、环保的消费理念和消费模式，在全社会形成建设资源节约型、环境友好型社会的良好氛围。

二 加快发展阶段 (2010 年至今)

随着西部大开发的推进,重庆面对的区域竞争压力越来越大。总的来说,竞争促进效率,没有竞争就没有效率,区域竞争也是为了区域合作。从重庆市来看,一定程度上,发展外向型经济缺乏东部的区位、资金、技术等优势,发展资源型产业又缺乏中西部其他省区的资源优势,竞争格局看似对我们不利。但是,我们积极转换视角,在区域竞争中化不利为有利。重庆要在新一轮区域竞争中保持好的发展势头,必须把历史积淀的势能和西部开发的推力整合在一起,做大规模,增强实力,培育后劲。

(一) 政策演进轨迹

2010 年 6 月 18 日,重庆市隆重举行两江新区挂牌成立大会。改革开放以来,深圳特区、浦东新区、滨海新区成功带动了珠三角、长三角和环渤海地区的高速发展,广袤的西部内陆缺乏类似的新兴功能区。国务院 3 号文件明确研究设立重庆"两江新区",重庆谋建两江新区,就是在西部建设新的发展极,争取中央支持布局重大战略性项目,引领西部腹地开发开放。2010 年 12 月 6—8 日,习近平同志在重庆调研时对重庆在改革发展稳定方面取得的成绩给予了肯定,同时要求各级干部特别是领导干部要进一步察实情、出实招、干实事、求实效,以扎实的作风做好各项工作,推动重庆经济社会又好又快发展。党中央、国务院出台了《关于深入实施西部大开发战略的若干意见》(中发〔2010〕11 号),童小平同志作为分管发改委的副市长,牵头研究拟定了贯彻落实意见(渝委发〔2011〕11 号),提出西部大开发新十年十项重大工作。2015 年 11 月 7 日,《中华人民共和国和新加坡共和国关于建立与时俱进的全方位合作伙伴关系的联

合声明》发表。双方全力支持在中国西部地区的第三个政府间
合作项目发展，认为这一项目以"现代互联互通和现代服务经
济"为主题，契合"一带一路"、西部大开发和长江经济带发展
战略，将成为又一个高起点、高水平、创新型的示范性重点项
目。双方同意选择重庆直辖市作为项目运营中心，将金融服务、
航空、交通物流和信息通信技术作为重点合作领域，确定项目名
称为"中新（重庆）战略性互联互通示范项目"。该项目将形成
合作网络，推动西部地区的发展。双方将全力支持该示范项目取
得成功。双方同意给予该示范项目必要的创新举措，包括但不限
于政策和机制创新，并将与中国全面深化改革相一致。双方有关
政府部门将对示范项目的规划和实施予以积极支持。2016 年 1
月 4—6 日，习近平总书记来到重庆视察调研。习近平总书记对
党的十八大以来重庆经济社会发展取得的成绩和各项工作给予肯
定，指出重庆区位优势突出、战略地位重要，在国家区域发展和
对外开放中具有独特而重要的作用，"十三五"时期发展潜力巨
大、前景光明，党中央对重庆未来发展寄予厚望。2016 年 4 月
12 日，国务院批复成渝城市群发展规划。2016 年 8 月，党中央、
国务院决定在重庆市设立自贸试验区。

第一，基础设施政策的演进。2010 年重庆市《政府工作报
告》提出，依托中心城市优势打造西部消费之都，加快建设会
展、购物和美食之都，培育和建成一批百亿商圈、百亿市场，启
动建设西部国际会展中心，规划建设重庆国际美食乐园，增强重
庆对周边地区的影响力和辐射力。2012 年重庆市《政府工作报
告》提出，实施直连传输光缆工程和西部数据中心联通工程，
确保云计算基地数据进得来、出得去。2016 年重庆市《政府工
作报告》提出，全面融入国家"一带一路"建设和长江经济带

发展，发挥战略枢纽功能的辐射带动作用，加强国际产能合作，服务西部开发开放；依托渝新欧铁路、长江黄金水道、渝昆泛亚铁路和江北国际机场，构建多式联运跨境走廊，建设国际物流枢纽。

第二，财税投资政策的演进。2010 年重庆市《政府工作报告》提出，依托保税港区构建面向西部、江海联运的物流网络，尽快发挥保税物流功能。2012 年重庆市《政府工作报告》提出，全面落实结构性减税政策，扩大西部大开发 15% 企业所得税率政策适用领域。2015 年重庆市《政府工作报告》认为，2014 年落实西部大开发和结构性减税政策，取消和免征一批行政事业性收费，为企业减税让利 379 亿元。

第三，产业企业政策的演进。2010 年重庆市《政府工作报告》提出，培育和建成一批百亿商贸企业；重点发展电子信息、机械装备制造、重化工三大板块，打造亚洲最大的笔记本电脑基地、国家重要的现代制造业基地和中西部重要的重化工基地。2011 年重庆市《政府工作报告》提出，推动两江新区跨越发展；按照国家赋予的五大战略定位，深化改革开放，创新政策举措，加快建设功能现代、产业高端、总部集聚、具有国际影响力和内陆开放示范效应的国家级新区，在服务西部大开发、促进区域协调发展中发挥龙头带动作用。2016 年重庆市《政府工作报告》提出，到 2020 年，转变经济发展方式和经济结构战略性调整取得重要进展，加快建设国家重要现代制造业基地、国内重要功能性金融中心、西部创新中心和内陆开放高地，充分发挥西部开发开放战略支撑功能和长江经济带西部中心枢纽功能，基本建成长江上游地区经济中心；紧扣优势产业和战略性新兴产业，引进国内外高水平研发机构，鼓励企业增加研发费用，推进研发和技术服务机构法人化，建设由大型企业领军的行业创新中心、企业研发中心和技术中心，完善以企业为主体的技术创新体系；支持高新区、经开区和特色产业园区构建多层次、多门类创新基地。

第四，科教文卫政策的演进。2010年重庆市《政府工作报告》提出，搭建对外开放服务平台，优化政务环境、法制环境和人文环境，走出一条内陆开放的新路子；办好首届西部交响乐周、第二届西部动漫艺术节。2016年重庆市《政府工作报告》提出，到2020年，建设西部创新中心；建设由大型企业领军的行业创新中心、企业研发中心和技术中心，完善以企业为主体的技术创新体系；健全产学研协同创新机制，搭建产业技术创新联盟，推广网络众包和用户参与设计等创新服务方式，提高科技成果转化能力；加强知识产权保护和科技成果股权激励，健全科研奖励报酬制度，完善知识产权质押融资体系，促进科技成果资本化、产业化。为贯彻落实《国务院关于加快发展现代职业教育的决定》（国发〔2014〕19号）和《中共重庆市委重庆市人民政府关于大力发展职业技术教育的决定》（渝委发〔2012〕11号）要求，《重庆市人民政府关于加快发展现代职业教育的实施意见》（渝府发〔2015〕17号）于2015年3月印发。2014年4月11日重庆市人民政府办公厅印发了《关于印发〈重庆市产业引导股权投资基金管理暂行办法〉的通知》（渝府办发〔2014〕39号），设立了产业引导股权投资基金。2014年重庆市文化委员会根据重庆市人民政府办公厅《通知》精神，印发《关于建立文化产业引导基金项目储备库的通知》。为落实《文化部财政部关于推动特色文化产业发展的指导意见》（文产发〔2014〕28号），支持特色文化产业发展，重庆市文化委下发了《重庆市特色文化产业项目管理办法》，与市财政联合出台《关于支持特色文化产业加快发展的实施意见》，专门提出支持特色工艺美术品产业发展的具体措施，提出深入实施"一区（县）一品"战略，坚持继承和创新并重，支持开发新技术、新工艺、新产品，促进特色文化元素、传统工艺技艺与创意设计、现代科技、时代元素相结合，提高产品附加值。

第五，生态环保政策的演进。2011 年重庆市《政府工作报告》提出，推动两江新区跨越发展，加快建设生态宜居的国家级新区。2013 年重庆市《政府工作报告》提出，力争到 2017 年基本建成西部地区重要增长极和长江上游地区经济中心，一个生态宜居的新兴直辖市一定会挺立在中国西部。2013 年 9 月，重庆市委四届三次全会审议通过了《关于科学划分功能区域、加快建设五大功能区的意见》，其中渝东北生态涵养发展区、渝东南生态保护发展区凸显了重庆生态环保特色。渝东北生态涵养发展区的发展目标是要把该区建设成为国家重点生态功能区和农产品主产区，长江流域重要生态屏障和长江上游特色经济走廊，长江三峡国际黄金旅游带和特色资源加工基地。2014 年 11 月，为深入贯彻党的十八大、十八届三中、十八届四中全会精神，重庆市立足本地实际，突出问题导向，出台了《关于加快推进生态文明建设的意见》。该文件既充分体现了法治建设的最新要求，又紧密结合了五大功能区差异发展的自身特色，是重庆加快推进生态文明建设的最新遵循。

第六，人力人才政策的演进。2016 年重庆市《政府工作报告》提出，要实施更有效的人才引进、培养、使用、激励机制，激发全社会创新活力和创造潜能；充分发挥两江新区的开放引领、创新示范、技术集成和带动辐射作用，努力建成国际贸易、国际物流、先进制造、研发转化、资本运作高地和高端人才集聚区。

第七，民族地区政策的演进。2015 年 8 月，《重庆市人民政府办公厅关于加快武陵山区（渝东南）土家族苗族文化生态保护实验区建设的意见》指出，渝东南文化生态保护实验区系文化部批准的国家级文化生态保护实验区，涵盖重庆市黔江区、武隆县、石柱县、秀山县、酉阳县、彭水县 6 个以土家族、苗族为主的多民族聚居区，是国家重点生态功能区和重要生物多样性保护区，也是文化资源十分富集的区域。对土家族、苗族及其他民族文化遗产实行区域性整体保护、传承、展示和合理利用，符合全市五大功能区域发展战略的总体要求，有利于保护濒危文化遗产，弘扬优秀民族文化，改良文化生态；有利于发挥文化在推动经济发展方式转型中的作用，促进经济社会全面协调可持续发展；有利于增进民族感情，加强民族团结；有利于培育和繁荣生态文化，建成碧水青山、绿色低碳、人文厚重、和谐宜居的生态文明环境。

（二）阶段性特征

第一，互联互通的畅达性。重庆成为中国西部唯一集公路、铁路、水运、航空、管道五种运输方式为一体的交通枢纽，横贯中国大陆东西和纵穿南北的几条铁路干线、高速公路干线在重庆交会，船队可由长江溯江至重庆港，重庆江北国际机场是国家重点发展的干线机场。江北机场三期扩建工程实施，并于 2010 年年底建成投用，空港旅客吞吐量突破 2200 万人次，正在成为国际性复合型枢纽机场。现在，重庆已形成江北国际机场、万州和黔江支线机场"一大两小"航空格局。2010 年 11 月 22 日，童小平很高兴参加了黔江舟白机场的通航仪式，当天上午 10：30，童小平一行从江北机场起飞，内心满载着喜悦和激动，一会儿就到了黔江。童小平在通航仪式上宣布："黔江舟白机场正式通航！"记得童小平当时说了这么一番话："舟白机场不仅仅属于黔江人民，也属于整个武陵山区，而且是西部大开发的重要基础设施。所以我相信，有了黔江舟白机场，黔江的中心城市的作用会很好地发挥出来，有了黔江舟白机场，武陵山区的经济社会发展会更好更快，西部地区的交往也将更加快捷便利。"2012 年 5 月 9 日，童小平和民航局副局长李军在北京会面，就进一步推动重庆民航事业发展等问题深入交换了意见，童小平当时代表市政府对民航局多年来给予重庆民航业发展的支持和帮助表示感谢。就实施江北国际机场扩建工程、开辟国际航线、发展通用航空等方面充分交换了意见，并在江北国际机场扩建的规模、投资、进度等方面达成共识。此外，现在重庆轨道交通营运里程位居中西部第一，主城 9 区实现轨道交通全覆盖。

一个鲜明例证是"渝新欧"国际铁路的开通。2010 年 8 月，也就是惠普落户重庆一年之际，黄奇帆市长带队赴北京，正式向海关总署、铁道部提出开行重庆至欧洲铁路大通道"五定班列"的请求，得到海关总署、铁道部积极支持。与此同时，惠普联合德国铁路公司的子公司辛克物流公司，也试图从线路的另一端，来推动这条路线的货物运输。当年 8 月 30 日，由德国铁总牵头，在德国柏林召开了欧亚铁路会议。这次会议，重庆首次建立了与辛克物流公司、TEL（德铁和俄铁的合资企业）等机构的联系。其后，重庆方面又陆续建立起了与俄罗斯、哈萨克斯坦等国铁路公司及沿线国家政府部门的联系，并形成了"五国六方联席会议"的多边磋商机制。2010 年 11 月 23 日，在温家宝总理访俄期间，中国、俄罗斯、哈萨克斯坦三国联合签署了两项海关便捷通关协议。即便如此，整个谈判过程仍然漫长而复杂。就在整个谈判推进缓慢、无实质性进展之时，重庆决定先迈入实质性步伐，先后于2010年10月、2011年1月两次开出试验班列。第一次是在国内段试运行，第二次将摩托车配件及电子产品运到了俄罗斯的两处交货地点。在两次试运行的基础上，2011年3月19日，"渝新欧"国际铁路联运班列首次全程运行，列车载着惠普在重庆生产的电子产品，从重庆团结村始发，开行16天，顺利抵达德国的杜伊斯堡，之后不断有五定班列（定起点、终点，定运行路线，定运行时间，定运输内容和定运输价格）从重庆开往欧洲。与此同时，关于"渝新欧"的多边磋商机制仍在进行当中，不断地解决了开行过程中遇到的问题。其间，黄奇帆市长和童小平先后带队到海关总署、铁道部拜访，在两部委的帮助下，重庆迅速与哈铁、俄铁、德铁的高层进行了联系和协调。2011年9月22日，童小平与铁道部胡亚东副部长、俄铁副总裁巴巴耶夫在北京举行了三方高层会晤，这次会晤就共同组建渝新欧物流公司发起了倡议；9月27—28日，重庆市举办"五国六方联席会议"，与会各方签署了《共同促进"渝新欧"国际铁路常态开行合作备忘录》，就建立"渝新欧"平台公司、提高列车运行速度和换装效率、共同做好列车的安全保卫工作、进一步降低运输价格等内容达成了一致意见。就这样，在铁道部、国家海关总署的支持下，在途线各国的通力合作下，重庆创新开通了"渝新欧"国际铁路联运大通道，吸引着世界各地投资者的目光。2012年4月9日，各国代表再次聚集重庆，就渝新欧物流公司组建事宜达成一致，4月12日，渝新欧物流公司正式挂牌成立，2014年4月8日，首趟公共班列正式开行，5月23日开行首趟回程班列，"渝新欧"货物运输"有去无回"的困局开始破解。至此，"渝新欧"通道成为中欧班列的"王牌"。

第二，经济增长的开放性。重庆坚持对外开放不动摇，全面把握开放的科学内涵，不仅向国外开放，更注重向国内其他地区开放；把开放作为积极主动与其他国家和地区开展交流，充分吸纳先进经验、先进技术和优秀人才，充分利用市内外资源和市场的过程，以开放促改革促发展，积极探索出内陆开放的特色道路。重庆着力营造活力迸发、万商云集的创业福地。打造产业园区平台，使之成为外来投资者、本土创业者的投资热土、创业乐园。打造专业市场平台，集聚更多生产要素，吸纳更多创业者。打造现代物流平台，集聚人流、物流、资金流、信息流。惠普、宏碁、华硕等品牌商，富士康、纬创、仁宝、广达、英业达、和硕等代工商和一大批零部件厂商纷纷集聚扎根重庆，IT产业快速发展。顺应时代发展潮流，提出实施"云端"计划。2012年11月童小平会见微软全球副总裁、亚洲区服务部总经理雷蒙德时，让项目尘埃落定，成功说服微软总部做出了落户重庆的决定。2012年12月4日，童小平作为副市长会见了来渝考察的微软全球副总裁、服务部亚洲总裁雷蒙德一行，双方就进一步推进微软与重庆市战略合作进行了亲切友好的交流。2013年5月29日，童小平和黄奇帆市长、陈和平副市长见证了国内首个微软全球服务交付中心落户重庆的签约仪式，此次签约，是重庆与微软深入"云"合作的一枚硕果，双方将在大数据和云计算产业积极携手，进一步助推"云端智能重庆"建设，不断丰富上下游产业链，实现合作"双赢"。

第三，科技进步的驱动性。当代国际国内竞争的实质就是科技进步之争。科技是生产力，有知识、懂科技的人是第一生产力。进入21世纪，我国已将"提高自主创新能力，建设创新型国家"作为国家发展战略的核心。在经济全球化、科学技术日新月异的背景下，国际、民族间的竞争从本质上讲就是科技进步的竞争，科技进步的背后是拥有知识和科技水平的人才竞争，所以我国把创新能力作为一个民族发展的灵魂，作为一个国家发展战略核心，作为提高综合国力的关键。现在的发达国家在很大程度上就是保留了它们的技术和资本优势，它们的技术就是可以转化的资本。知识产权、技术壁垒问题已成为国际贸易的手段，渗透到国家政治经济等各个领域。发展中国家有很多弱项，其中主要一点是创新能力比较弱，因此我们在经济安全、国防安全和文化安全方面都面临一些问题和困难。童小平经常接触项目谈判，感到压力最大的是技术问题。童小平提出，市科委要抓紧对国家和重庆市已经出台的能够有效推动科技进步的政策进行清理，对每一政策文件"实施程度怎么样，为什么实施不下去"要有分析，并提出对策和意见，供市政府研究决策。2011 年 11 月，市委、市政府出台了《关于实施创新驱动战略加快建设长江上游地区技术创新中心的意见》。2011 年，重庆综合科技进步水平指数达到 53.69%，提高 2.53 个百分点，增幅居全国第四、西部第一；万人发明专利拥有量 1.65 件，增长 51%，增幅居全国第三、西部第一；新产品销售收入占主营收入比重达 41.3%，居全国第一；R&D 经费预计支出 130 亿元，增长 29.6%，占 GDP比重达到 1.3%。2012 年 9 月 22 日，霍尼韦尔与两江新区签署战略合作备忘录，共同推进在两江新区建设航空产业高地和技术研发中心，推广霍尼韦尔自动化控制技术在两江新区建设中的应用。该研发中心也是霍尼韦尔目前在西部最大的研发中心。童小平当时在市政府分管两江新区，出席了签约仪式。霍尼韦尔对重庆的投资和合作交流由来已久，早在 2010 年，在重庆市第五届市长国际经济顾问团会议召开期间，霍尼韦尔与两江新区就签订了合作备忘录，投资 4500 万元在两江新区设厂，2012 年 5 月，霍尼韦尔全球最大摩擦材料生产基地在两江新区建成投产。9 月 22 日，在 2012 年重庆市第七届市长国际经济顾问团会议期间，两江新区与霍尼韦尔再次携手，双方签署了战略合作备忘录。当时，童小平非常高兴地笑称："霍尼韦尔和重庆每年都有一个约会，而且都在金秋十月。"并打趣说，双方此次签约仪式就是"订婚"仪式。童小平还记得，霍尼韦尔公司全球副总裁沈达理以老朋友的身份用流利的普通话向她表示谢意，他说，重庆有着惊人的发展速度，国外发展航空事业前后用了 60 年，相信重庆会更快。根据这次的战略合作备忘录，双方将利用霍尼韦尔在航空航天、楼宇控制、节能环保、安全安防等领域的全球领先技术和先进经验，推进两江新区在通用航空产业、智慧城市、云计算、节能环保等领域的创新和发展。依托重庆获得国家低空空域管理改革试点的战略契机，霍尼韦尔还参与两江新区的低空空域管理和 FBO 建设的设计并提供技术支持，以帮助重庆打造成国家级国际低空航空枢纽。2012 年年底，两江新区生产的皮拉图斯 PC－6 飞机成功升天。2014 年，重庆按照"技术有前景、市场有需求、重庆有基础"的原则，把电子核心部件、物联网、机器人及智能装备、新材料、高端交通装备、新能源及智能汽车、MDI 及化工新材料、页岩气、生物医药、环保等产业确定为十大战略性新兴产业。全国唯一实现商业化开发的页岩气田、国内首次实现长距离无人驾驶的智能汽车、全球首款应用石墨烯材料的智能手机……2015 年重庆十大战略性新兴产业产值超过 1660 亿元，同比增幅超过 150%；2016 年上半年这十大产业增加值同比增长了 24.8%，对全市工业增长贡献率达到 28.3%。2016 年 9 月 5—6 日，中国共产党重庆市第四届委员会第九次全体会议召开。会议的主题是，深入学习贯彻党的十八大，十八届三中、四中、五中全会精神，习近平总书记系列重要讲话和视察重庆重要讲话精神，以及全国科技创新大会精神，研究部署深化改革、扩大开放，加快实施创新驱动发展战略工作。

第四，改革发展的联动性。发展和改革工作是相互统一、相辅相成的整体，两手都要抓，两手都要硬。抓发展就要抓项目，抓项目就要抓前期、抓建设，抓建设就得抓资金，这是我们传统的工作方式。如今，随着社会主义市场经济的不断完善，市场配置资源的力量越来越强，范围越来越广，对市场的调控更多的是通过改革、政策来实现，而不是传统的批项目、搞规划。改革试验，核心是处理好人、地、财的关系。解决好人的问题，关键是完善城乡户籍、社会保障等制度体系，促进城乡人员充分就业、合理流动。解决好地的问题，关键是坚持"一个长久不变"（即赋予农民更充分而有保障的土地承包经营权，现有土地承包关系保持稳定并长久不变）和"两个转变"（即家庭经营向采用先进科技和生产手段的方向转变，统一经营向发展农户联合与合作，形成多元化、多层次、多形式经营服务体系的方向转变)，实行最严格的耕地保护制度和节约用地制度，建立健全土地承包经营权流转市场和城乡统一的建设用地市场，加快构建现代农业体系。解决财的问题，关键是建立统筹城乡的财政制度，构建工业反哺农业、城市支持农村的长效机制，切实保护好农民的权益。重庆着力打通城乡劳动力、土地、金融等要素合理高效流动的制度通道，在城乡建设用地互动新机制、农民工户籍制度、农村"三权"抵押融资等方面进行了改革探索。户籍制度改革打通了农村富余劳动力有序转入城镇的通道，转户居民同等享受城市就业、住房、教育、医疗、养老五项保障。截至2013年，农民工户籍制度改革累计转户 384 万人，全市户籍人口城镇化率从 2009 年的 29% 上升至 40%；累计交易地票 13.2 万亩，带动 267.3 亿元资金回流农村；累计发放农村"三权"抵押贷款 485.6 亿元；开展农村土地流转市场建设试点，流转农村土地面积 1357 万亩，农民专业合作社达到 1.7 万个。在改革发展政策的求真务实上，重庆注重研究适应性政策，及时解决发展中的问题。"欲致鱼者先通水，欲致鸟者先树木"，若要通经济之活水，树民生之茂林，"政策"无疑是制胜法宝。首先，搞准问题。重庆市委、市政府见势比较早，致力于出台适应性政策，为重庆市发展赢得主动权。重庆在抓项目的同时，注重增强预见性，提高认识能力、分析和判断能力，关键是加强形势分析和宏观研判。其次，制定政策。任何政策都是"双刃剑"，要加强利弊分析，做到趋利避害。最后，把握时机。政策什么时候推出也是有讲究的，要善于把握时机。重庆市委、市政府善于在国家政策和市场环境变化中捕捉发展新机遇，研究形成前瞻性和可操作的政策方案。

第五，体制优势的创新性。在具体的优势彰显过程中，一定要有创新的思路和办法，如果全部是本本主义，事业就难以推进。"本本"是在实践的基础上总结的，先有实践，才有"本本"，再通过不断的实践，然后又有新的"本本"，这就是历史规律。一是"点"与"面"的配合：坚持体制改革整体推进与重点突破相结合，重庆定位与发展理念愿景清晰；二是"上"与"下"的联动：促进体制改革顶层设计与局地试点有机互动，重庆上下施政作风同步刷新；三是"破"与"立"的融汇：破除体制改革中不利于闯将干事的阻碍，建立合理容错机制，群众工作机制与执行能力提升平行站位；四是"管"与"放"的互补：厘清政府与市场边界，凸显有限政府有所为有所不为，凝聚力与战斗力历久弥坚；五是"先"与"后"的贯通：发挥重庆统筹城乡综合配套改革试验区和两江新区的示范带动效应，制度体系和全面深改相互激荡；六是"竞"与"合"的角逐：引领长江上游地区和西部地区省际联动，率先破除以邻为壑，治理体系和治理能力集中体现；七是"变"与"稳"的协调：完善风险评估机制，引导公众对改革好处的预期，价值体系和制度体系相得益彰。

（三）政策效应

第一，项目投资取得重大突破。一个地区的发展，项目是抓手，规划也要落在项目上，没有项目，发展就等于没有抓住。项目重在前期、实现开工，政策重在设计、付诸实施。没有项目发展就没有支撑。为了做好项目，发展改革系统的同志们以及全市各级政府、投资集团，真的是想尽了千方百计，费尽了千辛万苦，否则，我们不可能有全国第一的发展水平，重庆的城乡面貌也不可能让人刮目相看。重庆建立起开工一批、推进一批、投产一批、储备一批的投资工作机制，形成"四个一百"重大项目体系（即百项政府主导类、百项市场主导类、百项重大前期、百项重大招商），对重点项目实行分级管理。特别是从 2012 年开始，我们每年策划推出基础设施、先进制造业、现代服务业、新兴商务集聚区等 40 个重大项目群，滚动实施。提出西部大开发新十年着力提升基础保障能力、优势产业竞争力、统筹城乡能力、环境可持续发展能力、开放型经济水平和公共服务均等化水平，规划实施 30 项具有战略意义的重大项目，总投资额为 1.16 万亿元。2012 年 5 月，童小平组织协调了重庆与央企的最大规模的项目签约，共与 30 家央企签约合作项目 72 项，总投资

3506 亿元，推动了央企新一轮深度参与重庆西部大开发的实践。

第二，发展方式实现新的转变。到 2012 年，电子信息产业异军突起，与传统 6 大优势产业形成"6＋1"产业体系，2013 年年底，工业增加值突破 5000 亿元，占 GDP 比重提高到 41.5%。电子信息、汽车工业形成"品牌商＋代工商＋零部件商"产业集群，各类信息终端产量突破 1.3 亿台（件），汽车产量突破 200 万辆，占全国 10%，本地配套率达到 80%。在工业发展的过程中，我们在着力做好"加法"的同时，积极做好"减法"，化解产能过剩，严格执行"十二五"淘汰落后产能计划进度，累计淘汰焦炭、铁合金等 8 个行业产能 2000 多万吨。服务业增加值从 1999 年的 459 亿元增加到 2013 年的 5256 亿元，占 GDP 比重由 7.2% 提高到 37.9%，区域金融中心功能加快培育，金融机构本外币存、贷款余额分别从 886 亿元、969 亿元，增加到 2.3 万亿元、1.8 万亿元，增长 25.7 倍和 18.5 倍，金融业增加值占 GDP 比重为 8.4%，成为重庆市支柱产业。规划布局"三基地四港区"物流枢纽，区域物流中转能力增强，2013 年物流业增加值实现 680 亿元，占 GDP 比重突破 5%。近年来，重庆努力打造联动东西的产业集群。积极承接长江中下游地区产业转移，按照链条化、集群化的思路，促进相互配套和分工协作。加强与西北地区的能源资源合作，鼓励企业联合勘探开发和资源综合利用。加强科技教育合作，联合开展技术攻关，共建一批科技示范园和先进技术示范推广基地。建立对外投资服务平台，支持有条件的企业扩大海外投资，加强与丝绸之路经济带上国家的经贸合作，鼓励重庆汽车、装备等领域企业"走出去"对外投资。促进加工贸易转型升级，推动向价值链高端拓展。加快发展服务贸易产业，推进服务贸易基地建设。加强金融、技术、知识产权保护等领域的国际合作，全力推进跨境电子商务、云计算、大数据、创新性金融等新兴产业和新型业态，促进跨境电子商务全产业链集聚。重庆工业加快转型升级，大力发展笔记本电脑加工贸易，牵头推动形成"渝新欧"欧亚大陆桥以及江海联运、铁海联运、航空货运共同组成的国际贸易大通道，使重庆从内陆城市一跃成为开放前沿，成为内陆首个中欧"安智贸"试点港口，实现多国海关"一卡通"；西永综合保税区和两路寸滩保税港区已围网封关运行，成为我国唯一拥有两个保税区的地区，实现货物"大进大出"；建设离岸结算中心，实现资金"大进大出"；建设离岸云计算区，实现数据"大进大出"。世界目光聚焦重庆，跨国公司云集重庆，人才、资金、货物等要素向重庆市聚集，产业快速向周边地区辐射。重庆对周边省市乃至全国的引领、辐射、集散等中心城市功能显著增强。全球每三台笔记本电脑、全国每八台汽车就有一台"重庆造"，不少人担心重庆的电子信息产业和汽车产业正在遭遇产业规模"天花板"，但出人意料的是，2016 年上半年这两个占据重庆工业半壁江山的支柱产业仍持续发力，增加值同比分别增长 21.6% 和 10.1%。随着美国康宁、法国液空、惠科 8.5 代线项目等配套延伸项目将陆续投产，重庆电子信息产业将进一步向"芯、屏、器、核"多终端体系延伸。而同时，重庆正在打造全国最大的新能源汽车生产基地。

第三，经济持续实现快速发展。2011 年，重庆经济总量进入万亿俱乐部是国家西部大开发的重要成果。10.6%，2016 年上半年重庆经济增速"成绩单"分外亮眼，但更加难能可贵的是，这也是这个既无资本、人才优势，也无区位优势的内陆地区经济增速连续第十个季度领跑全国。我们国家实施西部大开发的战略，就是希望在改革开放 30 年之后，西部地区发展得快一些、好一些，以此来缩小东西部的差距。西部发展得更好更快既是中央的要求，也是西部大开发的本质要求，我们发展得快一点当然是西部大开发的重大成果。归结起来有九大动因：一是具有坚持与党和国家改革发展大局同频共振，保持把握方向、举重若轻的定力。二是具有实施五大功能区域发展战略，强化践行"四个全面"、"五大理念"的引力。三是具有推进供给侧结构性改革，提高应对外部经济下行的能力。四是改革区县考核评价和政策引导机制，增强科学发展、可持续发展的活力。五是策动市场力量加快转型升级，壮大产业经济发展的实力。六是优化城乡资源配置，保持"二元经济"形态下率先进行差别化发展的张力。七是凸显城市功能和运行效率，形成了多层次、多样性新兴消费业态发展的合力。八是确立财政资金分配和补偿机制，激发了要素整体质量和效益不断提升的潜力。九是建设中西部对外开放高地，有效借助了"一带一路"和长江经济带战略中的外力。

第四，民生福祉得以逐步提升。当前已进入改革发展的关键时期，也是社会转型期，经济体制深刻变革，社会结构深刻变动，利益格局深刻调整，思想观念深刻变化，各种矛盾集中显现。我们主动应对，兼顾效率与公平，在抓经济建设的同时，更加注重解决社会发展问题；在调控经济总量的同时，更加注重加强薄弱环节；在解决面上问题的同时，更加注重协调各种社会利益关系。重庆市相继出台了不少含金量高、受益面广的惠民政策，近年来，又强力实施 22 件城乡民生实事，发展为了人民、发展成果为人民所共享得到进一步体现。这些年，民生支出占公共财政预算支出 50% 以上，解决了一批涉及群众切身利益的问题。一是就业服务体系更加健全，累计发展微型企业 11.2 万户，解决就业 84.7 万人。二是五大社会保险实现市级统筹，2013 年城乡养老保险参保率和城乡医疗保险参保率分别达到 90％ 和 95％。三是大规模建设公租房，形成"低端有保障、中端有市场、高端有约束"的制度体系，截至 2013 年年底累计竣工公租房 1915 万平方米，公开配租 23.3 万户，惠及居民约 63 万人。习近平总书记曾经称赞，重庆公租房建设是一个德政，一个善举，一个积极的探索，尤其是对解决农民工住房难、进城落户难提供了有益经验。2011 年 12 月 2 日，童小平在民心佳园居民胡本华家中做客，把重庆市第 300 万名"农转城"户口簿交到他手中，童小平的感觉是一家三口住在公租房里，很温馨、很温暖。四是促进教育公平，率先在西部建立城乡一体义务教育经费保障机制，全面实现城乡免费义务教育，免费中职教育先行先试，财政教育支出占全市生产总值比重多年保持在 4％ 左右。五是大力发展医疗卫生事业，基本建立遍及城乡的医疗卫生服务体系，推进医疗卫生体制改革，基本药物制度实现基层全覆盖，在全国率先成立药品交易所。六是着力为民解决环境难题。1997 年重庆直辖时，中央把加强生态环境保护与建设作为"四件大事"①之一次办给重庆。推进"蓝天"、"碧水"、"绿地"、"宁静"和"田园"五大行动，成功创建国家环保模范城市，摘掉了"雾都"的帽子。先后启动 6 批 206 家企业环保搬迁，主城区空气质量优良天数由 2000 年的 187 天增加到 2013 年的 206 天，在 74 个主要城市中排名 13 位。推进生态工程建设和水土流失治理，森林覆盖率由 2000 年的 23％ 提高到 2013 年的 42.1％，

---

　　① 1998 年，江泽民同志参加九届全国人大一次会议重庆代表团审议时指出，在当前和今后一个时期，重庆要集中力量办好四件大事：完成三峡重庆市区的移民搬迁、振兴工业基地、基本解决农村贫困人口温饱问题、加强生态建设和环境保护。

长江干流重庆段水质稳定在Ⅱ—Ⅲ类标准。七是大力实施精准扶
贫。落实重庆市（武陵山片区、秦巴山片区）农村扶贫开发规
划，启动片区扶贫攻坚，累计实施 2000 个贫困村整村扶贫。实
施一批农村水利工程，农村生产生活用水保障度提高。2013 年
行政村道路通达率、通畅率分别达到 100%、75%。

第五，内陆开放高地逐步崛起。重庆远离沿海 1000 多千米，
建设内陆开放高地在过去想都不敢想，而今梦想成真。口岸高地
成为重庆建设开放高地的核心标志。一是大平台。已经构筑起
"1+2+7+36"开放平台体系（两江新区，西永综合保税区和
两路寸滩保税港区，高新、经开、万州、长寿 4 个国家级开发区
及北部新区、万盛、双桥 3 个市管开发区为中坚，36 个市级特
色工业园区）。二是大通道。完善覆盖欧美亚的客货运航线网络
布局，开通了 24 条国际客运航线和 15 条国际货运航线。开通重
庆经长江到上海、重庆到深圳进入太平洋，经云南到缅甸入印度
洋等国际货运通道，成为长江上游地区水陆空综合交通枢纽。创
新开通"渝新欧"国际贸易大通道。2011 年，"渝新欧"班列
问世，凭借"时间只有海运的 1/3、价格只有空运的 1/5"的优
势，创造性地开辟了从中国内陆到欧洲的货运新通道；如今
"渝新欧"占据了经阿拉山口出境的多条中欧班列货值的 80%。
2016 年 4 月 28 日，10 辆满载货物的卡车从重庆出发，42 小时
后经广西凭祥口岸抵达越南河内，标志着重庆到东盟的国际公路
物流大通道东线通道正式开通；重庆还将开辟到老挝万象的中线
通道和到缅甸仰光的西线通道，最终实现三条通道"下南洋"。
三是大通关。探索推进通关及跨境结算便利化。与多国海关建立
起"一次报关、一次查验、全程放行"的便利通关机制，"渝新
欧"沿线各国海关实现信息互换、监管互认、执法互助的便捷

通关。加强与沿海、沿边地区通关协作，建立协同高效的"一卡通"平台。四是大环境。重庆团结村铁路中心站成为内陆地区唯一对外开放的铁路一类口岸。推进完善内陆开放高地建设体制机制、创新服务贸易发展方式、拓展"渝新欧"通道及其口岸功能 3 项重点改革，探索推进投资便利化，实际利用外资近三年连续突破 100 亿美元，截至 2013 年年初，全市累计落户世界 500 强企业 230 家。五是大产业。推动一般贸易、加工贸易、服务贸易协调发展，推进产业链、价值链垂直整合，变"两头在外，一头在内"的传统加工贸易模式为"一头在外，多头在内"的全产业链加工贸易新模式，2013 年离岸金融结算突破 800 亿美元。六是大支点。重庆是丝绸之路经济带，21 世纪海上丝绸之路与长江经济带的重要节点、交会点和联结点，向西北通过"渝新欧"国际铁路联运大通道与中亚及欧洲连接，向东通过长江黄金水道连接中下游地区，向西南通过孟中印缅经济走廊连接 21 世纪海上丝绸之路。充分发挥重庆在"两带一路"中的战略支撑作用，有利于推动内陆地区全方位对外开放，打造中国经济升级版。我们在内陆开放高地建设的实践中积累了有益实践，为重庆融入国家路带战略奠定了基础。再如，我们协同争取国家出台《成渝经济区区域规划》，使成渝经济区上升为国家发展战略。又如，我们率先研究提出重庆沿江承接产业转移示范区，积极向国家发改委汇报争取，很快获得批复，承接产业转移势头良好。比如，我们积极打通"一江两翼三洋"国际物流大通道，以重庆为支撑点，通过长江黄金水道东去太平洋，通过"渝新欧"铁路通道西去欧洲奔大西洋，再通过渝黔铁路、渝昆铁路及公路南下印度洋。创新开通的"渝新欧"一端连着欧盟中心区域，其运行线路与辐射范围贯穿丝绸之路经济带，另一端连着长江经济带，并通过"铁海"联运延展到海上丝绸之路，其先行先试，为"一带一路"建设注入了丰富的实践内涵，为重庆在国家路带战略大格局中赢得先机。重庆紧扣国家中心城市和长江上游地区经济中心的战略定位，坚持政府引导和市场主导相结合、"引进来"和"走出去"相结合，突出人文搭台、经贸唱戏、互联互通、政策支持，积极融入"一带一路"建设，加快把重庆建成内陆开放高地。重庆努力打造丝绸之路经济带和长江经济带的综合枢纽。围绕扩大向东向西对内对外开放，推进基础设施互联互通。着力提升长江黄金水道的运输能力，建设长江上游航运中心。推进建设连接丝绸之路经济带和长江经济带的沿江铁路等骨干工程，发展多式联运。推进西向、西北向的跨境电力通道建设。加大力度打造物流网络体系，降低物流成本、提高物流效率，全面提升重庆各类市场、要素的活力，增强重庆在区域经济中的服务能力。重庆努力打造适应新形势的内陆开放高地。围绕"一带一路"建设，加强国际物流运行协调沟通，持续落实贸易物流便利化措施，积极探索与沿江省市、"渝新欧"沿线国家和地区建立完善大通关合作机制。进一步拓展两江新区、保税港区、国家级开发区等平台功能，加快空港、水港、铁路等口岸建设。加快重庆保税港区展示交易中心建设，引导丝绸之路经济带沿线国家入区开展保税商品展示展销。服务服从国家外交战略，协同深化与中东欧国家—地方领导人会议合作制度，积极参与长江上游地区与伏尔加河沿岸联邦区域合作。着眼全面深化改革和扩大开放，紧扣制度创新，积极推动建设内陆自贸区。提升与中亚、欧美、东盟等国家的经贸合作水平，加强渝港、渝澳、渝台经贸合作和文化交流，深化海峡两岸经济合作试点，加快成渝城市群互动联系。2016 年 8 月，党中央、国务院决定在重庆市设立自贸试验区，其"肯綮"无疑在于落实中央关于发挥重庆战略支点和联结点重要作用、加大西部地区门户城市开放力度的要求，带动西部大开发战略深入实施。

第三章　案例献映

——西部大开发重庆重点案例

 **西部新领航**

重点案例一:

统筹城乡——综合配套改革试验区先行先试

　　重庆成为全国首个以省为单位的综合配套改革试验区,是国家对全面落实科学发展观、深化改革、加快推进西部大开发的重大战略部署,对重庆市打造西部地区重要经济增长极、探索并走出一条城乡协调发展道路、建设城乡统筹发展的直辖市具有重大意义。特别是国发〔2009〕3 号文件将重庆统筹城乡发展上升为国家战略,赋予了重庆直辖市新的黄金定位和发展政策,充分反映了国家对于重庆在新形势下的城乡统筹给予的高度重视和大力支持,有利于重庆为全国统筹城乡改革发展探路与示范,有利于增强重庆经济社会发展的统筹性、协调性、可持续性。近年来,五大功能区域发展战略的深化拓展,则是重庆统筹城乡综合配套改革试验区的最新实践。

一　统筹城乡之背景

大城市、大农村是重庆的市情，也是中国城乡二元结构的典型、缩影。设立重庆市全国统筹城乡综合配套改革试验区，是国家战略层面上设立的以城乡统筹为重点的综合配套改革试验区，其根本目的在于逐步建立较为成熟的社会主义市场经济体制，基本形成强化经济发展动力、缩小城乡区域差距、实现社会公平正义、确保资源环境永续利用以及建设社会主义新农村的理论架构、政策设计、体制改革及经济发展、社会和谐的综合模式，走出一条适合中西部地区的发展道路。《国家发展改革委关于批准重庆市和成都市设立全国统筹城乡综合配套改革试验区的通知》要求重庆市从实际出发，根据统筹城乡综合配套改革试验的要求，全面推进各个领域的体制改革，并在重点领域和关键环节率先突破，大胆创新，尽快形成统筹城乡发展的体制机制，促进城乡经济社会协调发展，为推动全国深化改革，实现科学发展与和谐发展，发挥示范和带动作用。归结起来就是"全面改革、重点突破、形成机制、促进发展、试点示范"。近年来，五大功能区域发展战略的深化拓展，为重庆统筹城乡综合配套改革试验区建设探索出了新路。

二　统筹城乡之缘起

2006 年的 8 月，市委、市政府在全市开展了"发挥直辖优势、实现科学发展"系列的研讨活动，在这个活动中，统筹城乡发展是作为科学发展观、构建和谐社会的实践，建设全面小康社会的实践中最主要的、最基本的内容。在这个研讨过程中，我们提出了有关争取设立试验区的一些设想，2006 年 12 月 30 日，汪洋书记、王鸿举市长给温家宝总理写信提出了申请设立统筹城乡综合配套改革试验区的要求。总理第二天就做出了批示，根据总理的批示，国家发展改革委对重庆和成都统筹城乡发展所开展的工作进行了调研，并向总理做出了报告。2007 年 2 月，市政府正式向国家上报了在重庆设立国家级统筹城乡综合改革试验区的申请。

2007 年"两会"期间，重庆代表团向全国人大递交了关于批准在重庆设立国家级统筹城乡综合配套改革试验区的建议。胡锦涛总书记在参加全国人代会重庆代表团讨论时发表了重要讲话，为新阶段重庆改革发展定了向、导了航，要求重庆加快建设成为城乡统筹发展的直辖市。重庆市第三次党代会就认真贯彻落实总书记"314"总体部署提出了各项方针政策，其核心就是八个字"统筹城乡　率先小康"。

2007 年 6 月，国家发展改革委下发《国家发展改革委关于批准重庆市和成都市设立全国统筹城乡综合配套改革试验区的通知》明确：国务院同意批准设立重庆市全国统筹城乡综合配套改革试验区。可以说在重庆设立全国统筹城乡综合配套改革试验区从开始的酝酿、构思、设计、申请，到得到批准，既反映了全市人民的热切期盼，更包含了党中央、国务院的殷切希望和重托，体现了人心所向，社会所需和政策所指。今天 8.2 万平方千米的巴渝大地已经成为中国统筹城乡综合配套改革最大的一块试验田。重庆已经站在了一个新的历史起点上。

三　统筹城乡之操作

2007 年 6 月 15 日，童小平副市长在全国统筹城乡综合配套改革试验区工作启动情况新闻发布会上提出了加快建设全国统筹城乡综合配套改革试验区的基本思路和 2007 年的主要工作。初步考虑，重庆建设全国统筹城乡综合配套改革试验区总体思路是，要在科学发展观的引领下，以加快、率先为目标，以"一圈两翼"为战略平台，以发展特色优势产业和劳务经济为抓手，以解决好农民工问题，扩大社会保障和推进基本公共服务均等化为重点，以消除城乡统筹发展的机制障碍为突破口，着力推进新型工业化、城镇化、市场化的进程。逐步缩小城乡差距，力争在西部率先构建科学发展新机制。为此，要在户籍、土地、财政、金融、行政管理等领域大胆进行改革探索，逐步建立起统筹城乡的制度体系。

2008 年 12 月，国务院常务会议审议通过了《国务院关于推进重庆市统筹城乡改革和发展的若干意见》，该意见于 2009 年 1 月正式印发，简称国发〔2009〕3 号文件。国发〔2009〕3 号文件共分十个部分、38 条，涉及库区、新农村建设、老工业基地改造、内陆开放、基础设施建设、环境保护、社会事业和体制改革等经济社会发展的方方面面。除第 1—4 条提出了加快重庆统筹城乡改革发展的指导思想、基本原则、战略任务和主要目标，第 36—38 条提出了落实国发〔2009〕3 号文件的具体要求之外，第 5—35 条则分别就推进重庆改革发展八个重点领域提出了努力方向、主要任务、重大项目和支持政策：第一，促进移民安稳致富，确保库区和谐发展；第二，发展现代农业，推进新农村建设；第三，加快老工业基地改造，大力发展现代服务业；第四，大力提高开放水平，发展内陆开放型经济；第五，加强基础设施建设，增强城乡发展能力；第六，加强资源节约和环境保护，加快转变发展方式；第七，大力发展社会事业，提高公共服务水平；第八，积极推进改革试验，建立统筹城乡发展体制。

2009 年 6 月，经国务院同意，国务院办公厅以国办函〔2009〕47 号文件批复了《重庆市统筹城乡综合配套改革试验总体方案》（以下简称《总体方案》），明确了十六项重点任务。第一，加快形成市域主体功能区布局。加快推进全市主体功能区规划编制，充分考虑人口空间分布的影响，明确区域主体功能，合理确定区域开发强度。引导区县错位发展，营造与资源要素流动和产业发展要求相衔接的政策环境。第二，构建城乡统筹公共财政框架。第三，建立城乡经济互动发展机制。第四，构建统筹城乡行政管理体系。巩固直辖市行政管理体制优势，加快政府职能转变和机构调整，实现政府管理和服务对农村工作的全覆盖。合理划分市、区县、乡镇三级政府管理权限，增强区县统筹管理能力。改革行政绩效考核机制，将符合主体功能定位和部门职责定位，体现统筹城乡发展的内容纳入对区县和部门的考核，形成科学的分类考核制度。第五，健全城乡就业创业培训机制。第六，建立城乡社会保障体系。进一步加大财政支持力度，加快建设覆盖城乡的社会保障体系。扩大农民工基本养老保险覆盖面，推进农民工养老保险关系灵活转续。完善农民工大病医疗保险、工伤保险和意外伤害保险制度。构建和完善农村社会保障体系，探索建立农村养老保险制度，实现农村社会救助对象全覆盖，关心关爱农村留守儿童、留守老人。探索最低生活保障标准与经济发展水平挂钩、城乡最低生活保障标准联动调整机制，缩小城乡低保差距。着力研究解决城镇养老保险、医疗保险遗留问题，将被征地农转非人员纳入城镇社会保险体系。完善城乡医疗保险和救助制度，实现城乡居民医疗保险接轨，不断提高城乡合作医疗保障水平。提高对生活困难人员的医疗救助水平。建立健全覆盖城乡的社会保障信息网络。第七，均衡城乡基本公共服务。第八，深化户籍制度改革。改革完善户籍管理制度，引导人口随就业在各级城镇合理、有序流动。实行积极的产业政策，引导人口合理布局。以县城和小城镇为重点，放宽入户条件，完善农村土地承包经营权与宅基地使用权的流转机制，鼓励在城镇稳定就业的农民工家庭自愿退出宅基地使用权、土地承包经营权，进入城镇安家落户，享有城镇居民社会保障和公共服务。第九，加强农民工服务与管理。第十，促进农村土地规模化、集约化经营。强化耕地保护和粮食安全意识，确保全市耕地保有量按照国务院确定的面积一亩不减，粮食年产量不低于1100万吨。从稳定数量和提升质量两个方面加强耕地保护，推进土地整理、移土培肥、土壤改良等工作，稳步提高耕地质量。实行农用地分类保护，制定耕地和基本农田分区保护规划，尽快完成耕地和基本农田划定工作，并落实到具体地块。鼓励采取转包、转让、出租、互换、股份合作等多种流转形式，加快农村土地承包经营权流转步伐，促进土地规模经营，大幅度提高农业劳动生产率，为现代农业发展创造条件。第十一，建立新型土地利用和耕地占补平衡制度。在确保耕地保有量不减少、质量不降低的前提下，在市域内探索补充耕地数量、质量按等级折算占补平衡制度，健全城乡建设用地置换和跨区域耕地占补平衡市场化机制。在国家指导下开展集体建设用地有偿使用制度改革，稳步开展农村集体经营性建设用地使用权流转和城乡建设用地增减挂钩试点。规范开展农村土地交易所土地实物交易和指标交易试验，争取条件成熟时发展成为城乡一体化的土地交易市场。引导城乡建设集约用地，鼓励节地型产业发展。对不同行业、不同区域项目实行差异化供地政策，引导产业结构调整升级和优化布局。第十二，统筹城乡生态建设和环境保护。第十三，完善农村综合服务体系。健全农村生产生活服务体系，推进城镇公共设施网络和服务向乡村延伸，加强农村水利、交通通信、能源等基础设施建设，实施山水田林路气综合整治。第十四，推进建立高效的"三农"投入机制。提高财政资金投入"三农"的绩效，建立以竞争方式安排乡村产业及建设类财政资金的制度，加快支农资金、扶贫资金整合运用，集中资金保障重点领域、重点区域、关键环节的投入。加大税收优惠、财政贴息等政策运用，进一步开放乡村经营性公共服务领域，扩大财政购买乡村公共服务的范围，加快社会资本进入"三农"发展，逐步建立多元化的乡村投入机制。第十五，着力改善市场经济环境。第十六，探索内陆开放型经济发展模式。

2014 年 8 月，《重庆市统筹城乡重点改革总体方案》正式出炉。重庆市将着力在新型农业经营体系、农民工户籍制度、农村金融服务、地票制度、农村流通体系五个方面加快改革和创新，建立更为完善的统筹城乡体制机制。第一，建立健全新型农业经营体系方面。重点探索家庭农场（专业大户）适度规模经营机制、创新农民合作社管理服务机制、完善农业产业化龙头企业利益联结机制、构建农业全程社会化服务机制、建立城市资本下乡投资经营机制。第二，深化农民工户籍制度改革方面，重点在畅通农业转移人口进城落户通道、提升城镇人口承载能力、维护进城落户居民合法权益、大力推进公共服务均等化等方面进行改革。力争到 2017 年，农民工及其家属每年转户进城 25 万人以上，户籍人口城镇化率达到 50%，常住人口城镇化率达到 62%。第三，完善农村金融服务体系方面，重点就完善农村产权抵押融资机制、加强财税引导、加大货币信贷政策支持力度、完善金融监管支持引导作用、引导银行完善激励约束机制、加大保险支持

"三农"力度等进行改革。力争到 2017 年，形成商业金融与政策金融、合作金融相融合的农村金融服务体系，实现风险有效分担、农业经营主体融资成本不断降低的目标，使农村产权抵押融资在涉农贷款中的占比不断扩大，农村产权抵押贷款余额保持在 600 亿元左右。第四，完善地票制度功能方面，重点完善地票使用及交易机制、完善复垦管理工作机制、建立完善"三农"权益保障机制、构建农村综合产权交易服务体系。力争到 2017 年，形成完善的农村建设用地复垦和地票制度体系，逐步达到每年交易地票 5 万亩左右。并建成覆盖全市的三级农村综合产权交易市场服务体系，建立起涉农资产价值发现和农民收入增长的市场化渠道。第五，健全农村现代流通体系方面，重点构建完善的三级农产品市场体系、创新农产品流通模式、全面推进农产品物流服务体系建设、大力发展农村电子商务、积极培育农村现代流通主体等。力争到 2017 年，初步形成全市三级农产品市场体系，农产品冷链物流体系不断完善，农业规模化生产组织产销直接对接率 60% 以上。

四 统筹城乡之成效

国家就批准重庆作为统筹城乡综合配套改革的试验区，具有以下五个方面的重大意义。

第一，在重庆设立全国统筹城乡综合配套改革试验区是贯彻落实科学发展观的重大战略部署。城乡统筹是我国面临的必须破解的一道难题。重庆具有典型的城乡二元结构，城乡差距大，区域发展不平衡，资源节约和环境保护任务繁重，是我国基本国情的缩影。选择重庆作为改革试验区，有利于探索在全国率先走出城乡统筹发展科学发展的新路，起到示范和带动作用。

第二，在重庆设立全国统筹城乡综合配套改革试验区是中央加快推进西部大开发的重大战略举措。重庆作为直辖市，有体制的优势，又具有中等省的构架和欠发达省的特征。重庆地处中西部内陆腹地，选择重庆作为改革试验区是国家深入推进西部开发战略，实践邓小平同志两个大局战略思想，实现我国东、中、西区域协调发展的战略性的措施。

第三，在重庆设立全国统筹城乡综合配套改革试验区是国家进一步深化体制改革的重大战略决策。目前，全国的改革进入了攻坚克难的阶段，关系经济社会全局的重大体制机制障碍急需突破，选择重庆作为全国统筹城乡综合配套改革最大一块试验田，不仅表明重庆已经具备推进改革试验的条件、能力和信心，而且体现了中央深化改革、攻坚克难，以改革推动发展的决心。

第四，在重庆设立全国统筹城乡综合配套改革试验区，是重庆自身发展的迫切要求和新的历史机遇。重庆大城市、大农村、大库区并存的特殊市情，区位条件和特区环境条件不够优良的发展环境，迫切需要我们紧紧抓住统筹城乡发展这条主线（见图3－1），改革开放，开拓创新，推动重庆在直辖十年成就的基础上实现新的跨越，从而把重庆加快建设成为西部地区重要增长极和长江上游地区的经济中心，在西部地区率先实现全面建设小康社会的目标。在重庆设立国家级试验区，有利于加快重庆新型工业化、城镇化和市场化的进程，使重庆成为发展要素和资源聚集的热土，推动重庆更好更快地发展。

第五，在重庆设立全国统筹城乡综合配套改革试验区有利于推动东西互动，协调发展。这次与重庆同时获批为全国统筹城乡综合配套改革试验区的还有同处西部的四川省的成都市，国家批准重庆和成都同时设立全国统筹城乡综合配套改革试验区有利于

图 3 - 1　2011 年 6 月，全市统筹城乡集中示范点工作推进会在南川区召开，

副市长童小平出席会议，并视察南川区统筹城乡改革发展工作

川渝两地加强合作，联手把成渝经济区打造成为新的国家增长极，与长三角、珠三角和环渤海三大经济区相呼应，推动东西互动，促进全国区域协调发展。

五　统筹城乡之评论

一是官方评论。2016 年 1 月 4—6 日，习近平总书记来渝深入港口、企业考察调研，就贯彻落实党的十八届五中全会精神和中央经济工作会议精神进行指导。习近平指出，重庆集大城市、大农村、大山区、大库区于一体，协调发展任务繁重。要促进城乡区域协调发展，促进新型工业化、信息化、城镇化、农业现代化同步发展，在加强薄弱领域中增强发展后劲，着力形成平衡发展结构，不断增强发展整体性。保护好三峡库区和长江母亲河，事关重庆长远发展，事关国家发展全局。要深入实施"蓝天、碧水、宁静、绿地、田园"环保行动，建设长江上游重要生态屏障，推动城乡自然资本加快增值，使重庆成为山清水秀美丽之地。

　　二是专家评论。中国工程院院士侯立安认为，重庆实施五大功能区域发展战略，有利于推动新型城镇化建设。中国科学院院士刘嘉麒认为，五大功能区域战略是构建新型社会结构的大胆尝试和理念创新。在人类社会的进程中，从乡村到城镇、从小城市到大都市、从单一城市到城市群，经历了漫长的过程。究竟哪种社会结构最适于社会发展和人类生存？需要因地制宜，具体情况具体对待。重庆根据当地和周边的具体情况，划分五大功能区域的构想，打破了传统的行政格局，从大社会、大环境、大生态着眼，科学处理发展经济与保护生态环境的辩证关系，既考虑现在，也顾及长远，开辟了一条新型城镇化道路，是对构建新型社会结构的大胆尝试和理念创新，勾画了重庆市新的蓝图，值得付诸实践。

　　三是媒体评论。《人民日报》（2013年6月17日）认为，重庆奏响统筹城乡区域协调发展和谐曲。拥有全国统筹城乡综合配套改革试验区这一平台，拥有两江新区这个内陆开放重要门户，重庆改革开放步子迈得更大、更快，是应有之义。

重点案例二：

两江新区——中国第三新区风景楚楚

2009 年 5 月，重庆正式向国务院递交《重庆"两江新区"总体规划方案》，申请设立继上海浦东、天津滨海之后走在开发开放前列的第三个实验区。一年后，国务院正式印发《关于同意设立重庆两江新区的批复》（国函〔2010〕36 号），批准设立重庆两江新区。《中华人民共和国国民经济和社会发展第十二个五年规划纲要》提出："以中心城市和城市群为依托，以各类开发区为平台，加快发展内陆开放型经济。发挥资源和劳动力比较优势，优化投资环境，扩大外商投资优势产业领域，积极承接国际产业和沿海产业转移，培育形成若干国际加工制造基地、服务外包基地。推进重庆两江新区开发开放。"

一 两江新区之背景

两江新区地处重庆主城区长江以北、嘉陵江以东地区（见图 3-2），南部相对平坦，北部山地较多。面积 1200 平方千米，可开发建设用地面积约 600 平方千米，其中现状和准现状建设用地面积 200 平方千米，可新增开发建设用地面积约 400 平方千米。适宜建设用地主要分布在中梁山、龙王洞山、铜锣山和明月山等山系之间的宽缓丘陵、地形平缓地带。长江、嘉陵江及其支流等过境水资源丰富，森林、水域等生态功能区占面积的 50% 左右。两江新区辖 35 个镇街，常住人口 205 万人，户籍人口

143 万人。产业发展初具规模。汽车、电子信息、轨道交通、仪器仪表、生物医药等制造业具备一定实力，金融、商贸、物流、信息等服务业快速发展，嘉陵江沿线形成了发展"彩虹带"。城市化水平较高。城市化率 78.5%，安置房、公租房等保障性住房建设加快推进，户籍制度改革顺利进行，城市化进程加快。基础设施建设提速。水陆空立体交通网络基本形成，寸滩港、果园港等航运枢纽建设加快，江北国际机场和龙头寺铁路客运枢纽扩容全面启动。区域内路网初步形成，绕城高速、内环及"金"系列快速干道连通区域内各板块，轨道交通 3 号线建成通车。能源、市政、生态环保等基础设施建设大规模展开。开放平台初步搭建。两路寸滩保税港区封关运行，海关、商检、外经贸等服务体系日臻完善。中韩、中日产业园启动建设。招商引资成效显著，实际利用外资快速增长。

图 3 - 2　两江新区的区位

二 两江新区之缘起

2009 年 2 月，重庆市政府常务会审议通过《关于贯彻落实国务院关于推进重庆市统筹城乡改革和发展的若干意见的通知》，为此确定了 145 项任务，其中包括设立两江新区。2009 年 5 月，重庆正式向国务院递交《重庆"两江新区"总体规划方案》，申请设立继上海浦东、天津滨海之后走在开发开放前列的第三个实验区。2009 年 7 月，国家发改委调研组来到重庆，针对两江新区重庆的申报方案展开调研。自 2009 年 7 月国家发改委来重庆市调研两江新区后，方案修改完成，提交国务院审批。2010 年 5 月，国务院正式印发《关于同意设立重庆两江新区的批复》（国函〔2010〕36 号）（以下简称《批复》），批准设立重庆两江新区。

2010 年 6 月 18 日，继上海浦东新区、天津滨海新区之后，我国内陆唯一的国家级开发开放新区——重庆两江新区正式挂牌成立。

根据《批复》，重庆两江新区位于重庆主城区长江以北、嘉陵江以东地区，包括江北区、渝北区、北碚区 3 个行政区的部分区域和国家级经济技术开发区、高新技术开发区以及两路寸滩内陆保税港区，规划面积 1200 平方千米。《批复》同时赋予了两江新区五大功能定位：统筹城乡综合配套改革试验区的先行区、内陆重要的先进制造业和现代服务业基地、长江上游地区的金融中心和创新中心、内陆地区对外开放的重要门户、科学发展的示范窗口。

三 两江新区之操作

2010 年 6 月 13 日，重庆市委副书记、市政府市长、重庆两江新区开发建设领导小组组长黄奇帆主持召开重庆两江新区开发建设领导小组第一次会议，传达《批复》和市委常委会关于重庆两江新区有关决议的精神，并就重庆两江新区启动、挂牌有关事宜进行了研究部署。市委常委、重庆两江新区管委会主任翁杰明，市政府副市长童小平，市政协副主席吴家农作为副组长出席了会议，重庆两江新区开发建设领导小组成员单位、江北区、渝北区、北碚区、北部新区、重庆两路寸滩保税港区以及市级有关部门和单位主要负责人参加了会议。重庆两江新区作为目前和今后一定时期内中国西部地区唯一与浦东新区、滨海新区类似的国家级新区，重庆承担了非常重要的历史使命。发展重庆两江新区的目的就是为了推进改革开放，积极探索内陆开放型经济发展的新路子。重庆两江新区管委会和市级有关部门必须深化改革，扩大开放，锐意创新，将重庆两江新区打造成改革创新之区、开拓开放之区。重庆两江新区的功能有五个方面：一是建设统筹城乡综合配套改革试验的先行区；二是建设内陆开放经济和现代产业体系；三是建设内陆重要的先进制造业和现代服务业基地；四是建设长江上游金融中心和创新中心；五是建设内陆地区对外开放的重要门户、科学发展的示范窗口。重庆两江新区的运行体制可概括为在重庆两江新区开发建设领导小组领导下的"1＋3"和"3 托 1"模式。横向上"1＋3"，就是重庆两江新区管委会会同北碚区、渝北区、江北区，协同实施开发，平行推进的管理体制；纵向上"3 托 1"，就是重庆两江新区管委会直管鱼石片区（江北区鱼嘴、复盛片区和渝北区龙兴、石船等片区）的开发，代管北部新区和重庆两路寸滩保税港区，形成 3 个片区共同拉动重庆两江新区开发模式。重庆两江新区实行统一的优惠政策、统一的规划和统一的宣传口径，重庆两江新区管委会受领导小组委托统一协调重庆两江新区开发建设过程中的各项工作。其中，鱼石片区的开发由重庆两江新区管委会组织开发公司开发。其征地动迁和社会事务管理仍由渝北区和江北区负责。重庆两江新区的优惠政策。国务院批准重庆两江新区时在政策上留了较大空间，有三大类优惠政策的特殊优势：比照滨海新区和浦东新区的国家级新区政策、西部大开发新十年的各项政策以及城乡统筹综合配套改革试验区政策。市发展改革委梳理出 10 条重庆两江新区重大优惠政策，要加强宣传。同时，可以依据《批复》向中央争取更多优惠政策。重庆两江新区管委会和市级有关部门要充分利用中央赋予重庆两江新区在改革试验上的权利，勇于创新、先行先试，善于通过成功的项目案例探索、总结和创新，争取得到国家有关部门的关注和认可。

2011 年 3 月 14 日，胜利闭幕的十一届全国人大四次会议审议通过了《国民经济和社会发展第十二个五年规划纲要》（以下简称《纲要》）。《纲要》明确提出："推进重庆两江新区开发开放。"这标志着占国土面积达 71% 的广阔的中西部在中国改革开放总体战略布局中的位置进一步凸显。在全球金融危机的大背景下，"十二五"规划纲要传递的"内需主导、内陆开放"的中国发展战略转型的信号清晰而明确。国家"十二五"规划纲要在第五十章"完善区域开放格局"第一节"深化沿海开放"中明确提出，"深化深圳等经济特区、上海浦东新区、天津滨海新区开发开放"。在第二节"扩大内陆开放"中提出，"推进重庆两江新区开发开放"。这表明中央在国家重大规划中，把两江新区与深圳经济特区、上海浦东新区、天津滨海新区放在了同等重要的战略位置上，并对两江新区在扩大内陆开放中的带动和示范作用寄予厚望。

《重庆两江新区经济社会发展"十二五"规划》经市政府第110次常务会议通过，于2011年11月印发，其提出重庆两江新区经济社会发展"十二五"规划的目标设计：到2015年，开发建设取得重大阶段性成效，新区框架基本形成。先进制造业和现代服务业基地初具规模，金融中心和创新中心强势崛起，内陆开放门户基本建成，国家中心城市核心区功能初步具备，在全市加快率先发展中发挥核心引擎作用，在西部大开发中发挥引领带动作用。经济总量达到3200亿元，建成区面积达到350平方千米，常住人口达到350万人左右。"大产业"基地初步建成。先进制造业和现代服务业快速发展，战略性新兴产业初具规模，汽车、电子信息、云计算等千亿级产业集群初步形成，金融、商贸会展、物流等高端服务业集聚发展，高新技术产业基地、研发创新基地和科研成果转化基地初步成型。"大城市"构架基本形成。城市建设快速推进，城市人口迅速集聚，礼嘉、悦来、蔡家、空港、龙盛、水土等城市功能组团基础开发、形态开发基本完成，观音桥、人和、两路等城市功能组团进一步提升，基本建成国家中心城市的核心功能区。"大人群"福祉显著提升。基本公共服务水平显著提升，社会保障体系基本健全，居民幸福感和满意度大幅增强。城乡居民收入持续较快增长，社会管理基本完善，就业更加充分，民主法制更加健全，率先缩小"三个差距"，加快实现共同富裕。"大开放"门户基本确立。建成两路寸滩保税港区、江北嘴中央商务区、礼嘉国际商贸中心等开放平台，成为我国内陆地区体制环境最优、开放程度最高的开发新区，基本建成我国内陆航运、国际贸易、中转运输和国际结算中心。

2016 年 2 月，重庆市委、市政府出台《关于调整优化两江新区管理体制的决定》，决定调整优化两江新区管理体制，撤销中共重庆北部新区工作委员会、重庆北部新区管理委员会，其职能职责划归中共重庆两江新区工作委员会、重庆两江新区管理委员会。这是市委、市政府立足于全市经济社会发展大局做出的重大战略决策，是落实中央深化改革要求的重大举措，是构建完善重庆内陆开放型体制的重大部署，将进一步释放改革红利，优化资源配置，提高行政效率。两江新区要用好用活国家级新区、内陆首个保税区、水陆空国家级枢纽、中新（重庆）项目枢纽和节点 5 大层次的政策优势，谱写科学发展的新篇章，保持经济又好又快增长，发挥"对外开放、深化改革、创新创造、战略性新兴产业发展、新型服务贸易"五个主战场的作用。要扎实抓好五大重点工作，做大做强支柱产业和战略性新兴产业发展；发挥现代服务业的引领发展作用；加快推进新型城镇化和产城融合；抓好多层次、多平台体系建设；推动供给侧结构性改革。

四 两江新区之成效

两江新区成立以来，充分行使国家赋予的"先行先试"职责，改革创新，锐意进取，出现"天天有大项目、月月有新高潮"的良好开发建设形势。截至目前，累计招商签约落地项目 210 个、合同投资总额 1100 亿元，达成投资意向项目 352 个、总投资 4500 亿元。计有 54 家世界 500 强企业入驻新区，内陆开放全面发力。重庆两路寸滩保税港区、江北嘴金融中心、悦来会展城等一大批汇聚全球生产要素、体现开放特质、辐射中西部大市场的功能性项目强势推进；万亿级两江工业开发区起航，鱼嘴千亿汽车城、千亿轨道交通产业园等产业项目奠基。2010 年，两江新区实现地区生产总值 1054.95 亿元，同比增长 23%，比全国高 12.7 个百分点，相当于重庆直辖之初的经济规模，为新区汇聚全球生产要素、辐射中西部大市场，引领内陆开放，实现国家五大战略定位奠定坚实基础。尤其是两江新区在重庆市委、市政府的领导下，创新内陆开发开放新模式、拓展内陆开放国际大通道，两江新区的货物通过"铁海联运"到达欧洲，比长三角通过海运到达欧洲的时间还快 24 小时。伴随阿里巴巴、长客轨道、霍尼韦尔、宏碁、和硕等一大批知名企业落户两江新区的步伐，广大投资者清晰地认识到，以两江新区为改革开放先锋的重庆，已经由原来的"三线"成为改革开放的"一线"，内陆大开发大开放的战略格局初步显现。

　　设立以来，两江人给出的答案令人惊喜：产业追求绿色增长，城市积累绿色财富，百姓享受绿色福利，经济社会与生态环境迈向协调发展两不误。产业生态高标准布局：不仅要有大块头产业集群，还要有新兴战略产业，走低碳经济之路。作为内陆第一个国家级开发开放新区，两江的产业布局坚定地选择了高标准。一是抓大。"5000 亿汽车、4000 亿电子、2000 亿装备"被确定为三大产业集群。如今，全球的笔记本电脑，每 13 台就有 1 台是重庆制造；汽车，8 家整车企业、458 万台整车的产业布局已完成；千亿级光电显示产业集群初现雏形。二是抓新。新能源汽车、显示面板、集成电路、云计算及物联网、机器人、新材料等 9 大产业被确定为主攻方向。一批战略性新兴产业项目在这里集聚。水土工业园云汉大道旁，几栋灰色复合建筑，看上去不起眼，提起来堪称"大咖"。这里是亚洲最大的独立电信服务提供商——太平洋电信 2013 年在重庆投运的数据中心，结束了重庆没有高等级数据中心的历史。一批具有自主知识产权的高新技术产品在这里问世。3月上旬,全球首批量产石墨烯手机在重庆发布。在两江,乃至重庆,投资300多亿元的重庆京东方光电科技有限公司也称得上是"巨无霸"。与绿色发展相匹配,京东方打造"绿色工厂"也是由内到外。厂区内,小山、水景与绿地相映。

五 两江新区之评论

一是官方评论。2010年12月6日,习近平同志在重庆调研,在两江新区规划展示厅,习近平认真听取新区功能布局和建设进度的汇报,要求新区全面提高改革开放水平,大力发展高新技术产业和战略性新兴产业,建成科学发展的示范窗口。2016年1月4日,习近平同志在重庆考察,习近平总书记考察了果园港以及位于两江新区水土的京东方。果园港位于重庆市两江新区核心区域的长江北岸,是目前中国最大的内河水、铁、公联运枢纽港。果园港是重庆重点规划建设的现代化内河港区,港口岸线2800米,规划建设5000吨级泊位16个。果园港也是连接"一带一路"的重要节点。习近平总书记在考察中说:"这里大有希望。"而在考察京东方时,习近平总书记说,五大发展理念,"创新"摆在第一位,一定要牢牢把创新抓在手里,把创新搞上去。

二是专家评论。国务院发展研究中心刘峰研究员认为,国家已明确将西部大开发继续放在国家战略发展的优先位置,这次又将两江新区纳入国家"十二五"规划,是中央推进扩大内需战略、加快内陆开发开放的内在要求和必然选择,是国家区域总体战略的深化和细化,说明在扩大内需的大背景下,中央不仅要继续推动沿海区域的开发开放，而且未来也会更加关注内陆的开发开放。预计未来国家还会打造一批内陆开发开放的平台、高地，但两江新区无疑将在长江上游乃至整个西部地区起到重要的引领和示范作用。重庆社会科学院田代贵研究员认为，把两江新区作为一个重要地区在《纲要》中明确提出来，并放在与沿海的浦东、滨海三足鼎立的位置，表明中央对在国家宏观战略层面发挥两江新区先行先试作用的高度重视，再次证明两江新区已成为引领内陆开发开放的重要引擎。

三是媒体评论。作为内陆唯一的国家级开发开放新区，重庆两江新区自2010年6月18日成立以来，引起海内外的高度关注（见图3-3）。舆论普遍认为，两江新区与浦东新区、滨海新区鼎足而立，是中央促进西部大开发向纵深推进、推动区域协调发展的重大战略抉择，是中央深刻把握全球化、区域经济一体化的经济发展大势，应对中国发展战略转型、培育西部地区增长极，

图3-3　2013年5月，百家网络媒体总编走进两江新区，
规划展览馆内，总编们仔细了解两江新区产业布局

带动中西部崛起的国家开发开放大战略。从沿海开放到内陆开放，标志着中国改革开放由东向西的战略步伐加速推进。新华网认为，重庆两江新区正式写入国家"十二五"规划纲要，这标志着两江新区引领内陆开发开放的引擎作用将得到更进一步发挥。从中国几大开发开放新区发展的路径来看，两江新区有很好的条件发挥先行先试作用，成为中西部地区区域经济一体化的明珠。

西部新开拓

重点案例三：

笔电产业——重庆垂直整合式创新发展奇迹

重庆通过改变加工贸易的传统模式，变"两头在外"为"一头在外，一头在内"，将整机与零部件生产"垂直整合"，把沿海加工贸易转移到内陆。利用"垂直整合"产业链，重庆建设了全球最大的笔记本电脑生产基地，其作为重庆内陆开放的一次有影响的实验，成为一个典型的创新发展案例。

一 笔电产业之背景

加工贸易是一国利用本国生产能力和技术，进口料件加工成成品后再出口的一种国际贸易方式，是经济全球化的产物。改革开放以来，沿海凭借"两头在外、大进大出"的加工贸易模式，创造了世界加工贸易的奇迹，迅速实现了经济腾飞。为终结内陆城市不能做加工贸易的历史，重庆创造了对笔记本电脑加工产业进行"垂直整合"，实施"一头在外，一头在内"的模式，通过零部件80％本地化制造，再组装成整机出口。在此基础上，重庆形成了强大的IT产业集群。显然，抢抓机遇、全力推进重庆笔记本电脑基地建设，有三方面重大意义：一是积极把握了全球金融危机背景下笔记本电脑产业发展契机，有效促进了全球笔记本电脑产业资源再分配、再定位；二是结合重庆实际，积极推进笔记本电脑产业架构的成本导向变革，实现了全球生产水平分工模式向垂直整合模式的重大转变；三是在国内首创了结算中心与加工贸易相结合的发展模式，大大提升了我国在加工贸易领域国际分工中的地位和产业链价值。

二 笔电产业之缘起

金融危机中，油价、物价、运价飞涨，世界变得不再"平"了，跨国企业竭力寻求何处加工才能降低成本。重庆与沿海之间的距离2000千米，来回4000千米，若采用沿海水平分工的加工贸易模式，不管重庆的要素成本多么低廉，税收政策多么优惠，进项物流成本还是较高的。因此，重庆提出"垂直整合"。所谓"垂直整合"，即一方面通过整机销售企业带动零部件生产企业的进入，或者零部件生产企业延伸生产整机；另一方面切实发展本地物流产业，形成协同效应，强化地区竞争优势。具体来讲，就是做到80%的原材料零部件在当地生产、供应，实现"一头在内"的目标，进而最大限度地降低进项物流成本。

重庆还重组了加工贸易的价值链。现阶段中国大陆每年进出口2.5万亿美元，其中加工贸易约1.2万亿美元。但加工贸易中的设计、销售、物流和金融结算几乎都不在大陆，大陆只是处在"微笑曲线"的最底端，赚取加工费。以结算中心为例，结算的印花税、交易税、版税等税收，每年流失到国外的财富要比加工贸易代工收入多得多。在引进项目时，重庆就开始申请设加工贸易结算中心。历时3个月的讨论，重庆结算中心于2009年9月成立，10月正式运转，使跨国公司约1000亿美元结算额逐步转移到重庆，从而引导中国大规模加工贸易结算价值财富的回归。

当前，重庆"垂直整合"产业链卓有成效，已经构建起以惠普、宏碁、华硕、思科（见图 3 - 4）4 大品牌商为龙头，包括富士康、广达、英业达、纬创、和硕、仁宝 6 大代工商和 500 多家零部件配套企业的"4 + 6 + 500"笔记本电脑产业全流程产业链和企业集群。

图 3 - 4　2010 年 4 月，全球领先的网络解决方案提供商——美国思科与重庆签订合作协议

三　笔电产业之操作

2010 年 1 月 4 日，市委副书记、市政府代市长黄奇帆主持召开重庆市笔记本电脑基地建设领导小组（以下简称市领导小组）第一次会议，研究推进笔记本电脑基地建设的有关重大问题。市政府副市长童小平、凌月明，市政府副秘书长欧顺清以及市领导小组成员单位负责人参加了会议。关于工作机制问题。市领导小组统筹协调笔记本电脑基地建设中的重大问题，重庆市笔记本电脑基地建设指挥部（以下简称指挥部）在市领导小组的

领导下具体推进相关建设工作。市领导小组中三位副组长根据各自分工协调推进相关工作。其中，童小平副市长负责产业发展有关工作；周慕冰副市长负责外经外事及海关有关工作；凌月明副市长负责建设规划有关工作，并担任总指挥，组织领导指挥部全面工作。原则上，每季度召开一次市领导小组会议，每月召开一次指挥部会议，或根据需要临时召开会议。关于财政政策问题。对笔记本电脑基地所在区县实行现行的市对区县财政管理体制。笔记本电脑重大项目（含配套企业）的所有税收实行统一征收，集中使用，并表管理。市财政要加强统筹安排，在市级城建、工业、信产、商贸、物流、职业教育等专项资金中切块用于笔记本电脑基地建设（包括人员培训）。对沙坪坝区在西永地区增加的社会管理支出，市财政可在转移支付中予以补助。沙坪坝区范围内的笔记本电脑项目实现的工业增加值和税收并入该区统计考核。关于基础设施建设问题。沙坪坝区政府、渝北区政府、重庆西永微电园公司、重庆保税区公司要全面启动、加快推进，尽快完成笔记本电脑基地范围内的重庆西永综合保税区、西永城市副中心、重庆两路寸滩保税港区空港分区的征地拆迁、规划建设工作，确保笔记本电脑重大项目如期开工建设。市城乡建委、市国土房管局、市规划局要特事特办，帮助完善有关审批手续。关于保税区建设问题。重庆海关要积极支持，重庆西永微电园公司、重庆保税区公司要加大工作力度，力争 2010 年春节前实现重庆两路寸滩保税港区一期围网封关验收、获得国务院及海关总署等国家部委批准设立重庆西永综合保税区；加快推进重庆西永综合保税区围网封关建设，力争 2010 年 7 月底前完成全面围网封关运行。重庆西永微电园公司、重庆机场集团要积极推进保税物流仓储等基础设施建设，确保同步投入使用。

2012 年 10 月 18 日，市政府副市长、重庆市笔记本电脑基地运营发展指挥部（以下简称市笔电指挥部）总指挥童小平主持召开了市笔电指挥部第一次会议。审议通过了《重庆市笔记本电脑基地运营发展指挥部工作规则》和《重庆市笔记本电脑基地财务管理暂行办法》，并就重庆市笔记本电脑（以下简称笔电）基地发展有关问题进行了研究部署。重庆市笔电指挥部成员单位有关负责人参加了会议。经过几年来的发展，重庆市笔电基地建设已初具规模，产业发展已进入上量达产的新阶段，工作重点将从前期以建设为主转到"保上量、保达产"的生产运营上来。2012 年 1—9 月，笔电产业对工业增长贡献率达 32%，对全市经济增长贡献了 2.2 个百分点，对重庆工业结构转型以及工业经济增长的支撑作用凸显。会议强调，市笔电指挥部要在原市笔电基地建设指挥部的基础上完善组织机构设置和规章制度，形成高效运转的管理体制和工作机制。市政府有关部门、有关区县政府要加强协同配合，确保实现市委、市政府确定的上量达产目标。关于产品结构。市经济信息委和重庆西永微电园公司、重庆保税港区公司要统筹研究笔电基地产品品种调整和空港区域的产业布局问题，尽快形成方案报市政府。由重庆海关积极向海关总署汇报衔接保税区内危废品处置的相关工作，力争年内提出解决方案报市政府。关于产业配套体系建设。一是要尽快摸清 100 户签约引进企业尚未落户的具体原因，研究采取有针对性的措施，争取尽快落户生产。二是对确定的重点招商目标企业要落实跟踪对接的区县，确保年底笔电生产配套企业达到 700 家。三是着力引进打印机生产配套企业，完善打印机配套产业体系。原则上，打印机生产配套企业也应纳入笔电配套企业范围，并同等享受有关优惠政策。四是要参照笔电整机生产企业用工服务的良好模式，做好重点配套企业的用工保障工作。关于"渝新欧"物流。市经济信息委（市物流办）、市发展改革委要尽快研究确定"渝新欧"国际货运班列冬季运输问题解决措施，积极推动返程货运组织，力争形成相对于水运和航空的综合价格优势。关于要素保障。由市人力社保局牵头，会同重庆西永微电园公司、重庆保税港区公司研究制订具体实施方案，重点做好元旦和春节期间的用工保障。由市经济信息委会同市人力社保局尽快研究制定引进熟练工人和项目经理的"人才引进计划"，报市政府审定实施。市笔电指挥部办公室要会同市经济信息委等积极协调水、电、气供应单位，做好生产要素供应保障。

四　笔电产业之成效

重庆"垂直整合"其实质是"重组了世界"，形成了近距离紧密、稳固联系的产业链聚集，不仅降低了生产企业间的配套物流成本，而且推进了加工贸易方式的转变，并给上下游企业创造了可持续投资的环境。重庆"垂直整合"实现了传统产业结构改造升级，为贯彻科学发展主题、加快转变发展方式主线做出了贡献，为中西部地区推动跨越式的转型发展，开辟了一条具有启示意义的路径。2009 年以来，重庆加工贸易取得重大突破。重庆跟惠普、富士康、广达、英业达、思科合作，形成几千万台笔记本电脑、几百万台服务器、路由器、通信存储器以及打印机、数码相机等产品在内的生产基地，促进重庆电子信息产业的大发展。现在，重庆创新以"垂直整合"产业链为标志的内陆加工贸易模式成为一个值得借鉴的案例，"中西部的好多省份也在推进，大家共同受益"。

全市亿台全球笔电基地的建设，是市委、市政府着眼长远的大战略。在市委、市政府的坚强领导，以及各部门、各区县的共同努力下，2011年全市笔电基地建设取得突破性进展，社会各界尤其是国际IT界也在惊叹：重庆创造了世界IT史上的奇迹。

第一，已形成"5＋6＋400"的产业体系。惠普、宏碁、华硕、思科、方正五家品牌商已在全市下单，六家ODM代工厂已全部投入生产（见图3－5），463家配套企业签约全市。2011年全市累计生产计算机整机2547万台，是2010年的2.9倍，单月产量超过400万台，用短短一年时间形成沿海地区用6—10年才达到的规模。

图3－5　2011年6月，仁宝电脑落户重庆，标志着全球

六大电脑代工厂商已全部入驻重庆

第二，两个保税区建成投用。西永综保区已通过国家验收并投入使用，两路寸滩保税港区已正式通过海关验收。两个园区西永微电园共开工建设厂房、仓库260万平方米，其中已建成194万平方米，在建66万平方米；开工建设宿舍199万平方米，已建成141万平方米，在建58万平方米。

第三，实现了物流从劣势变成优势的战略转变。铁路四大战略通道已实现"渝新欧"常态化运行 17 次，开通渝深、渝沪货运专列，渝昆缅（越）通道正在谋划试运行。国际欧美货机从一年前的"零"到现在每周有 30 多架次飞往全球分拨点，彰显笔电带动作用。

第四，研发、制造、销售结算全流程"微笑曲线"绽放全市。继惠普结算中心之后，全球第三大电脑总承销商新加坡佳杰科技公司和香港伟仕电脑公司正式在全市建立营销结算中心，全年结算中心结算量 2011 亿元，创造税收 45 亿元。宏碁全球研发中心在全市正式运行，富士康光机电前沿研发中心等项目加快运作。

第五，配套体系基本格局已经形成。全市已聚集笔电配套企业 463 家，落户在全市 23 个区县，超过 10 家的区县有 10 个，投产或开工建设达 54%，零部件品种本地配套覆盖率达到 76%。

五　笔电产业之评论

一是官方评论。2016 年 1 月 18 日，习近平总书记在省部级主要领导干部学习贯彻党的十八届五中全会精神专题研讨班上的讲话指出，这几年重庆笔记本电脑等智能终端产品和自主品牌汽车产业成长也很快，形成了全球最大电子信息产业集群和国内最大汽车产业集群，全球每 3 台笔记本电脑就有 1 台来自重庆制造。这说明，只要瞄准市场推进供给侧改革，产业优化升级的路子是完全可以闯出来的。

二是专家评论。国务院发展研究中心宏观经济研究部研究员张立群认为，增强供给结构对需求变化的适应性和灵活性，使供给体系更好适应需求结构变化，成为发展关键。重庆社会科学院区域经济研究中心主任李勇说："这不但是一个基于国际国内市场的供给侧结构性改革，更是供需两端同步发力的一个系统性探索。"

三是媒体评论。《人民日报》（2016 年 6 月 17 日）指出，电子信息产业从一片空白到目前形成五大品牌商、六大代工商和860 多家零部件厂商的全球最大电脑产业集群。《光明日报》（2016 年 8 月 2 日）认为，作为国内最大的汽车生产地，最大的笔记本电脑生产地，重庆机器人市场潜力巨大。为促进产业转型升级，两江新区面向全球招募汽车、电子信息、液晶面板、集成电路、机器人、生物医药等多个战略性新兴产业人才，制定了引进人才的优惠政策。

重点案例四：

"渝新欧" ——新丝绸之路的大动脉

重庆在全国率先开辟"渝新欧"班列，打通西北向物流大通道，依托这条铁路，货物可在相对时间较快、花费较少情况下往返于欧洲和中国内陆地区。"渝新欧"不仅仅着眼于重庆发展需要，还着眼于中国西部整体开发开放战略，更成为新丝绸之路的大动脉。目前，"渝新欧"国际铁路已实现双向常态化运行，按照计划 2016 年"渝新欧"班列开行量将突破 350 班次；通过建设快捷通关机制，提高了重庆国际物流的效率，降低了成本，为重庆市乃至中国西部加快对外开放进程提供了战略性支撑。

一 "渝新欧"之背景

"渝新欧"，是由中国政府支持、重庆市政府主推、在原亚欧大陆桥的基础上优化完善的国际铁路货运专线。习近平、李克强、张德江、俞正声、张高丽等中央领导相继指示，"要将渝新欧上升为国家战略""积极参与新欧亚大陆桥和渝新欧国际铁路联运通道建设""要保证渝新欧铁路正常运营"。[①] 党和国家领导人的重视，激发了国家部委支持的热情。国务院办公厅召开协调会，专题研究将"渝新欧"建设上升为国家战略议题，并做出

---

① 参见杨丽琼《富民兴渝的物流丰碑——"渝新欧"国际铁路联运大通道建设侧记》，《大陆桥视野》2014 年第 11 期。

"以'渝新欧'为代表的中欧铁路集装箱班列，打通了我国向西通道，带动了沿线地区经济发展和经贸交流，是'一带一路'建设的重要基础和支撑"的战略部署；国家发改委牵头调研，做出将"渝新欧"通道建设写入"一带一路"和国家"十三五"发展规划的安排；中国铁路总公司将保障"渝新欧"班列运行，纳入中国铁路快速运输"百千计划"。"渝新欧"起于重庆团结村，终至德国杜伊斯堡，途经中国、哈萨克斯坦、俄罗斯、白俄罗斯、波兰、德国，全长11000千米。"渝新欧"班列采取定线路、定站点、定车次、定时间、定价格的"五定"模式和优先配车、优先装车、优先挂运、优先放行、优先全程监控"五优先"操作流程，实现了畅通开行，改变了中国西部地区的物流格局，其物流比较优势如表3-1所示。

表3-1　　　　　　　　　"渝新欧"与其他运输方式比较

运输方式	"渝新欧"国际铁路通道	"渝深""渝沪"铁海联运通道	航空货运
交货期	17天	36天	1天
开行频率	1班/周	3班/周	20班/周
运价	8900美元/标箱	6000美元/标箱	53000美元/标箱
安全性	高	较低	较低
稳定性	强	弱	较弱
环保性	绿色环保	海洋污染严重	大气污染

资料来源：《重庆日报》（2012年4月13日）。

二　"渝新欧"之缘起

早在西部大开发之初，连接重庆和欧洲的铁路线就存在，但受各国海关不同通关政策以及相互衔接不畅的影响，这条铁路线一直未发挥作用。

随着西部大开发的不断深入，具有反常规、逆向促动意味的"倒逼""倒逼机制"这样的词汇也越来越多地被人们所熟悉，谁能想到，"渝新欧"构想的提出，也很有些"倒逼"的味道，而且是被一家世界知名的世界500强企业倒逼。将货物从南线欧亚大陆桥运到欧洲，这个题目是惠普出给重庆的。早在2009年，重庆方面跟惠普高层就讨论过这个问题。当时惠普将每年5000万台电脑的产能，放在上海，3000万台打印机及通信设备的产能，放在深圳和江浙一带。而当时重庆很想吸引惠普这样的企业，为此，重庆方面向惠普高层阐述了三个概念，第一个概念，全球笔记本电脑产量将翻番，新增的产量应布局在重庆。第二个概念，重庆承诺吸引零部件厂商到重庆来。如果3年内不能做到80%的零部件在重庆本地生产配套，导致企业的成本增加，重庆包赔。电脑生产出来了，要运出去，运费增加了怎么办？惠普销往欧美的产品，航空可以解决一部分运输的问题，飞机从上海或从重庆飞到美国，成本差不多。另外，重庆方面想到有铁路直通欧洲。但没有想到惠普方面告诉重庆方面，10年前惠普就曾想把货物通过欧亚大陆桥南线，从上海运到欧洲去，但运输过程中他们发现，存在运费高、时间长、货物不安全等诸多问题。总之，这条线行不通。紧接着，重庆方面马上向惠普阐述了第三个概念——把货物通过欧亚大陆桥南线运到欧洲去，这件事情由重庆政府出面协调，加以解决。

后来，惠普、宏碁、华硕先后落户重庆，其后富士康等六家台湾代工企业及数百家零部件企业落户重庆。重庆生产的笔记本电脑主要销往国外，欧洲是这些电脑的主要销售地区，占总量的一半左右。大规模的销量需要一个畅通的、成本较低的物流通道，重庆 IT 产业的规模才能继续发展。在此情况下，"渝新欧"铁路呼之欲出。"渝新欧"铁路运行路径就是要从重庆始发，经新疆阿拉山口，进入哈萨克斯坦，再转俄罗斯、白俄罗斯、波兰，至德国的杜伊斯堡。此事如成，其运费将比航空节省，运到时限将比海运缩短，安全性更高，通关也更加便捷。

三　"渝新欧"之操作

2010 年 8 月，也就是惠普落户重庆一年之后，重庆市正式向海关总署、铁道部提出开行重庆至欧洲铁路大通道五定（定点、定线、定车次、定时、定价）班列的请求。海关总署以及铁道部表示积极支持。

2010 年 8 月 30 日，由德国铁路公司牵头，在德国柏林召开了欧亚铁路会议。会议上，重庆首次建立了与辛克、TEL（德铁和俄铁的合资企业）等机构的联系。其后，重庆方面又陆续建立起了与俄罗斯、哈萨克斯坦等国铁路公司及沿线国家政府部门的联系，并形成了"五国六方联席会议"的多边磋商机制。

2010 年 10 月，重庆市政府与铁道部进行了"渝新欧"五定班列国内段试运行——首次测试。随着 40 车皮 2800 吨货物从重庆火车西站缓缓驶出，"渝新欧"国际铁路大通道国内段正式试运。该次试运的国内段，即重庆至新疆阿拉山口边境的线路，长度为 3812 千米，设计运行时间 96 小时 46 分，列车运行速度 40 千米/小时。虽然列车运行速度并不快，但首次测试证实了国内段线路通行的连续性，列车不停不靠，径直开到了阿拉山口。较原有的快运服务相比，此段列车的运行速度提高 1 倍，而运行时间也相应缩短一半。

2010 年 11 月 23 日，中国、俄罗斯、哈萨克斯坦三国联合签署了两项海关便捷通关协议。协议确定，三国海关对从重庆发出，通过新疆阿拉山口，途经哈萨克斯坦、俄罗斯的货物，只进行一次海关检查，不必重复关检，就可以运往荷兰、德国。

2010 年 12 月 7 日，重庆、乌鲁木齐两地海关在渝签署了《关于建立渝新欧国际铁路大通道出口转关监管机制的协议》和《区域通关改革合作备忘录》，为"渝新欧"全线开通奠定了坚实基础。

2011 年 1 月 28 日，"渝新欧"进行了又一次测试，将少量惠普和宏碁的电子产品等运到了俄罗斯的两处交货地点。这次测试有两条线路：第一条线路为"重庆—乌鲁木齐—阿拉山口—十月城—依列茨克—莫斯科"，全程 8129 千米，运行 11 天；第二条线路为"重庆—乌鲁木齐—阿拉山口—十月城—阿斯特拉罕—切尔克斯克"，全程 8340 千米，运行 11 天。

其后"渝新欧"全线正式开行。2011 年 3 月 19 日，"渝新欧"专列满载重庆制造的电子产品从重庆铁路西站出发，国内段经过达州、安康、西安、兰州、乌鲁木齐和阿拉山口，国际段经过哈萨克斯坦、俄罗斯、白俄罗斯、波兰，最后到达目的地德国杜伊斯堡。该次运行专列经过 6 个国家，行驶 11179 千米，耗时 16 天，实现了"渝新欧"国际铁路大通道的全线开行。这之后不断有五定班列从重庆开往欧洲。

2011 年 5 月 18 日，副市长童小平主持会议，专题研究了"渝新欧"国际铁路联运相关工作，决定由市经济信息委、市国资委负责指导督促市级有关企业尽快与国际知名物流企业、中铁国际多式联运有限公司就合资、合作组建"渝新欧"国际铁路联运全程经营人相关问题进行沟通协商。"渝新欧"国际铁路联运全程经营人作为第三方物流操作平台应满足惠普、宏碁、华硕等笔记本电脑品牌企业的物流需求，具备规范的全程操作流程和较强的组货、议价能力。

2011年9月27日和28日，重庆市举办"五国六方联席会议"（见图3-6），与会各方签署了《共同促进"渝新欧"国际铁路常态开行合作备忘录》，就建立"渝新欧"平台公司，形成利益共享机制；提高列车运行速度和换装效率，实现12天目标；共同做好列车的安全保卫工作；进一步降低运输价格，争取更多返程货等内容，达成了一致。

图3-6 "渝新欧"五国六方联席会议在渝召开

资料来源：李长年、伍海泉：《"渝新欧"五国六方联席会议在渝召开 共同打造世界品牌货运新线路》，《大陆桥视野》2011年第10期。

2011年12月31日，童小平副市长在2012年全市工业和信息化工作会议上指出，要提升物流通道通行质量，解决好时效与成本之间的矛盾，特别是要加强与"渝新欧"沿途各国各方的协调，尽快成立"渝新欧"平台公司，进一步优化线路，解决返程货源问题，降低成本，确保常态开行。

为了更好地推进"渝新欧"通道建设工作，在铁道部、海关总署的关心支持下，在重庆市政府以及经信委、物流办等相关职能部门的大力推动下，中铁、俄铁、德铁、哈铁、重庆交运集团合资组建"渝新欧"国际铁路联运大通道的平台公司——渝新欧（重庆）物流有限公司，于2012年4月12日正式挂牌成立。

2012年7月9日，童小平副市长主持召开会议，专题研究渝新欧（重庆）物流有限公司（以下简称渝新欧公司）加强经营管理有关问题，要求市经济信息委（市物流办）加强对渝新欧公司的管理与指导，加大与品牌电脑厂商的沟通协调力度，争取尽快将"门到门"业务交由渝新欧平台公司运营。市经济信息委（市物流办）、市交运集团加强指导帮助，积极推动渝新欧平台公司尽快开展实质性业务，实现规范运营。

2013年2月底，首趟"渝新欧"回程班列（长安福特专列）从德国的杜伊斯堡发出，3月18日抵渝，这是重庆市开通"渝新欧"国际铁路联运大通道两年后的首趟回程货班列。

2013年7月10日，"渝新欧"国际铁路大通道正式启动"安智贸"项目试点。这是中欧"安智贸"项目实施7年以来，首次针对海运以外的运输方式开展试点。铁路运输方式加入"安智贸"业务，对于推动"渝新欧"国际货运班列全面落实"监管互认、信息共享、执法互助"，进一步提升"渝新欧"的辐射力和影响力具有重大意义。

2013年10月，"渝新欧"实现每周一班高峰时一周三班的常态运行，并解决了电子产品冬季运输问题。为使电子产品、仪表设备等货物在寒冷季节顺利通过沿途高寒地区，重庆及承运方还专门定制了"防寒服",增强它们对恶劣环境的抵抗力。

2014 年,重庆组织多次"渝新欧"班列运载国际邮包的试验,推动铁路合作组织改变了"禁邮"规则(国际铁路不运邮包是过去半个世纪的一条"铁律"),使班列可进行批量化的国际邮包运输,这为跨境电商的发展奠定了良好的基础。

如今,"渝新欧"国际铁路联运大通道与丝绸之路经济带战略完全吻合,既能串联中国西部内陆各省区,又能贯穿丝绸之路经济带上的 6 个国家,实现中国内陆地区与欧洲市场之间的直通。

四 "渝新欧"之成效

"渝新欧"是铁道部、国家海关总署及途经各国加强合作,用现代化装备技术、信息化管理手段和创新的货协组织方式,在原新欧亚大陆桥的基础上进一步优化完善的国际物流大通道。"渝新欧"改写了中国西部地区的外贸企业出口欧洲的货运方式,使西部地区的货物可以用火车运到欧洲,而无须先运到东南沿海地区再通过海运到欧洲。

一是中国海关与"渝新欧"沿线各国海关达成便捷通关协议,重庆海关关检后就一路绿灯通行,沿线国家海关不再重复关检。通过与沿线各国海关建立"一卡通"通行模式,优化了路线、提高了运速。"渝新欧"已成为重庆的"王牌",吸引着世界各地投资者的目光。全球最大的集装箱运输公司马士基、全球最大的工业及物流基础设施提供商和服务商美国普洛斯公司等国际物流巨头也纷纷布局重庆。

二是铁道部与"渝新欧"沿线国家的铁路部门商定,"渝新欧"开通五定班列,即定起点终点、定运行路线、定运行时间、定运输内容、定运输价格。要成为一条名副其实的连通亚洲和欧洲两个大陆的运输"大动脉"与"主动脉"、中欧铁路的主通道，运输费用与运行时间等经济指标无疑是各界关注的焦点。从商定情况看，"渝新欧"运输价格与海运价格差不多，但时间上却要节省近1个月，因此走"渝新欧"要经济划算得多。如果说重庆加强大通道建设，初衷是让"重庆造"IT产品在欧洲更具有竞争力，事实上"渝新欧"国际铁路联运大通道开通后大大提速不只是让IT产品"独享"，农产品、大型机械、汽车、小家电等商品都可通过该线运往欧洲。重庆一改出口欧洲的"大后方"，真正成为"大前方"。2015年"渝新欧"承运的商品中，IT产品和非IT产品各占50%。其中，去程货源包括笔电、服装、日用品、咖啡豆等多个品类，回程货源包括汽车整车及零部件、化妆品、啤酒、母婴用品等。精密仪表仪器、化工原料、冷链食品等，也开始出现在"渝新欧"运输商品名录上，甚至还开通过后谷咖啡专列、跨境电商货物。

三是"渝新欧"的开通，使重庆成为内陆交通枢纽、西部通往欧洲的桥头堡，成为内陆口岸。重庆依托"渝新欧"先后获得了国家铁路一类口岸、优惠运价以及运输国际邮包等一系列政策支持，形成了三个"三合一"开放平台。作为"渝新欧"起点的重庆西部物流园与流经重庆的长江黄金水道、重庆机场共同集合成中国内陆独有的聚合枢纽、口岸、保税区功能的水、铁、空三个"三合一"开放平台，让重庆这个内陆山城的经济外向度比肩东部沿海，"走出去"与"发展外向型经济"在重庆这个世界知名的内陆城市成为潮流。不仅中国的货物可以经"渝新欧"运往欧洲，欧洲的货物也可以经这条线运到中国，重庆就成为欧货到中国的集散地。"渝新欧"不仅带动了重庆的出项物流，也使重庆成为中国西部的物流高地和中欧贸易的桥头堡。截至 2015 年年底，"渝新欧"共开行 490 趟，占整个中欧班列开行数的 45%，进出口货值近 100 亿元，占中欧班列经阿拉山口出入境货值的 80%。

四是重庆是"渝新欧"的起点，也是丝绸之路经济带的桥头堡，其区位和交通上具有通江达海的优势。"渝新欧"能够为密切中欧联系与合作提供物流支撑，对整个西部地区的拉动效果显著。"渝新欧"国际联运大通道，改变了中国传统的"一江春水向东流"的运输格局。目前，长江沿线地区发运量占"渝新欧"外地发运量的 40% 左右。"渝新欧"货运班列开通，让重庆正在成为长江上游地区综合交通枢纽和国际贸易大通道的起点城市。"渝新欧"也已逐渐从仅服务重庆产业结构调整，上升为服务西南、长三角、珠三角地区的中欧贸易大通道。

五是"渝新欧"犹如一条横贯亚欧大陆的贸易大动脉，与丝绸之路经济带高度契合，为打造丝绸之路经济带提供了有形、有效的平台，将促进丝绸之路经济带建设和沿线国家与地区的经济交流合作。"渝新欧"班列货物种类和辐射范围持续拓展，成为中欧陆上贸易主通道。2016 年上半年开行的 164 班"渝新欧"班列中，去程 112 班，回程 52 班，运输货量约 1.4 万个标箱，同比增长 74%。"渝新欧"目前的开行频率稳定在每周 9—11 班。在原仅有阿拉山口口岸基础上，新增满洲里和霍尔果斯口岸，对中东欧地区的辐射能力进一步增强。经海关总署批准，重庆已成为"渝新欧"班列运邮试点城市，率先启动至俄罗斯和德国的"渝新欧"运邮测试，待条件成熟后，"渝新欧"运邮将进入常态化。

五 "渝新欧"之评论

一是官方评论。2014 年 3 月 29 日，习近平总书记访问德国时在杜伊斯堡亲自迎接"渝新欧"班列到站（见图 3 - 7），发出"中德是渝新欧铁路的起点和终点，两国应加强合作，推进丝绸之路经济带建设"的倡议。2016 年 1 月 4—6 日，习近平总书记在重庆调研时，得知"渝新欧"班列运营情况良好，"渝新欧"国际铁路沿线国家实现一次报关查验、全线放行，他赞赏"挺好"。

图 3 - 7　习近平观看重庆至杜伊斯堡港的"渝新欧"铁路列车到达

资料来源：新华社记者饶爱民摄，新华网：http：//www. cq. xinhuanet. con/2014 - 03/31/c_
1110014327. htm。

中国驻哈萨克斯坦大使乐玉成认为，"渝新欧"这座"欧亚大陆桥"，为我国西部地区开辟了对外交往的广阔天地。海关总署国际司司长陈小颖表示，"渝新欧"国际货运班列的开通运行，不仅有利于中国中西部对欧贸易的发展，而且为沿线各国进出口贸易渠道增加了多元选择，具有互利共赢的发展前景。德国杜伊斯堡市市长林克认为，通过"渝新欧"，中国商品仅 16 天就可以到达欧洲，比海运至少节省 20 天时间，正是因为这种便捷性，让中国商品在欧洲市场更具竞争力；"渝新欧"对杜伊斯堡市的发展起到了积极的促进作用，这是一个共赢的局面。荷兰经济部长亨克·坎普表示，一条"渝新欧"铁路连接了欧洲和中亚，也更加凸显了重庆这一重要物流中心的地位。斯洛伐克共和国驻华大使弗兰季谢克·德霍波切克指出："随着'渝新欧'国际铁路货运班列的开通，将会为中国和欧洲进一步扩大贸易交流提供更多的机会。重庆已经成为中国与中东欧国家合作的中心城市。"

二是专家评论。"渝新欧"铁路在带来巨大商机的同时，也将极大地促进西部地区以及珠三角地区甚至东南亚地区经济的发展。在北京理工大学胡星斗教授看来，中国南方如今已成为世界工厂，而中国西部地区以及东南亚地区的发展势头又很猛，这对交通基础设施提出了新的要求，此时新欧亚大陆桥的出现，可谓正逢其时。而重庆是大陆桥的桥头堡，往南还可延伸到珠三角与东南亚，这样的产业基础，是其他任何线路不可比拟的。在重庆社会科学院王秀模研究员看来，过去我国货物出口总是"一江春水向东流"，而"渝新欧"正悄然改变着这一传统的对外开放格局，也使山城成功转型为开放桥头堡，这种思路创新对众多内陆城市皆有重要的借鉴意义。

三是民间评论。惠普物流团队负责人罗纳德赞许，"渝新欧"全程开行成功，是一次很有吸引力的试验，将改变重庆出口欧洲主要靠海运的现状；惠普将积极协调铁路部门、承运商及海关，推进"渝新欧"国际铁路联运大通道的完善和优化事宜。德国移动物流公司管理委员会成员卡尔弗雷蒂奇·劳斯表示，货物走"渝新欧"铁路到欧洲的时间，是海运到欧洲时间的一半，它向客户证明这条运输线的优势和价值，对中欧贸易将起到积极的推动作用。俄罗斯铁路股份公司国际合作部副主任阿斯塔法耶夫表示，俄铁作为渝新欧（重庆）物流公司的外方股东，将努力使"渝新欧"铁路成为最有竞争力的国际物流通道；相信随着"渝新欧"铁路的常态开行，将带动沿线各国经济的发展，促进欧洲经济复苏，推动中欧贸易发展；他认为，"渝新欧"铁路打开了欧洲通往中国的一扇大门，同时也为重庆打开了一扇面向世界的窗口。

四是媒体评论。《人民日报》（2013 年 3 月 20 日《"渝新欧"国际铁路内陆开放新支点》）指出："渝新欧"的贯通，让重庆成为南线亚欧大陆桥的新起点，更为中国进一步推进西部开发开放提供了一个新支点。向西，从重庆到欧洲，不是比从沿海更近吗？这不就是扩大开放的"新通道"吗？视野变则思路变，思路变则天地阔。这条横贯亚欧的货物运输大通道，让中国西部的重庆成了南线欧亚大陆桥的新起点、对外开放的桥头堡。央视财经频道《行进中国开往欧洲的列车》系列节目称，"渝新欧"是国内最先开行的中欧班列，也是开行密度最大的中欧班列，约占国内中欧班列开行总趟数的80%。新华社评价说："'渝新欧'之于重庆的意义，不仅在于其运输通道功能，更在于对重庆开放发展的助推作用。"英国《泰晤士报》评论：随着"渝新欧"铁路将更多货物直接运至西欧消费者手中，重庆和中国西部将相应成为推动中国这个世界第二大经济体发展的一台"更重要的发动机"。德国《世界报》网站报道："'渝新欧'列车表明，只要人们建立了对双方都有利的联系，如此遥远的距离也是可以跨越的。"新加坡《联合早报》认为，以重庆为起点的"渝新欧"国际铁路联运大通道直达德国杜伊斯堡，是丝绸之路的重要载体，承担向西开放作用。

重点案例五：

福特落户——招商引资的西部样本

重庆是中国重要的汽车基地，始终致力于推动汽车产业更好更快地发展。重庆市认为一个汽车制造基地有三个标志：一是总装厂，这需有四大组成部分，除有底盘、装备厂外，还要有发动机和变速箱工厂；二是约80%的零部件生产基地聚集；三是根据市场需要，不断研发新产品。重庆与福特合作多年，零部件体系基本形成，但还是有两点缺陷，发动机和变速箱没有在重庆生产。随着福特汽车发动机和变速箱两个项目的落地，使长福马在重庆的生产基地名副其实，成为一个集四大组成部分的基地，一个整车厂加80%零部件本地化一体化的基地，一个具有自主研发能力的基地。这对重庆汽车工业具有里程碑意义。重庆将成除福特大本营——美国底特律之外，其在全球布局中最重要的基地。

一　福特落户之背景

由于中国市场的巨大吸引力，到2002年年底，跨国汽车公司在中国的投资活动非常频繁，世界上主要的大型公司（集团）都在中国有了整车生产、投资项目，中国实质上成为国际汽车展开角逐的新战场。福特汽车相中重庆，在西部内陆城市重庆落户，并借此进军中国轿车市场是有充分理由的。重庆作为中国西部最大的城市，既有产业优势，也有资源优势、地理优势。作为老工业基地，重庆的机械加工能力较强，特别是有长安集团等一批基础雄厚的兵器工业企业，其配套加工能力全国闻名。重庆具有较强的制造业整体能力，尤其是上游相关产业配套能力。与汽车产品相关的钢铁、机械产品、橡胶加工、电子、纺织材料等产能位居中国前列，产品成本上也有一定优势。一些劳动密集型产品具有较强的国际竞争力。重庆地区可以辐射中国东部、西部和南部，从地理位置上具备天然的战略优势。重庆市政府多年来对长安福特的支持与配合，则是新工厂选择重庆的主要促成因素。长安福特三工厂占地面积约 100 公顷，由长安、福特、马自达按 50:35:15 的比例投资 33.4 亿元兴建，这也是长安福特在渝兴建的第二家整车工厂。初期年产能为 15 万辆，项目初期完成后，长安福特马自达汽车年总产能将达到 60 万辆。新一代福特福克斯将是这家工厂推出的第一款车型。在此之后，福特公司将考虑在此生产其最新研制的混合动力汽车和电动汽车。重庆新工厂应用福特全球先进的生产工艺及流程，具备高度的可延展性，能够生产不同的车型。福特汽车自 2001 年与长安合作落户重庆以来，一步一个脚印发展非常顺利，从一工厂到二工厂，再到发动机工厂、变速器工厂，以及再次扩大产能，签约建设三工厂。一系列密集投资的背后，可以清晰地看到长安福特马自达加大了先进技术的转移力度。如今，福特汽车公司是美国最大的汽车企业之一，重庆则是美国福特汽车在华最大的生产基地。

二 福特落户之缘起

福特汽车公司历史始于 1903 年 6 月 16 日，其创立人是亨利·福特。至 1913 年年底，美国一半的汽车都是由福特公司生产制造的。纵观福特汽车公司的历史，可以看到福特汽车公司一直是一个国际化公司。从 20 世纪 90 年代开始，福特公司先后在菲律宾、泰国、越南、意大利及中国投资建厂。看到在中国广袤大地上飞驰的桑塔纳、别克、雅阁等合资车成倍增加，美国福特汽车公司再也坐不住了。与德国大众、通用汽车相比，福特进入中国时间较晚，也更加谨慎。尽管福特是中国汽车市场的一个迟到者，但福特却大有在中国后来居上、势在必得的抱负。

福特副董事长 2000 年 5 月和 6 月两度率高层人员飞抵西部重镇重庆，与市长洽谈，与各方接触，并潜心考察汽车生产企业……这一切，似乎预示着这位世界汽车巨头有意"牵手"重庆，在重庆生产出第一辆中国产"福特"轿车。

福特并不掩饰其借西部大开发之机"重拳出击"，以图在中国汽车市场求得大发展的用心。进入新千年，福特最急迫的打算就是在重庆兴建福特轿车生产基地。为表示重视西部，福特还专为西部记者开了"小灶"。在谈及福特为何青睐重庆时，程美玮说，重庆汽车工业有基础，长安集团企业管理不错，不乏人才，员工做事很认真。他说，福特在几年前的大项目上输给了德国大众、上海通用，错过了进入中国市场很好的机会，这几年福特一直在寻找合作伙伴，选定重庆，是因为看好重庆汽车工业的实力所在。

长安汽车（集团）有限责任公司创建于 1995 年，由长安机器制造厂（前身为 1862 年建立的"上海洋炮局"）和江陵机器厂（前身为 1936 年建立的湖南株洲炮兵技术研究处）合并而成。重庆长安集团是我国微车生产基地之一，从长安面包车到奥拓、长安之星、羚羊，经济型汽车的产销量与日俱增，在中国南北市场都占有一定的市场份额。而福特欲"杀入"中国轿车市场，投资战略是生产经济型轿车。这正好是福特有资金、技术、实力，长安有厂房、设备、人员，双方一拍即合。福特公司副董事长韦恩·布克表示，福特会把 3 种轿车车型带到重庆，让重庆拥有与东部城市媲美的汽车城。

2001 年 4 月，长安福特汽车有限公司成立之后，福特方面一直相对谨慎。因此，重庆工厂设计占地只有 700 亩，到 2007 年就基本达到产能饱和。重庆工厂体量不足的同时，福特积极谋求往长江下游发展。2004 年 2 月，长安福特马自达公司就与南京签订了用地协议，全面启动了南京工厂的建设。长安福特马自达南京整车工厂占地 2000 亩，长安福特马自达发动机工厂占地 1400 亩。显然，随着南京工厂的投产，南京的风头已经压过重庆。长安福特的"出走"让重庆方面感到异常尴尬。重庆方面认为，尽管长安福特马自达承诺重庆是长安福特马自达公司永远的总部，但是，如果不把第三工厂争夺到手，这话只是空话。如何扭转局面让长安福特马自达加大在重庆的投入成为 2007 年重庆"天字第一号"任务。

三 福特落户之操作

2000 年 6 月 6 日，国家经贸委以国经贸投资〔2000〕531 号《关于长安汽车（集团）有限责任公司与福特汽车公司合资生产轿车项目建议书的批复》正式批复。批准项目生产规模为 5 万/年，项目总投资为 9800 万美元，注册资本 9800 万美元，中外各占 50% 股份。

2000 年 11 月 30 日，国家经贸委以国经贸投资〔2000〕1135 号《关于长安汽车（集团）有限责任公司与福特汽车公司合资生产轿车项目可行性研究报告的批复》正式批准。

2001 年 4 月 25 日，重庆举行了合资企业开工庆典活动，正式向外界宣布长安福特汽车有限公司成立。"长安福特"合资项目在一开始就受到重庆市空前的支持，被列为重庆市的 60 项重点建设项目工程，除了享受国家西部大开发、重庆市经济技术开发区、重庆市招商引资等诸多政策优惠外，还在财政、税收、基建用地等方面拥有若干优惠宽松条件。有利的宏观环境保证了该公司的顺利建成和运营。长安福特 2001 年在北部新区投资建设了福特在中国的第一个总装厂，生产能力为 15 万辆/年，产品规划主要是嘉年华、福克斯、麦柯斯等 C 级车型。

2003 年 1 月 18 日，重庆长安集团与全球领先的汽车巨头福特汽车公司联手打造的长安福特首款新车——福特嘉年华驶下了生产线。它标志着世界汽车巨头福特汽车公司进军中国轿车市场正式拉开了序幕。

福特 2005 年在南京江宁建立了第二个整车制造厂，一期生产能力仅为 16 万辆/年，主要产品是马自达中低端车型。2006年，长安福特产销增势强劲，全年累计生产轿车 137913 辆，比 2005 年增长 1.31 倍，这甚至超过了 2003—2005 年三年产量的总和。相对于大众、通用，福特进入中国较晚，在严峻的市场竞争面前，长安福特要实现第一兵团的目标，产能扩张迫在眉睫。

2007 年，在长安福特第三工厂选址问题上，重庆除了一个强有力的竞争对手——天津滨海新区外，福特心里还有自己的"人选"——南京。当时童小平副市长率领由发改委、经信委、北部新区组成的工作团队，积极争取福特能在重庆投资建设新工厂，做大重庆基地产能，获取更多的市场份额和利润。但事关重大，最终决策权在福特总部，市政府主要领导向当时分管外资的吴仪副总理汇报了这一情况。吴仪副总理高度关注，给时任福特公司总裁兼首席执行官的艾伦·穆拉利先生写信，表达中国政府希望福特在中国加快发展的诚意。

2007 年 4 月，童小平副市长带着吴仪副总理的亲笔信，带领工作团队前往美国底特律福特总部，与艾伦·穆拉利进行磋商（见图 3－8），谈判小组与福特高层就中国汽车市场、重庆投资环境等相关情况进行了多轮沟通洽谈，三工厂落地重庆的序幕从此拉开。

图 3－8　2007 年 4 月，时任美国福特公司 CEO 穆拉利和时任

重庆市副市长童小平在交流

2007 年 8 月，在由福特产能扩充小组领导、长安公司和长安福特马自达共同完成的《长安福特马自达汽车有限公司产能扩充研究》中，第三工厂的建设方案被正式提出。重庆方面随即着手地方优惠政策的制定，2007 年 9 月，《重庆市人民政府给予长安福特三工厂的优惠政策》出台。从 2007 年 10 月到 2009 年，重庆方面与福特展开了多轮艰苦谈判。最终，双方在主要优

惠政策条款上基本达成一致。但福特在投资进度上还是比较迟疑的，坚持要在南京和重庆扩能的基础上建三工厂，而且表明将根据商务和市场情况安排中高档车在南京生产。面对这些不利因素，童小平副市长表示："对于三工厂项目，重庆是志在必得。"并督促北部新区加快基础设施建设进度，争取三工厂项目在2009年开工。

　　为推进三工厂项目尽快落地，重庆方面在2009年6月亲赴美国拜访了艾伦·穆拉利先生，进一步表明了重庆市政府的诚意和支持态度，至此，三工厂项目终于取得实质性进展，得到了美国总部的大力支持。

　　2009年9月25日，投资总额高达33.5亿元人民币（4.9亿美元）备受关注的长安福特马自达汽车重庆新工厂正式启动（见图3－9）。随着新工厂的启动，福特中国迎来它的第二春。随着新工厂落户重庆，曾经一度想争夺第三工厂的天津滨海新区等只能一声叹息。

图3－9　2009年9月25日，长安福特马自达汽车重庆新工厂奠基

2011年6月1日，童小平副市长主持召开长安福特马自达汽车有限公司项目建设专题会议，现场办公解决有关问题。决定进一步推进重庆市政府、长安集团和福特公司的三方合作关系，将北部新区打造成为中国领先的汽车产业基地，到2015年力争形成150万辆产能、2000亿元产值规模。千方百计抓好"四大项目"，确保长安福特马自达汽车有限公司三工厂项目在2012年3月投产，发动机项目在2011年6月动工、2013年2月投产，变速箱项目力争在2011年9月动工、2013年年底投产。按照服务于长安福特马自达汽车有限公司四个项目的工期要求原则，市政府有关职能部门开设绿色通道、提供星级服务，积极配合完善各项审批手续。按照一级保障的原则，为长安福特马自达汽车有限公司四个项目建设提供水、电、气等能源配套，满足其建设工期和生产需求。

四　福特落户之成效

重庆长安福特自2001年4月25日成立以来，只用了短短21个月时间就建成并投产。这座占地36万平方米的现代化汽车城大大突破了行业的标准建设速度，且一起步就达到了国际领先水平。按照最初的规划，长安福特整个项目的总生产能力为年产量15万辆，首期生产能力为每年5万辆。2005年10月21日，为期两年的长安福特重庆工厂第二总装车间正式建成，这标志着长安福特重庆工厂二期工程全面竣工，就此该厂的产能将提升到年产整车15万辆。

中国汽车市场潜力巨大，重庆则是长安福特的风水宝地。在全球经济尚未完全复苏的今天，建设重庆新工厂，既是长安福特抓住机遇、抢占市场的需要，也符合重庆调整结构、节能环保的需求。2007 年 9 月 25 日重庆方面与福特正式签约并举行了新工厂奠基仪式。这是继 2001 年福特与长安合作落户重庆以来，又一重大战略合作成果。长安福特马自达新工厂为重庆汽车业的可持续发展增添了新的活力。

正是有了长安福特三工厂的落地，才有了后来的发动机工厂、变速箱工厂及大批零部件配套企业的落户重庆。2009 年 9 月，成功签约重庆长福马扩产项目。2010 年 9 月 25 日，在重庆市市长经济顾问团年会上，福特宣布新发动机工厂落户重庆。新发动机工厂总投资 5 亿美元（约合人民币 34 亿元），一期工程年产量 40 万台。2011 年 5 月 19 日，长安福特马自达汽车有限公司（以下简称长福马）再次签约重庆，计划在北部新区开建变速箱工厂。重庆变速箱工厂由长福马投资，位于北部新区（见图 3 - 10），总投资达 4.85 亿美元（折合人民币约 33 亿元），产能 60 万台/年。其中，一期投资约 3.5 亿美元，设计产能约 40 万台/年。这使得重庆全面形成汽车产业链的 5 大体系（一是

图 3 - 10　2011 年 9 月，长安福特马自达汽车有限公司在华首家
变速箱工厂正式在重庆破土动工

总装生产线；二是发动机和变速箱；三是汽车零部件本地化；四是强大的自主研发能力；五是售后服务），有利于助推重庆汽车工业再上一个新台阶。

2012年4月5日，长安福特马自达与北部新区签署投资协议，长安福特马自达将在北部新区投资建设重庆乘用车扩建项目（第三工厂），为重庆汽车产业基地建设再添重要助力。在全球金融危机和汽车产业布局正发生重大调整的背景下，三工厂的签约包含三大意义：一是三工厂以生产中高端轿车为主，将改变过去重庆汽车产业规模大但附加值相对较低的格局，使重庆汽车产业不仅数量大，而且品种更全、附加值更高，在国内中高端轿车市场抢占一席之地。二是使重庆汽车产业拥有五个一流的体系，包括一流的总装厂，一流的发动机、变速箱工厂，一流的零部件配套企业，一流的销售服务系统，一流的研发设计系统，形成整体竞争优势。三是标志着福特对中国市场充满信心，看好重庆具备产业集群效应和良好的投资环境。

2014年11月4日，随着第一辆福特福睿斯轿车的下线亮相，长安福特第三整车工厂在北部新区正式投产，为重庆打造全国重要的汽车产业基地再添助力。近几年来，长安福特汽车产量增长迅速，中高级车占比逐渐加大，对重庆成为中国最重要的汽车产业基地之一，对重庆工业增加值、工业利润的增长都发挥了重要作用。

五　福特落户之评论

一是官方评论。2003年1月18日上午，全国人大常务委员会委员长李鹏专程视察了长安福特生产基地，并在刚刚下线的第一辆嘉年华轿车上签名留念。2004年11月13日，正在重庆考察工作的中共中央政治局常委、全国政协主席贾庆林视察了长安福特汽车有限公司，希望长安继续坚持走对外合资合作与自主开发相结合的道路，不断提升产品质量和档次，增强市场竞争力，为中国汽车工业的发展做出更大的贡献。2005 年 11 月 26 日，童小平副市长在重庆经济协作区市长联席会第 13 次会议上的发言指出，按照资本构成多元化、企业组织集团化、生产经营规模化、产品市场国际化的现代汽车产业发展道路，重庆将进一步打造"中国汽车城"；按照这一目标，重庆将依托长安、福特、铃木、庆铃、重汽、力帆等企业现有产业基础，围绕扩大汽车整体能力，形成重、轻、微、轿品种齐全的汽车工业产业集群，同时将形成各型汽车的零配件的产业链。2007 年 12 月 26 日，童小平副市长在 2008 年全市发展和改革工作会议上指出，重庆正在做的长安福特三工厂落户北部新区的事，一旦成功就是产出 600 亿元，还能带动相关部件形成 1000 亿元中高档轿车产业链。2009 年 12 月 24 日，童小平副市长在 2010 年全市发展和改革工作会议上的讲话强调，经过 10 年大开发，西部正转入发展特色产业与改善发展环境的新阶段，既要继续弥补基础设施与生态建设的历史欠账，更要加快产业发展；新 10 年我们不能只重交通设施建设，要把重心转向产业发展，只有做强产业，才能带来就业、带来收入，才能扩大内需，改善群众生活；继续壮大机械制造基地，汽车摩托车要重点抓好长安福特三工厂、上汽依维柯、铃木二期和摩托车零部件骨干项目。

二是业内评论。福特汽车公司副董事长韦恩·布克在合资公司成立及开工庆典上表示："这是福特汽车在中国的一个新纪元，福特汽车公司承诺将延续在全世界以服务消费者为己任的经营传统，和长安汽车集团强强联手服务中国消费者，同时为重庆市、大西部以及中国汽车工业的发展做出贡献。"韦恩·布克说："自 1978 年福特汽车公司向邓小平先生表达了与中国合作的愿望之后，我们长达 23 年的不懈努力在中国汽车工业的技术和零部件领域做出了重要的贡献。这个合资企业的成立，终于使福特汽车公司在中国落地生根。我们的合资伙伴——长安汽车集团是中国汽车工业的'领头羊'之一，对中国汽车市场有着十分丰富的经验，具有坚强的实力；而福特汽车也是世界汽车业中首屈一指的企业。我们的强强结合必将对中国汽车工业产生深远的影响。我们期待着和长安汽车一起为中国的广大消费者服务，同时也期待着和重庆市、大西部和中国的汽车工业共同发展、共创辉煌。"福特汽车公司全球副总裁程美玮强调，100 多年前福特把总部设在了美国密歇根州迪尔伯恩市，现在福特的总部还是在那里，在中国，重庆将永远是福特的"根"；就物流条件和市场覆盖力看，重庆和南京各擅胜场，但归根结底，南京工厂只是长安福特马自达的分厂，福特在中国的根基仍旧是在重庆。对于新工厂的意义，福特集团总裁穆拉利评价颇高："重庆新工厂的奠基是福特汽车拓展在华业务的重要一步。"美国福特汽车公司总裁兼首席执行官马克·菲尔兹说，福特重庆第三工厂的建成投产，是福特汽车发展的又一里程碑。扩大重庆生产基地的产能是福特在中国和亚洲市场推进激进发展计划的关键一步。

三是媒体评论。《解放日报》（2000 年 7 月 19 日《福特可能在渝生产轿车》）认为，福特汽车公司副董事长韦恩·布克先生与该市市长包叙定进行了友好融洽的会谈，并就西部大开发及福特汽车公司在重庆投资的可行性等双方都关心的问题交换了意见。一个政府汽车项目主管人士与一个企业决策人士的握手，最终意味着什么，自然不言而喻。《中国经济时报》（2014 年 7 月

1日《长安福特驶入高速发展的快车道》）认为，变速箱工厂的正式投产，标志着长安福特集整车、发动机、变速箱三位一体的产业布局已正式形成；该工厂将随同重庆现有的两个整车工厂和即将落成的重庆第三工厂及杭州工厂，助推长安福特进一步的市场扩张；重庆也将成为福特在密歇根以外最大的生产基地。

西部新品位

重点案例六：

铁路入渝——基础设施建设的西部速度

童小平副市长曾指出："能不能够建成大西南的综合交通枢纽，能不能建成西部的铁路交通枢纽，就看我们工作状态怎么样，工作责任怎么样，工作水平怎么样。"正是在这样的使命下，铁路入渝创造了一个又一个纪录。重庆作为西部唯一的直辖市，地处我国东部发达地区与西部资源密集地区的中西结合部，与湖北、湖南、贵州、四川、陕西等省接壤，承东启西、南北沟通，是中国东、中、西三大经济板块的战略支点。同时，目前重庆是西部唯一具备水、陆、空、铁、管道五种立体交通方式的城市。铁路入渝，被列为西部大开发 2 号特大工程的渝怀铁路，从筹建到通车竟历经百年的宜万铁路，重庆交通基础设施建设的成果显著，不仅促进了城市群的融会贯通，还提升了重庆的区位优势和辐射功能，必将促进重庆对外贸易的发展。重庆不仅拥有内陆开放的政策优势，还将拥有便利物流等交通优势，完全有能力变身内陆开放前沿。毋庸置疑，这些都为重庆经济社会发展增添了新的羽翼，形成了新的西部速度。

一 铁路入渝之背景

1999 年，重庆市仅有"一枢纽三干线一支线"，即襄渝铁路、川黔铁路、成渝铁路3条干线铁路，三万南铁路1条支线铁路，营运里程仅445千米。为实施西部大开发战略，加快中西部地区发展，2000年国家计划把国债投资和国家拨款的70%投向中西部地区，把国际上提供的政府优惠贷款和国际金融组织提供贷款的70%投资中西部地区建设，为此将在西部地区新开工"十大工程"。排名第二的是重庆至怀化铁路（渝怀线），全长约640千米，总投资182.3亿元，这条铁路有利于完善西南路网布局。而今重庆结束了渝东北和渝东南不通铁路、全市无复线铁路的历史，相继建成渝怀铁路、遂渝铁路、襄渝二线、达万铁路等项目，完成渝黔铁路、成渝铁路电气化改造，新开工了宜万铁路、兰渝铁路、渝利铁路、渝怀二线等项目，形成"一枢纽五干线二支线"铁路网络。"十五"期间，重庆市境内铁路新增里程翻了一番，在615千米的基础上达到1209千米。2009年9月，西南首列动车组——成渝动车组正式开行，标志着重庆铁路运输跨入高铁时代。地处西部内陆地区的重庆，"十二五"期间建成了成渝高铁、兰渝铁路、渝利铁路，在建渝万高铁、渝黔铁路、黔张常铁路、涪怀二线铁路、三万南铁路，开建郑万高铁、铁路枢纽东环线，形成"一枢纽八干线"的格局，运营里程达到1929千米，路网密度达到234公里/万平方千米，近70%的区县实现铁路覆盖。到2016年年底，渝万高铁、三万南铁路、小岚垭铁路物流中心将建成通车，全市铁路运营里程将达到近2230千米。

二 铁路入渝之缘起

西部大开发之初，"蜀道难"等已成为制约地区经济发展的重要"瓶颈"。长期以来，铁路在重庆交通体系里，相对于周边省应该说是一个薄弱环节。怎样使重庆的铁路建设和作为大西南的综合交通枢纽结合起来，怎样使综合交通枢纽和重庆的发展需要结合起来，这始终是重庆需要认真研究考虑的一个事情。

重庆作为一个大区域的经济中心，从功能需要考虑，不仅要发展农业、商贸、轻工、纺织、电子、日用品加工、建筑等产业，还要尽快发展能源、交通、通信等基础工业和冶金、机械、化学、原材料等运量较大的重工业和化学工业，才能结构完整，实力雄厚。但是，重庆工业发展已面临这样一种困境：由于缺乏铁路，运量较大的新建工业已难以布局立项，既有企业扩建增加运量也难以运输。重庆要建设内陆开放城市，西部开放的高地，基础条件就是要完成综合交通枢纽的构建。老板来不方便，物流运输很不方便，物流成本很高，怎么承接产业转移。重庆的交通条件虽然有了较大改善，但是和东部比，差距还是很大的。交通问题仍然是重庆区位相对沿海优势不明显的一个重要制约因素。显然，综合交通枢纽是铁路、公路、水路、航空的有机连接，是方便、快捷的一个网络。铁路是长距离、大运量、快捷式的一种交通方式，是综合交通枢纽中最核心的内容。

工作就是协调，就是解决问题，解决矛盾。铁路入渝是几代人接续奋斗的结果。其中，宜万铁路可谓命运多舛，宜万铁路的前身是川汉铁路，这条我国铁路史上修建难度最大、单位造价最高、历时最长的山区铁路，全程仅 377 千米，从筹建到通车竟历经百年。1903 年，清朝拟建川汉铁路，从四川成都经重庆到湖北汉口。1909 年，詹天佑率领人马集结宜昌，10 月宜昌至秭归段曾一度动工修建。后辛亥革命爆发，建设搁浅。1914 年，詹天佑为落实孙中山《实业计划》设想，重新勘测川汉铁路。随后，川汉铁路东段武汉至长江埠段开工，后因军阀混战停建。

1956 年以来，铁道第四勘察设计院曾多次对川汉铁路进行勘测，编制了全线初步设计方案。1995 年 3 月，恩施州的全国人大代表向兴平在八届全国人大三次会议上，提出希望修建枝城至万县铁路。1997 年，湖北省成立川汉铁路枝万段建设筹备领导小组，标志该线建设纳入实施阶段。2001 年 8 月，国家计划在"十五"期间，建设宜昌至万州铁路新线。2004 年初，宜昌长江大桥、齐岳山隧道等工程先后破土动工，宜万铁路正式进入施工阶段。2010 年 8 月，宜万铁路在恩施白果顺利实现接轨，标志着全线铺轨贯通。2010 年 12 月 22 日终于建成通车。

交通是一个综合工程、系统工程、民心工程和基础工程。加快推进铁路入渝等基础设施项目建设，对重庆发展具有非常重要的战略意义，不仅对重庆建设内陆最大的中心城市起着脊梁骨的作用，对重庆建设长江上游经济中心具有支撑作用，而且对重庆整个城市群建设起着重要的平衡、联络、协调作用。

三　铁路入渝之操作

1997 年 3 月 14 日，八届全国人大五次会议审议批准关于设立重庆直辖市的决定，重庆成为中国第四个直辖市。直辖市的设立，翻开了重庆历史发展的新篇章。10 月 31 日，西起襄渝铁路达川站，东至重庆万州的达万铁路正式开工。该条铁路全长约 160 千米，总投资约 25.5 亿元，2001 年建成通车。

2000 年 12 月 16 日，被列为西部大开发 2 号特大工程的渝怀铁路在重庆市宣布开工，渝怀铁路建设总指挥部在重庆市正式挂牌成立。

2001 年 1 月 16 日，《重庆市国民经济和社会发展第十个五年计划纲要》提出，建设和完善综合交通体系。建成达万铁路、

渝怀铁路（见图3-11）和遂渝铁路。开工建设上海至重庆沿江
铁路（涪）万枝段，建设南川—涪陵地方铁路，扩能改造国家
南北大通道包头至柳州铁路安康—重庆—贵阳段，推进沟通西南
西北的兰州—重庆铁路的前期工作。改造重庆铁路枢纽，建设江
北新客站、兴隆场编组站。

图3-11 渝怀铁路示意

2006年1月16日，《重庆市国民经济和社会发展第十一个
五年规划纲要》提出，按照2020年建成"一枢纽十干线一专线
七支线"铁路构架的总体规划，"十一五"期间，建成万宜铁
路、襄渝二线，形成8条干线铁路；开工建设涪利铁路，增建渝

怀二线（重庆至涪陵段）、遂渝二线，基本形成沪宁汉渝蓉铁路客运专线；投运南涪铁路，形成3条支线铁路；加快推进安张常（安康—奉节—张家界—常德）铁路的前期工作，基本形成联结东西、沟通南北的铁路网络。加快重庆铁路枢纽建设，建成集装箱中心站。

2006年7月25日，童小平副市长主持召开2006年重庆市支援铁路建设领导小组第一次会议。会议指出，要充分认识铁路建设对重庆市国民经济发展的重要意义。铁路是国民经济发展的基础。"十一五"是重庆市历史上铁路建设发展最快的时期，对重庆市实施西部大开发战略，实现建成长江上游综合交通枢纽的目标极为重要。会议对市政府有关部门、有关方面对铁路建设的支持予以肯定，要求大家进一步认识铁路建设的重要意义和作用，积极协助和配合铁路部门，共同推动铁路建设的顺利实施。

2008年12月2日，童小平副市长主持召开会议，专题研究布置加快重庆市涉及中央"1000亿投资"2008年年底及2009年内计划开工铁路项目前期工作。渝利铁路、兰渝铁路、遂渝二线3条铁路是2008年新增国债拟开工项目，在中央"1000亿投资"中重庆市共争取了9亿元新增资金。为确保12个月内中央资金投入尽快形成实物工作量，立竿见影拉动内需，加快铁路建设，会议要求：渝利铁路公司负责渝利铁路于12月29日前开工，成都铁路局负责遂渝二线铁路2009年1月10日前开工，兰渝铁路公司负责兰渝铁路重庆段2009年春节前启动征地拆迁。2009年10月前，要确保渝黔铁路新线、渝怀二线重庆至涪陵段、达万铁路电气化改造、三万南铁路改造4个项目开工；力争渝万城际铁路、成渝城际铁路2009年年底开工。

2009年5月14日，童小平副市长主持召开了市铁路建设领导小组 2009 年第一次全体会议。鉴于今后重庆市境内铁路项目均为部市合资，市政府作为铁路建设的主体之一，会议同意将"重庆市支援铁路建设领导小组"更名为"重庆市铁路建设领导小组"。会议指出，全市有关方面要深入推进落实国发〔2009〕3 号文件，进一步加大境内铁路建设工作力度，加快形成以重庆铁路枢纽为中心，多条便捷化、大能力对外通道为骨干的铁路网布局，建设长江上游地区综合交通枢纽和国际贸易大通道。

2011 年 1 月 14 日，《重庆市国民经济和社会发展"十二五"规划纲要》提出，坚持"畅通高效、安全绿色"发展理念，提高交通规划建设的前瞻性和统筹水平，加快通道和枢纽建设，建成西部最大的铁路枢纽。续建并建成兰渝铁路、渝利铁路、成渝客运专线、渝万客运专线、渝黔铁路新线、遂渝铁路二线、渝怀铁路二线、南涪铁路、三万南铁路改造等项目；新开工建设郑万铁路、黔（江）张常铁路。

2012 年 7 月 24 日，童小平副市长主持召开会议，专题研究推进 2012 年计划开工的重庆北站、沙坪坝站、复盛站 3 个火车站，渝黔、渝万和三万南 3 条国家铁路（以下简称国铁）以及长寿化工园区、果园港区和空港 3 条铁路专用线前期工作。会议认为，在当前经济下行压力增大的背景下，投资拉动经济增长的重要性进一步凸显，重庆市抓住机遇尽快开工一批事关全局的重大铁路项目，对保持全市经济平稳较快增长具有十分重要的意义。

2016 年 1 月 28 日，《重庆市国民经济和社会发展第十三个五年规划纲要》提出，建设西南地区综合交通枢纽，加快建设铁路大通道（见图 3 - 12）。着力发展高速铁路，建设"米"字形高铁网和一批铁路干线及园区铁路专线，推进沿江货运铁路等重大项目前期工作，新增铁路里程1000千米，总里程超过2500千米。加强铁路客货枢纽建设，形成"三主两辅"客运枢纽格局，年客运发送能力达到1.8亿人次，形成"1+15"铁路货运枢纽格局，年货运能力达到5600万吨。

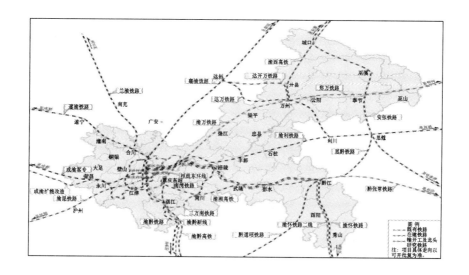

图3-12　重庆市"十三五"铁路网规划示意

积极推进利用干线铁路富余能力开行市郊列车。一是续建或建成：渝万城际、渝黔铁路、三南改造、黔张常铁路、渝怀二线铁路涪陵—梅江段、郑万高铁、枢纽东环线、重庆北站铁路综合交通枢纽、沙坪坝铁路综合交通枢纽、重庆西站铁路综合交通枢纽。二是新开工及推动前期工作：渝昆高铁、渝西高铁、渝湘高铁（重庆段）、安张铁路、恩黔毕昭铁路、广安至涪陵至柳州铁路、成渝铁路和达万铁路扩能改造工程、达开万城际铁路、菜园坝铁路综合交通枢纽、重庆东站铁路综合交通枢纽。三是研究论证：渝黔高铁、沿江高铁、重庆至宜昌沿江货运铁路、长（寿）

垫（江）梁（平）货运专线、广（安）忠（县）黔（江）铁路等。

四　铁路入渝之成效

对于以铁路为代表的重大基础设施项目不能简单地去考虑投资回报率，要纳入整个国民经济体系中去评价，要看项目建成后因企业、人口积聚给沿线带来的投资、消费、税收等，这是一个得到全社会广泛认同的观点。

重庆直辖初期铁路交通建设主要有以下项目。达万铁路：1997年开工，2002年建成。全长约156千米（其中重庆境约85千米），为国家Ⅰ级干线铁路，内燃机车牵引。渝怀铁路：2001年开工，2005年建成。全长约624千米（其中重庆境约460千米），为国家Ⅰ级干线铁路，电力机车牵引。2006年1月16日，渝怀铁路第一辆货运列车抵达重庆西站，标志着渝怀铁路全线正式开通货物运输。11月1日，渝怀铁路重庆段客运正式开通。重庆铁路枢纽重庆北站：2001年开工，2005年建成，是目前西南地区最大的专用客站，将替代菜园坝火车站成为重庆铁路到发的主客站。万宜铁路：2002年开工，计划2007年建成，全长约377千米（其中重庆境内约42千米），是国家"八纵八横"的沿江铁路的重要组成部分，为国家Ⅰ级干线铁路，电力机车牵引。遂渝铁路：2003年开工，2005年建成。全长约160千米（其中重庆境约95千米），为国家Ⅰ级干线铁路，电力机车牵引。重庆铁路集装箱网络节点站：2005年开工，计划2007年建成，为全国18个铁路集装箱中心站之一，近期集装箱办理能力1100万吨/年。

2007年9月9日，铁道部将重庆铁路集装箱中心站升级为国家级铁路综合物流中心。直辖十年间，重庆市相继新增了达万、渝怀和遂渝三条干线铁路，基本形成"一枢纽六干线二支线"的布局（"一枢纽"为重庆铁路枢纽，"六干线"为成渝线、渝黔线、襄渝线、达万线、渝怀线、遂渝线）。新增铁路里程共 526 千米，使全市铁路营运总里程达到 1117 千米，新增货运能力 2570 万吨，使铁路运能达到 6270 万吨，并建成投运重庆枢纽重庆北站等设施，以主城环线为枢纽中心，向东南西北方向的铁路通道干线初步形成，铁路出境通道由直辖之初的 3 个增加到了 6 个，路网密度达到每百平方千米 1.36 千米，从此改变了渝东南和渝东北地区不通铁路的历史。

2008 年 9 月 26 日，兰渝铁路全线开工建设。兰渝铁路是国家"十一五"期间规划建设的具有战略意义的重要干线，北起兰州，途经甘肃定西、陇南，四川广元、南充、广安后到达重庆。兰渝铁路在电力、通信、信号等方面采用的多项新技术都是当今国际上最先进的技术，其在复杂地质条件下的一系列科研课题，也都代表了当今铁路科技的发展方向，它的设计、修建技术和开通后的运营管理，都将创造世界普速铁路的一流水平。

2009 年 3 月，国家发展改革委以发改基础〔2009〕778 号文批复同意贵阳至重庆快速铁路立项建设。项目建成后，贵阳到重庆的旅行时间将从原来老川黔铁路的 11 个小时缩短到一个半小时左右。根据国家发展改革委批复，项目新建线路自重庆站引出，经綦江、桐梓、遵义、息烽，终点至贵阳北站，正线全长约 345 千米，其中重庆市境内 112 千米。

2010 年 12 月 22 日，连接我国中西部地区的高标准干线铁路——宜（昌）万（州）铁路正式建成通车。这条被誉为中国铁路史上施工难度最大的山区铁路的开通，打通了中国西南山区陆上交通咽喉，"蜀道"变通途，将大大加快我国大西南地区与中、东部地区经济融合的步伐。

2014年7月1日，沪汉渝蓉客运专线实现了动车组全线贯通。沪汉渝蓉客运专线是贯通我国东西的首条铁路大通道，绝大部分东行动车均要停靠重庆，铁路客运交通能力有了质的提升。过去由于交通相对不便，景点"养在深闺人未识"，而今，随着旅游动车开通，奉节旅游正迎来新的发展良机。高速铁路的发展，大大加快了两地或多地间的同城效应，带来的人流、物流、信息流快速汇集，两城或多城变一城，实现"1+1>2"的效应。

2015年12月26日，重庆铁路枢纽东环线和郑万高铁正式开工。两个项目建成后，将对完善重庆市铁路路网结构、支撑城市空间和产业布局、加快建设西南地区综合交通枢纽发挥重要作用。郑万高铁作为国家"郑渝昆"大通道的重要组成部分，也是通往北京最快捷、最高效的铁路通道。项目建成后，重庆到北京缩短为6小时左右，显著增强铁路北向通行能力，加强与京津冀的沟通联系。

五　铁路入渝之评论

一是官方评论。2000年12月16日，被列为西部大开发2号特大工程的渝怀铁路在重庆市宣布开工，国务院总理朱镕基对开工致以热烈祝贺。2001年，铁道部部长傅志寰说，渝怀铁路与成渝、川黔、襄渝铁路相通，东与株六复线连接，形成川渝地区与中部、东部交流的一条重要通道。它的修建，对于加快西部地区开发，完善西部铁路网布局，缓解川渝地区运输的紧张状况，促进沿线经济发展，都有重要作用。2008年9月26日，中共中央政治局委员、国务院副总理张德江宣布兰渝铁路开工，他说，建好兰渝铁路，对于优化铁路网布局，提高铁路运输质量，推进西部大开发，促进沿线地区脱贫致富，全面建设小康社会具有重要意义。2015 年 4 月 11 日，国务院副总理马凯先后来到渝黔铁路新白沙沱长江特大桥以及重庆西站施工现场调研，他对渝黔铁路推动西南地区经济和新白沙沱长江特大桥建设工作给予了充分肯定，并勉励铁路建设者再接再厉建好工程。

二是专家评论。重庆社会科学院谢德禄研究员认为，渝怀铁路的修建，完善了西南铁路网的布局，填补了铁路区域性的空白，打通了川渝地区的东通道，缓解了其进出口运输的压力，有利于加快川渝地区经济社会发展，有利于提升和发挥重庆在国家西部开发和大西南及长江上游地区经济中心的地位和作用，并将带动沿线地区特别是山区和少数民族地区经济社会发展。兰州大学徐创风教授认为建设兰渝铁路就是建设一条致富路。

三是媒体评论。《中国财经报》认为，重庆市黔江区紧紧抓住渝怀铁路开工建设这一难得的历史机遇，充分发挥铁路建设对当地经济发展的巨大拉动作用，采取积极措施，千方百计构筑铁路经济，为该区经济快速健康发展打下基础。《中国铁道建筑报》认为，渝怀铁路穿越 4 条 9000 米以上的隧道，征服素有"地质博物馆"之称的 11 大控制工程，跨嘉陵江、过长江、三渡乌江、经黔江、沿锦江进入湖南，建设渝怀铁路无疑是一场征服天险的战斗。《中国旅游报》认为，重庆打造西部最大铁路枢纽，"一环十射两联线"缩短旅游时空，这将有利于提高火车游服务质量，让来渝游客或重庆游客在出游时能享受到安定有序的交通环境。新华社认为，宜万铁路开通，"蜀道难"将从此作古。过去"蜀道难，难于上青天"，如今"蜀道不再难，宜万半日还"。宜万铁路通车后，川渝鄂地区出行至武汉、南京、上海的时间将缩短到5—9小时。这对加快川渝及鄂西地区经济发展，推进西部大开发战略实施，促进民族团结具有重要意义。《人民铁道》指出，兰渝铁路是我国铁路建设史上难啃的"硬骨头"，"兰渝难、难兰渝"已成全路上下共识、有目共睹。蜀道通途，寄托了多少仁人志士踌躇满志的毕生憧憬，勾勒了多少卓著元勋终生未尽的蓝图伟业。无论是深入一线、靠前指挥的各级指战员，还是勇往直前、敢打必胜的广大建设者；无论是服从大局、全力配合的地方各级政府，还是默默支持、扛起家庭重担的建设者家属，所有投身兰渝、心系兰渝的人们，都是铁路建设的功臣，都是造福甘、陕、川、渝百姓的功臣。

重点案例七：

轨道交通——公共服务的大都市水准

轨道交通项目作为重大公益性项目，具有项目投资大、建设周期长、交通客运能力强的特点，适合在都市中心、人口密度高的地区发展。重庆发展城市快速轨道交通，符合市情和广大民众需求，必须坚定不移地大力推进。2000 年 5 月，经过努力争取和国家支持，重庆轻轨项目正式列为国家西部大开发首批十大重点工程，由此重庆轻轨得到国家一系列政策的支持，成为获得国家主权信用担保的利用国外政府贷款项目，得到国家重点支持的地方国债项目，国家西部大开发十大重点工程项目，引进国外先进技术的跨座式单轨交通示范工程项目。根据国务院批准的重庆市城市总体规划及城市轨道交通路网规划，重庆市轨道交通三号线为路网规划中的由南向北纵贯重庆主城区的快速客运线路，是一条解决城市交通问题的重要轨道交通干线，三号线和二号线组成的十字交叉的快速轨道交通系统对缓解重庆主城区的交通阻塞，实现主城区半小时交通目标，解决居民出行难的矛盾起着决定性作用。

一　轨道交通之背景

众所周知，城市轨道交通具有运输效率高、人均资源消耗小、环境污染少等优点，在保证城市土地的集约化开发利用、引导和改善城市空间结构、解决城市交通拥挤问题、促进沿线房地产增值、推动沿线经济的繁荣以及促进城市社会、经济和环境协调发展等方面，都具有极其重要的作用。轨道交通作为重庆市重要的城市公共基础设施，项目建设投资大、周期长、经济带动性强。在市委、市政府的高度重视和坚强领导下，重庆市城市快速轨道交通坚持以"大项目"带动"大产业"，经历30多年的艰苦历程，取得了可喜成绩，得到了广大民众的充分认可。在项目建设方面，轨道交通1号线、6号线两条地铁及2号线、3号线两条轻轨线路已建成投运，累计通车里程达90千米，2012年年底通车里程将达140千米，排名中西部第一、全国第六。最高日客流量达110.4万乘次，线网总客流量达4.6亿乘次，分担了主城区13%的公共交通出行量，极大地缓解了主城区的交通压力，改善了交通环境，轨道交通逐步成为公共交通的"主动脉"。在产业发展方面，轨道交通产业"'本地化'＋'走出去'"战略取得阶段性成效。以轨道交通车辆生产厂为依托，建成了国内唯一具备单轨标准制定、车辆制造、装备制造、系统集成、设计咨询、工程建设、运营咨询和第三方认证"一条龙"产业链的轨道交通新型产业基地，地铁、轻轨车年产量达500辆。大力开展技术创新，单轨车辆及机电设备综合国产化率已达85%。单轨技术及管理咨询系统已成功开拓韩国、巴西市场，并与印度尼西亚、越南等国家达成了初步合作意向。

二 轨道交通之缘起

"为了山城有坦途"是历代重庆人的梦想。早在民国年代，轨道交通就列入了《陪都十年规划》，由于时代的原因，根本不能去实施。新中国成立后，重庆人又作了极大的努力，终因建设轨道的资金和技术等原因未能实现。在过去长久的年代，重庆的城市公共交通十分薄弱，起早摸黑地挤公交汽车，市民"乘车难"十分严重。改革开放以来，建设城市轨道交通仍然是重庆人的梦想。从横向来看，在中国，已有北京、上海、天津、广州等6个城市建成轨道交通，有14个城市正在兴建或筹建轨道交通。重庆轻轨，既是重庆交通发展史上的一次新的革命，也是山城摆脱城市交通长期依赖汽车、船舶等传统交通工具的必然选择。

重庆轻轨工程项目最初是指轨道交通2号线一期工程较场口到大堰村段，14.35千米、14个车站。自1990年编制项目建议书（预可行性研究报告），1992年开始争取列入日本政府贷款，1993年完成中日合作的工程可行性调查报告，1994年通过工程项目建议书评估并列入日本政府贷款备选项目，1995—1998年相继完成工程项目可行性报告与环评报告、单轨交通系统国产化研究报告等，并开展李子坝试验车站高墩基础建设和PC轨道梁工厂化生产试验及项目总体设计技术条件书编制等前期工作，多届市委、市政府领导都直接参与项目策划、审批协调、筹建指导等工作，历经艰辛，努力完成了工程建设筹备工作。苦尽甘来。1997年，中央宣布重庆为直辖市，包叙定在担任国家计委副主任期间，批准了重庆市跨座式单轨交通2号线项目。

其间有一个故事。1999年8月，重庆轻轨项目建议书准备提交国务院上办公会，据说由国家计委秘书长姜伟新汇报。听到这则消息后，市计委立即赴京再作汇报。市计委童小平由北京东三环的重庆饭店打的去国家计委，天热又堵车，走了近两小时才到。童小平直奔曾任投资司司长姜伟新办公室汇报。姜伟新开门见山地说："小平呀，在国务院办公会上，只给我每个项目讲两分钟的时间，你必须五分钟内将重庆轻轨项目的必要性、紧迫

性、资金保证、国产化等给我讲明白，等我理解了再讲出来，让
国务院领导和相关部委领导都明白，胜算才比较大。"童小平当
即归纳了五点讲得很清楚，得到姜伟新的称赞："重庆的女将很
厉害。"

随后，中央实施西部大开发战略，重庆市轻轨较场口—新山
村线路（以下称较—新线）一期工程列为 2000 年开工的国家西
部大开发十大重点工程和 2000 年度日本政府贷款计划项目。这
就解决了项目建设资金的缺口问题。可以说是经过长达 10 年的
前期准备，重庆市全面做好了在 2000 年开工较—新线工程的各
项工作，2000 年 6 月 7 日，正式举行重庆轻轨较—新线一期工
程试验段开工典礼仪式。重庆跨座式单轨交通 2 号线项目，终于
正式上马，并于 2005 年成功投入运营（见图 3 - 13）。现在重庆
轨道交通营运里程已近 200 千米，位居中西部第一，主城 9 区实
现轨道交通全覆盖。

图 3 - 13　重庆轻轨 2 号线列车在弯度超过 90 度的轨道上行驶

三 轨道交通之操作

2001 年 1 月 16 日，《重庆市国民经济和社会发展第十个五年计划纲要》提出，加快城市交通系统建设。围绕"主城半小时交通"目标，建设城市快速道路网和城市轨道交通系统。建成主城区两江滨江路工程、牛角沱嘉陵江复线桥、城市轻轨较场口至新山村线。

2004 年 6 月 10 日，重庆市专题研究轨道交通建设投融资主体构建和建设资金平衡有关问题。授权市开发投资公司作为重庆市轨道交通建设的投融资主体。市发展改革委仍对其进行业务指导。市政府历年对轨道交通投入的权益全部授予市开发投资公司作为出资人代表。市轨道交通总公司作为市开发投资公司的全资子公司。市开发投资公司主要承担轨道交通项目应由政府投入的项目资本金的筹措，以及融资担保任务。项目资本金以股权形式投入市轨道交通总公司。市轨道交通总公司作为市开发投资公司的全资子公司，主要负责轨道交通的建设和运营，通过收益权质押、财产权抵押或转让等方式进行项目融资。

2006 年 1 月 16 日，《重庆市国民经济和社会发展第十一个五年规划纲要》提出，加快建设"五横五纵六连线"快速道路和轨道交通 1 号、3 号、6 号线，着手规划城市铁路，完善两江滨江路，合理布局大型立交节点，基本形成主城区快速交通骨架网。

2007 年 5 月 8 日，重庆市政府常务会审议并原则通过了《重庆市主城区轨道交通线网控制性详细规划》。该规划显示，重庆新的轨道交通结构为"九线一环"，规划轨道线路总长 513 千米，总投资 1500 亿元人民币。

2009 年 3 月 26—27 日，童小平副市长率市政府有关部门负责人视察了轨道交通 1 号、3 号线。3 月 27 日，童小平副市长主持召开会议专题研究提速建设主城区城市快速轨道交通问题。会议强调，提速建设轨道交通符合中央"进一步扩大内需，促进经济增长"的总体要求，是缓解重庆市主城交通拥堵、方便市民出行的迫切需要。按照国家发展改革委《关于重庆市城市快速轨道交通近期建设规划调整方案的批复》，在原计划 2012 年实现通车里程 116 千米目标的基础上，进一步加快轨道交通建设。

2011 年 1 月 14 日，《重庆市国民经济和社会发展"十二五"规划纲要》提出，打造以轨道交通为核心，整合多种方式的城市立体交通体系，促进各种交通方式无缝衔接。全面建设城市轨道和城际铁路。建成轨道交通 1 号、2 号、3 号、6 号线；新开工轨道交通环线、4 号、5 号、9 号线。从整车和关键零部件着手，培育具有市场竞争力的总包企业集团，打造全国重要的轨道交通装备制造基地。

2012 年 11 月 12 日，童小平副市长主持召开会议，专题研究主城区城市快速轨道交通项目前期工作。一是确保 2013 年第一轮建设规划项目建设基本完成，累计通车里程突破 200 千米，通达主城九区和主城核心区所有建成城市组团，串接主城九大商圈，以及机场、重庆火车北站、朝天门码头等主要客运枢纽，日均客运量突破 200 万人次，轨道交通占公共交通出行总量比率超过 20%，基本形成以轨道为骨干、站场为节点、地面普通公交为基础的城市公共交通体系；二是全面启动第二轮建设规划项目前期工作，有序开展部分控制性节点工程建设；三是抓紧推进实施都市快轨试点工作，2013 年年底启动试验线工程；四是加快都市快轨等新型轨道交通制式的研发和产业落地，带动重庆市装备制造业再创新高。

2016 年 1 月 28 日，《重庆市国民经济和社会发展第十三个五年规划纲要》提出，大力发展城市轨道交通（见图 3 - 14）。都市功能核心区和都市功能拓展区按照"线随人走、人跟线走"的原则优先发展城市轨道交通，并加快向城市发展新区延伸。建成"一环八线"城市轨道交通网，新增营运里程 200 千米，城市轨道交通总里程达到 415 千米。续建并建成轨道 3 号线北延伸段、轨道环线、轨道 4 号线一期、轨道 5 号线一期、轨道 10 号线一期、轨道延长线跳磴至江津段、轨道延长线尖顶坡至璧山段、市郊铁路主城至合川段。新开工轨道 9 号线一期、轨道 9 号线二期、轨道 10 号线二期、轨道 6 号线支线二期、轨道 4 号线二期。加强"十三五"后期城市轨道交通项目研究。大力推进市郊铁路建设，增强城市发展新区与主城区城市轨道的有机衔接，构建一体化的轨道交通体系。建成渝合线、轨道延长线跳磴至江津段，新开工轨道延长线璧山至铜梁段、合川至大足线、南彭至茶园有轨电车，新增运营里程 200 千米。规划论证万州等城市轨道交通。

四　轨道交通之成效

2006 年 6 月 28 日，重庆轻轨 2 号线二期工程全线开通。重庆轻轨 2 号线采用高架胶轮跨座式单轨交通系统，在我国属首次引进，车辆设备国产化率达 70%。攻克了 PC 轨道梁系统、道岔系统、车辆转向架系统三大关键技术。重庆轻轨的大坪、临江门、较场口地下车站工程创造了数个亚洲第一。临江门车站土木工程荣获国家土木最高奖项詹天佑大奖、重庆市技术进步奖。重

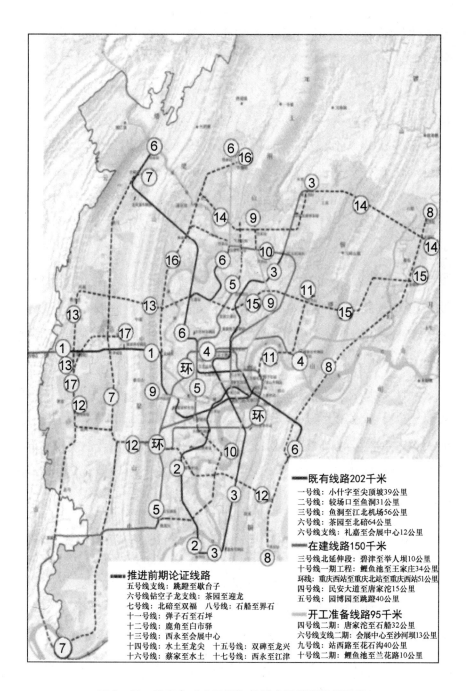

图3-14 重庆市"十三五"轨道交通线网规划示意

庆轨道梁技术已超过日本，研制出大跨座轨道梁、钢箱梁、倒 T
梁和具有自主知识产权的架轨机。在梁模具国产化、轨道梁施工
测量及安装、轨道梁架桥机的研制、道岔机电系统技术及单轨车
辆转向架系统五大技术难题上，创造了多个全国第一的纪录。重
庆轻轨较新线是全国第一条高架胶轮跨座式单轨车线，在我国城
市公共交通中尚属首例。高架胶轮跨座式单轨道车具有爬坡能力
强、制动性能好、转弯半径小、噪声低、无废气污染等许多优
点。这种交通方式在重庆取得成功，对改善我国城市公交结构具
有重要意义。重庆轻轨较新线的国产化率居全国第一。我国城市
公共交通的发展方向是大运量的地铁、轻轨线，但困扰地铁、轻
轨发展的要害是造价问题，降低地铁、轻轨造价的出路在于提高
国产化率。重庆轻轨较新线实现国产化充分发挥了本地工业的优
势，西南铝加工厂、重庆钢铁集团股份公司和重庆其他一些军工
企业在该工程的国产化进程中，为实现国产化率达到 70% 以上，
发挥了重要作用。重庆轻轨较新线的综合平均造价全国最低。我
国已建的广州、上海、北京地铁线的综合平均造价为每千米 7 亿
元，重庆轻轨较新线为每千米 3 亿元左右，是全国同类轨道线最
低造价。同 2 号线一样，重庆轨道交通整体上具有多重效益。

　　一是经济效益。重庆轨道交通在减少常规公交投资，节约土
地资源，减少能源消耗，促进城市经济发展，诱发沿线土地增
值，创造投资环境，优化城市空间布局，引导城市发展等方面产
生了良好的效应。两江新区工业开发区鱼复工业园内的重庆千亿
轨道交通产业园项目，正是依托重庆长客轨道公司，形成轨道交
通整车、高速列车、动车组装备及零部件生产能力。到 2020 年，
园区将形成年产 500 辆城轨、200 辆高速列车、动车组和维修
200 辆轨道交通车辆的规模，年产值达到 1000 亿元，成为全国

重要的轨道交通装备生产基地，这也为众多配套厂商提供了商机。

二是文化效益。重庆的轻轨大多是独特的旅游交通线。轨道交通线路充分利用沿线的人文资源，努力开发沿线历史人文景点，乘坐重庆轻轨可以感受山城文化氛围。到北京要登长城，到重庆要乘坐轻轨观光。重庆轻轨是全国景观和环境效益有比较优势的交通线。其高架线地处闹市区，高跨穿越滨江路和城市干道。乘坐重庆轻轨，可观山城沿线风光，每个车站就是一个景点。

三是社会效益。政府投入了那么多钱修建轻轨，不要说盈利，反而要不断贴钱运营，重庆市政府甘愿做这种"亏本"的买卖，只是为了让"老百姓都坐得起"。这种经营城市、服务公众的"新"思路，确实给人耳目一新之感。轻轨作为一个公共服务设施，以服务百姓为宗旨，让更多百姓愿意坐、坐得起轻轨，让轻轨最大限度地发挥社会效益，就是对老百姓投资轻轨建设的最好回报。

四是生态效益。重庆轻轨也是污染最小的交通线。由于采用高架胶轮跨座式单轨车运输方式，采用电力牵引，没有废气污染；列车采用胶轮，行驶噪声低于60分贝；高架轨道透光性好，不影响地面绿化，有利于地面车辆废气散发。一条轻轨交通线相当于400辆汽车的客运量，大大减少沿线汽车的废气散发，具有特别明显的环境保护作用。借此，重庆轻轨成为运量大、快速、安全、舒适的现代化交通工具。

五　轨道交通之评论

一是官方评论。国务院副总理邹家华在《重庆市人民政府关于恳请批准重庆较场口至新山村高架轻轨工程项目建议书紧急请示》中批示："请计委研究，提出意见。"同时，将文件转国家计委办理。国务院副总理、西部大开发领导小组副组长、办公室主任曾培炎在《西部大开发决策回顾》中，对重庆轻轨的有关情况作了如下表述：西部大开发开始后，国家将西部城市基础设施建设列为开发重点之一。重点是完善城市功能，加快城市道路系统建设与公共交通建设，搞好特大城市的快速交通建设。国家鼓励优先发展城市公共交通，先后支持建设重庆、成都、西安等重点城市快速轨道交通设施。特别是被称为"山城"的重庆，道路崎岖，高低起伏。为解决市民出行困难，国家批准了重庆轻轨项目，并作为西部大开发第一年十大重点项目之一。该项目整个线路设车站 18 座，总投资 43 亿元。这使重庆成为西部首个拥有轨道交通的城市，有效缓解了沿线交通紧张的矛盾。2014 年 5 月，印度尼西亚驻华大使苏更·拉哈尔佐率团来渝参加"渝洽会"时，表达了引进重庆单轨交通的意愿。当年 10 月，重庆与印度尼西亚西爪哇省达成建立友好关系、开展多方面合作的意向，重庆方面向西爪哇省政府官员提出，希望能参与当地城市轨道建设，得到对方肯定答复。2016 年 4 月 9—12 日，加拿大多伦多市市长庄德利（John Tory）代表团访问重庆。首次访问重庆，搭乘轻轨，感受重庆的轨道交通系统，穿梭在山城的山水之间，多伦多市长庄德利不禁对这座城市的发展赞不绝口。

　　二是专家评论。2007 年 7 月，何华武院士来渝考察了同地铁轻轨换乘关系密切的菜园坝火车站，听取了在成渝高铁终点站建设中同步规划建设菜元坝高铁—两路口地铁轻轨综合换乘枢纽的方案介绍，同时也考察了沙坪坝铁路车站改造与上盖物业开发规划方案现场。何华武院士在总结了重庆市发改委和铁道部有关部门汇报研讨的重庆铁路枢纽改造项目和城市铁路部市合作思路等一系列重要的项目设想后，他说："按照'内轨外铁、宜轨则轨、宜铁则铁'的思路和原则，开展干线铁路与地方铁路，城市铁路与地铁、轻轨有机融合的综合轨道交通体系规划协调工作十分重要。"重庆城市交通开发投资集团公司副总工程师胡智勇说，目前重庆单轨交通制造产业已先后承担或参与了巴西圣保罗17号线道岔的供货，韩国大邱单轨轨道梁模板设计制造，以及印度尼西亚万隆、日惹等城市的单轨交通工程前期规划工作，正与印度、泰国、马来西亚、巴基斯坦等国家重要城市洽谈单轨技术合作事宜。泰国、印度尼西亚、马来西亚、印度等国家和中国台湾地区均对低造价、中运量的重庆型单轨颇感兴趣，市场规模可能超过1000千米。西南大学邱正伦教授认为："轻轨不仅是美丽山城独特的风景线，更是重庆精神的象征。"

三是媒体评论。2000年4月12日，《人民日报》《重庆日报》《重庆晚报》等新闻媒体以头版头条位置报道重庆轻轨（较新线）列入西部大开发十大重点工程的消息。据该报道，为实施西部大开发战略，加快中西部发展，决定在西部地区新开工"十大工程"。其中，包括重庆市高架轻轨交通（较场口—新山村线路）一期工程。2012年4月11日，《中国旅游报》指出，重庆快捷的城市轨道交通不断为都市旅游织网铺路，其身影也已和这座城市融为一体，成为一道灵动的景观。2020年重庆市的轨道交通通车里程将超过400千米，比肩伦敦、巴黎、纽约等国际大都市。

重点案例八：

航空枢纽——国家中心城市的重要支撑

经过多年的发展，国家中心城市的战略定位，既赋予了重庆发展光荣而又重大的使命，更开启了重庆科学发展的新征程。显然，只有加快重庆航空发展，才能突出提升国家中心城市功能；才能进一步强化作为长江上游地区经济中心对区域的集聚辐射服务功能；才能提升重庆交通枢纽、金融、商贸、物流等集聚辐射能力和综合服务水平。通用航空是指除军事、警务、海关缉私飞行和公共航空运输飞行以外的各类航空活动。通用航空产业主要包括通用航空器制造业、通用航空商业、通用航空公共服务业等，是国家大力发展的战略性新兴产业。大力发展通用航空产业，不仅可以满足日益增长的通用航空需求，而且有利于带动重庆市冶金、化工、复合材料、电子、精密机械加工以及商务飞行、作业飞行、旅游、会展、培训等相关产业的发展，做强西部产业高地。"十二五"以来是重庆民航加快发展的重要战略机遇期，必须围绕加快建设中西部地区复合型枢纽的目标，加快硬件设施建设，与大型航空集团紧密合作，构建完善航线网络，为打造内陆开放高地，建设长江上游综合交通枢纽和国际贸易大通道提供强力支撑。

一　航空枢纽之背景

随着重庆经济社会快速发展和对外开放的扩大，重庆市民航发展取得了重大成就。形成了"一大三小"机场格局，列入全国五大机场群规划建设。江北国际机场二期扩建已投用，三期扩建即将实施；升格为国家大型枢纽机场，并跻身全国十大机场、世界百强机场行列。万州机场建成投用，2007 年客流量首次突破 10 万人次；黔江机场正在抓紧建设；库区旅游支线机场前期工作加快推进。驻地航空公司由 1 家增加到 5 家，驻场飞机由 2002 年的 15 架增加到 35 架。成立了重庆航空公司，实现了地方航空公司零的突破，形成了国有、股份、民营航空公司竞相发展的良好格局。为确保江北国际机场三期扩建工程 2007 年内开工，重庆江北国际机场第三期改扩建工程由重庆机场集团公司总体负责。"十一五"期间，江北国际机场围绕增设第二跑道及相关附属设施开展改扩建，形成旅客吞吐量 1600 万人次，货邮 23 万吨的设计能力。以"争取 2007 年年底，最迟不超过 2008 年上半年开工"为目标，完成项目建议书、工程可行性研究报告、初步设计及概算审查和报批工作。实施江北机场四期工程，加快复合型枢纽建设，是重庆建设国际贸易大通道、促进产业结构调整和打造内陆开放高地、推进西部大开发的重大战略举措。"十一五"期间，全市民航建设发展取得了显著成就。江北机场第二条跑道建成投用，成为西部地区率先拥有双跑道实质性运行的机场，旅客吞吐量达到 1580 万人次、跻身全国十大、世界百强机场行列；黔江机场竣工通航，形成"一大两小"机场格局；重庆机场集团成功托管黔江机场，支线机场管理体制改革取得突破。"十二五"是重庆市民航快速发展、加快构筑区域性国际航空客货运枢纽的关键期，市政府有关部门、单位围绕实现基地航空公司"十二五"末拥有 100 架飞机、重庆江北国际机场年旅客吞吐量 3000 万人次，建成重庆江北国际机场第三跑道及东航站区的总体目标，进一步增强服务意识，深入优化重庆江北国际机场总体规划，完善机场功能配套设施，支持基地航空公司加快发展。

二　航空枢纽之缘起

2006 年 7 月 24 日，童小平副市长主持召开了市机场建设领导小组 2006 年第一次会议。会议专题研究了重庆江北国际机场和重庆空港新城规划建设的有关问题。会上，市发展改革委综合汇报了重庆江北国际机场建设总体规划、配套交通枢纽规划建设，以及以机场为核心的空港新城规划及产业布局的有关意见。重庆机场集团公司、渝北区政府分别就江北国际机场的规划概念设计和空港新城的规划情况作了专题汇报。会议提出要高度重视机场规划建设，统一思想，形成工作合力。重庆江北国际机场的规划建设直接关系重庆经济社会发展，是把重庆建设成为长江上游交通枢纽的重要内容。有关方面要高度重视重庆江北国际机场的规划建设问题，统一认识，服务企业，为机场发展建设服好务。要明确牵头单位，厘清工作思路，协调推进相关工作。由市发展改革委牵头会同有关部门和单位，从机场定位、规划、融资、机场经营等方面，进一步对江北国际机场"十一五"及 2020 年发展思路进行研究，形成重庆江北国际机场综合发展的意见，与空港新城规划建设方案一并上报市政府。

为争取将重庆江北国际机场从全国中型枢纽机场的规划定位调整为大型枢纽机场，童小平副市长赴京向国家发展改革委分管领导汇报，请国家支持重庆江北国际机场的规划建设等问题。为争取建立大型航空公司重庆基地问题，首先要促成南方航空公司在重庆设立西南地区大型枢纽基地公司，以提升重庆在全国民用航空中的地位。为此，童小平副市长带队赴广州，与南方航空公司高层就有关问题进行协商。为增加重庆空域走廊问题。童小平副市长带队赴成都，与成都空军司令部协商增加重庆江北国际机场空中飞行走廊事宜。

三 航空枢纽之操作

2001 年 1 月 16 日，《重庆市国民经济和社会发展第十个五年计划纲要》提出，完成江北国际机场航站区建设，建成万州五桥机场，开工建设黔江舟白机场。增加国际国内干线航班，发展支线航空业务和通用航空业务。

2003 年 10 月 12 日，重庆市召开了重庆市机场接收工作领导小组第一次会议。会议原则同意市发改委提交的《关于重庆市民航机场的移交书》和《重庆市民航机场属地管理改革方案》，并由市发改委根据会议明确的意见修改完善后，与民航西南管理局联合上报国家民航总局，并牵头协调推进机场接收工作。民航重庆市管理局（机场集团公司）要厘清发展思路，转换经营机制，强化内部管理，逐步建立现代企业制度，真正步入市场经济条件下企业运作发展的轨道，实现安全优质服务，进一步提高经济效益。

2006 年 1 月 16 日，《重庆市国民经济和社会发展第十一个五年规划纲要》提出，形成一大两小机场格局。启动江北国际机场第三航站楼和第二跑道建设前期工作并力争部分项目开工，进一步完善万州五桥机场，建成黔江舟白机场，创造条件适时建设旅游金三角机场。

2006 年 2 月 7 日，童小平副市长主持会议，专题研究黔江舟白机场建设有关问题。黔江舟白机场作为全市规划建设的

"一大两小"民用机场之一，是黔江构建渝东南立体交通枢纽的重要组成部分，对渝东南少数民族地区经济社会发展有积极的作用。经黔江区政府和市有关方面的共同努力，机场建设进展顺利，征地拆迁、资金到位和土建工程情况良好。按照《国家发展改革委关于核定重庆黔江舟白机场初步设计投资概算的复函》（发改投资〔2004〕2783 号）批复的黔江机场项目投资概算和渠道，除已经到位的国债资金、民航专项资金和项目业主注册资本金外，还要进一步落实应到未到的资金。

2006 年 11 月 28 日，受首都机场集团公司总经理李培英委托，首都机场集团公司副总经理陈国兴一行赴重庆，与市政府副市长童小平就江北国际机场总体规划及三期改扩建工程事宜进行了商谈。江北机场总体规划按照三个原则进行规划，即"主城一场"的思路原则；总体规划、分步实施的原则；最大限度节约机场建设用地的原则。在该规划研究过程中，需与航空新城、综合交通、土地利用、城市总体规划等有机衔接，并以机场总规为核心，同步完成综合交通规划研究。江北机场三期改扩建主体工程为新建一条近距离跑道，并对第二航站楼实施改造。改造后的第二航站楼旅客年吞吐能力达到 2000 万人次。三期改扩建工程建设时间初步拟定为 2007—2009 年。

2007 年 1 月 30 日，重庆市政府专题研究江北国际机场总体规划暨三期改扩建工程有关事宜。会议议定江北国际机场战略定位及规划目标。江北国际机场规划建设成为亚洲领先、世界一流的国际商业门户枢纽机场。近中期规划到 2020 年，形成 3 条跑道，航站楼 60 万平方米，客机位 117 个，旅客量达到 4500 万人次，货运量达到 90 万吨；远期规划到 2035 年，形成 4 条跑道，航站楼 80 万平方米，客机位 195 个，旅客量达到 7000 万人次，货运量达到 250 万吨。机场规划严格控制在 31.2 平方千米范围以内,其中建设用地 26.1 平方千米(机场基本运营保障区 22 平方千米,机场配套服务区 4.1 平方千米),生态维护绿化区 5.1 平方千米。机场基本运营保障区及生态维护绿化区由重庆机场集团组织建设。机场配套服务区由市政府授权市开发投资公司组织建设,渝北区及重庆机场集团可参股共建。机场用地应当坚持节约高效,在保证航空正常运行的前提下,适当增加建筑密度,提高土地综合利用效益。关于三期改扩建工程,新建 3200 米近距离第二跑道,新建 II 类盲降设施、改造第二航站楼及部分配套设施。工程估算总投资 20 亿元,计划于 2007 年内开工,2009 年年底建成投入使用。项目建成后,旅客吞吐能力达到 2000 万人次/年,货物吞吐能力达到 20 万吨/年。

2007 年 8 月 16 日,市政府副市长童小平召开会议,研究三峡库区旅游支线机场前期工作。会议认为,三峡库区旅游支线机场是重庆市"十一五"规划的重要基础设施项目。加快三峡库区旅游支线机场建设,不仅有利于抢占发展先机,加快培育以长江三峡为中心、辐射周边旅游景点的旅游产业,同时也有利于改善库区经济社会发展环境。"十一五"期间,国家每年将安排国债专项支持西部地区支线机场建设,要抓住政策机遇,加快推进三峡库区旅游支线机场前期工作。

2008 年 9 月 9 日,市政府副市长童小平带队实地踏勘了机场三期扩建工程施工现场,并主持召开会议,专题研究重庆江北机场三期扩建工程有关问题。会议要求市政府有关部门、有关单位要按照"特事特办、确保优先"的原则推进工程建设,从现在起各项工作全面展开并提速。认真落实《重庆江北国际机场三期扩建工程责任分工表》中的各项职责任务,严格按照《重庆江北国际机场三期扩建工程控制性计划表》进行施工组织。各有关方面要打破常规，对机场三期扩建工程开辟绿色通道，确保在 2010 年 12 月建成并投用，实现"在西部地区率先拥有两条跑道"的目标。

2009 年 7 月 17 日，童小平副市长主持召开会议，专题研究重庆江北国际机场一、二跑道 B747 货机保障能力建设有关问题。2009 年 7 月 31 日，童小平副市长再次召开专题会议，听取了中国民航机场建设集团关于重庆江北国际机场第二跑道延长方案的汇报，明确了跑道延长方案及资金来源。重庆机场集团牵头，委托设计单位开展第二跑道延长至 3600 米的方案设计以及重庆江北国际机场第二跑道及配套设施项目（以下简称三期扩建）可研调整报告编制。重庆江北国际机场第二跑道延长工程实行特事特办。工程按三期扩建工程设计变更名义报批。由市发展改革委牵头，向国家发展改革委、民航总局加强汇报衔接，抓紧报批。

2011 年 1 月 14 日，《重庆市国民经济和社会发展"十二五"规划纲要》提出，建设内陆重要的复合型枢纽机场。推进江北机场四期扩建，新建 3800 米第三跑道及 50 万平方米东航站区，增开到欧美等地的航线，到 2015 年旅客吞吐能力和货邮吞吐能力分别达到 4500 万人次和 100 万吨。提升万州、黔江机场设施水平，建成巫山机场，形成"一大三小"机场格局。

在市政府副市长童小平 2011 年 8 月 16 日主持召开的江北机场四期项目前期工作推进会的基础上，童小平副市长于 2011 年 10 月 9 日再次召开会议，就江北机场四期项目审批、征地拆迁、资金平衡和配套工程等重大问题进行了专题研究。2014 年 8 月，重庆通用航空产业集团有了新发展（见图 3 - 15）。

图 3 – 15　2014 年 8 月 1 日下午，两江新区航空产业园里，重庆通用航空产业集团增添两名新的成员，旗下的机场公司、航电公司正式挂牌成立

2016 年 1 月 28 日，《重庆市国民经济和社会发展第十三个五年规划纲要》提出，完善机场布局，形成"一大四小"机场体系。投用江北机场第三跑道，适时启动 T3B 航站楼、第四跑道前期工作，到 2020 年江北机场旅客吞吐能力超过 5000 万人次、货邮吞吐能力达到 110 万吨。建成巫山、武隆机场，改扩建万州、黔江机场。把民航发展作为推动经济转型的重要抓手，抓住江北机场新航站楼建成投用的机遇，把民航发展与空港周边城区建设结合起来，利用民航发展推动区域发展，建设临空经济区。以江北机场为核心，加大航线开发力度，为推进区域性航空枢纽建设打下坚实基础。支持军民机场合用，大力发展通用航空。

四　航空枢纽之成效

2004 年，重庆江北国际机场第二航站楼投入使用，更大地促进了重庆的经济社会发展和对外交流；江北国际机场确定了四大战略：枢纽战略、航空城战略、综合交通战略和流量经济战略，与重庆打造"空港新城"形成迎合之势，有利于最大限度地带动周边地区和重庆经济社会的发展。

2007 年 6 月 16 日，一架载着重庆航空标志的空中客车飞机平稳降落在江北国际机场，重庆举行了重庆航空公司成立授牌仪式，重庆航空公司正式成立。重庆航空公司的成立，圆了重庆人拥有自己航空公司的二十载梦想，为重庆交通枢纽和区域性航空枢纽建设注入了新的动力，更为重庆直辖十周年献上了一份大礼。

2009 年，全市民航建设发展工作取得了可喜成绩：一是基础设施建设加速推进。全市在建机场 2009 年完成投资 11.5 亿元，占完成总投资（21.2 亿元）的 52%。重庆江北国际机场三期扩建、第二跑道、T2A 航站楼工程进展顺利，机场外部交通设施建设正加快推进；黔江机场工程基本完工。二是民航运输快速壮大。在民航发展政策的推动下，全市民航客货运输保持了高速增长的势头，全市机场旅客吞吐量达 1424 万人次，货邮吞吐量 18.76 万吨，航班起降 13.58 万架次，分别比 2008 年同期增长 26.47%、16.58% 和 18.82%。基地航空公司进一步发展壮大。三是项目前期工作加速推进。重庆江北国际机场东航站楼建设方案已完成国际招标，新建巫山机场项目已上报国务院审批，万州机场扩建项目已完成项目建议书编制，直升机应急救援基地项目已完成选址报告，武隆机场实现场址批复。

2011 年，重庆民航建设发展大踏步前进，实现了"十二五"良好开局。完成旅客吞吐量 1932 万人次、增长 20%，完成货邮吞吐量 24 万吨、增长 21%。其中，江北机场完成旅客吞吐量 1905 万人次，完成货邮吞吐量 23.7 万吨，分别增长 20.6% 和

19.6%，均高于全国及西部地区平均水平，客货运量增幅居全国十大机场首位，旅客吞吐量排位升至全国第9位；基地航空公司注册飞机60架、高峰时驻场飞机50架。万州、黔江两个支线机场发展取得可喜成绩。2011年万州机场旅客吞吐量25万人次，航线7条，通航城市7个；黔江机场旅客吞吐量2万人次，航线3条，通航城市4个；国际（地区）航线开辟取得新突破。江北国际机场新开通重庆至卡塔尔多哈等7条国际（地区）客运航线、重庆至荷兰阿姆斯特丹等9条国际（地区）货运航线。截至目前，已拥有国际（地区）客运航点14个、航线14条，国际（地区）全货机航点13个、航线11条，每周有超过30班的货机在江北国际机场起降，10家货运航空公司参与运营。在笔电产业快速成长的带动下，重庆国际航空货运成为新亮点，2011年完成国际货运5.7万吨（其中，笔电运量3.1万吨），翻了两番多，远高于全国平均增幅。

近年来，江北国际机场（见图3-16）认真贯彻"安全第一，预防为主"的方针，正确把握和处理安全、效益、服务和改革的关系，依托重庆丰富的旅游资源和快速发展的经济态势，充分发挥方便快捷的空中交通优势，锐意进取，大胆开拓，各项工作都取得了丰硕的成果。重庆机场集团充分发挥龙头枢纽作用，争取更多的航空资源推动重庆民航发展；深入推进与南航、厦航等旗舰型航空公司的战略合作；落实重庆市既定的航空客运方面优惠政策，加大国际航线开发培育力度。重庆还以构建通用航空全产业链为出发点，坚持市场化发展方向，以企业为主体，发挥政府引导和促进作用，积极有序推进通用航空基础设施建设，大力发展通用航空器制造、通航飞行、教育培训、应急救援等各项产业，实现通用航空产业一体化、建设运营市场化，努力把通用航空培育发展成为重庆的新兴产业。

图 3 – 16　2015 年重庆机场旅客吞吐量突破 3000 万人次，

跻身全球繁忙机场行列

注：图为夜间仍繁忙的江北国际机场。

五　航空枢纽之评论

一是官方评论。1999 年 3 月，李鹏委员长来重庆代表团参加讨论时，万州区反映了万州机场搁浅的事，促使了李鹏叫发《快报》。结果，3 月 21 日发《快报》，李岚清、吴邦国等中央领导亲自签署了建设万州机场的意见。3 月 23 日国家计委、民航局和有关部门，就重新对万州机场进行评估并一致通过，然后上报国务院审批。1999 年 3 月 31 日下午，在国务院第 35 次总理办公会上，批准了《万州五桥机场可研报告》。万州机场终于获得了"准生证"。

二是专家评论。2009 年 7 月，民航专家认为：提升重庆江北国际机场枢纽功能，是贯彻落实"314"总体部署、国发〔2009〕3 号文件，建设两江新区，打造内陆开放高地的重要举措。重庆江北国际机场现有跑道长度、道面强度，以及在建第二跑道长度确不能适应 B747 全货机满载起降及远程飞行条件，为确保重庆市开通欧美国际货运航线需要，有必要实施重庆江北国际机场跑道延长工程。为确保重庆江北国际机场现有航班正常运行，确定将在建第二跑道南北两端各延长 200 米达到 3600 米。

三是媒体评论。2014 年 9 月 4 日，人民网报道，随着重庆通用航空产业快速发展，对航空人才的需求越来越大。《人民日报》报道，2015 年 10 月 21 日凌晨 3 时 55 分，一架载着 150 头澳大利亚肉牛的飞机抵达重庆市江北机场，并将被转运至丰都县高家镇绿木隔离场。这是中澳自贸协定签订后进口的"第一单"澳牛，也是我国进口屠宰用商品活畜的破冰之旅。2016 年 6 月 17 日，《人民日报》报道，寸滩港、江北机场、团结村铁运站等集交通枢纽、国家一类口岸、保税区功能为一体的综合开放平台的建成，让不沿边、不靠海的重庆，能够"承东启西、牵引南北、通达江海"，成为"一带一路"和长江经济带的联结点。

 **西部新变革**

重点案例九:

户籍改革——农民市民化的重庆探索

户籍制度改革"牵一发而动全身",事关社会管理体制和机制变革,事关广大人民群众切身利益。重庆市搞好户籍制度改革,是扎实推进统筹城乡综合配套改革试验区建设,促进经济社会发展的必然要求,是加快建设统筹城乡发展直辖市的重要突破口,是贯彻中央经济工作会议精神的重要举措。做好这项工作,对全国统筹城乡改革具有探索性和示范性的积极作用。

一 户籍改革之背景

2007年6月,重庆获批为全国统筹城乡综合配套改革试验区。重庆当时有3200万户籍人口,农民占2350万,其中有850万离家到城市打工。如果能抓住这些农民工的问题,进行制度设计,使他们当中有条件的部分转为新市民,并带动家属进城,这是一个突破口。2010年重庆全面启动户籍制度改革:一是在户籍制度改革过程中不让弱势群体受到利益冲击,不侵犯农民的基本权益;二是不造成农民流离失所;三是不在城市出现大量流民聚集、没有秩序、没有社会环境的贫民窟。到2010年12月31日,全市共办理农村居民转户1453686人,其中整户转移的有

36 万户，平均每天转户 10458 人。市政府计划用三年把 300 多万过去积累形成的农民工转成城市户口。解决好历史存量后，今后就形成制度，符合条件的，每年都可以转，形成常态的制度安排。截至 2013 年，农民工户籍制度改革累计转户 384 万人，全市户籍人口城镇化率从 2009 年的 29% 上升至 40%；累计交易地票 13.2 万亩，带动 267.3 亿元资金回流农村；累计发放农村"三权"抵押贷款 485.6 亿元；开展农村土地流转市场建设试点，流转农村土地面积 1357 万亩，农民专业合作社达到 1.7 万个。2015 年 8 月 25 日，《重庆市人民政府关于进一步推进户籍制度改革的实施意见》（渝府发〔2015〕54 号）提出，取消农业户口与非农业户口性质区分，统一登记为居民户口，突出户籍对人口的登记管理功能。按照统一城乡户口登记要求，逐步取消与户口性质挂钩的政策标准设置，清理完善教育、卫生计生、就业、社保、住房、土地及人口统计等政策，逐步建立城乡统一的社会保障和公共服务制度体系；调整优化都市功能核心区与都市功能拓展区落户条件，有序放开城市发展新区城区落户限制，积极推动渝东北生态涵养发展区和渝东南生态保护发展区人口梯度转移，放开小城镇落户限制，稳妥有序推进市外来渝人员落户；到 2020 年，全市常住人口城镇化率达到 65% 以上，户籍人口城镇化率达到 50% 左右。

二 户籍改革之缘起

早在 1997 年，重庆市便取消了"农转非"指标及"城市增容费"，并在部分区县（自治县、市）的 77 个乡镇进行了小城镇户籍制度改革试点。当时规定，凡在乡镇务工、经商或兴办第二、三产业的人员及直系亲属，只要有合法固定住所、稳定的非农职业和稳定的生活来源并实际居住的，均可在小城镇入户。1998 年，在试点取得一定经验的基础上，试点范围被迅速扩大到 200 个乡镇。2000 年，重庆市小城镇户籍制度改革全面放开，将主城区 57 个乡镇中的 33 个相对边远乡镇纳入户改实施范围。2002 年，户改扩大到全市所有建制乡镇。

在西部大开发过程中，重庆大量的农民进城，包括到沿海、到市内区县城、主城区的，有六七百万人。他们在城里怎么生活？怎么工作？怎么就业？他们的小孩怎么上学？住房和户籍问题怎么解决？这些问题已经成为舆论焦点。

2006 年，重庆曾把农民工问题作为统筹城乡改革的突破口，采取了一些措施，应该说之后这两三年重庆市农民工的生活状况有了很大改善，但总体上还没有很大的突破。这里面特别要下决心去突破的，就是农民工户籍制度改革。农民工进城以后，首先，养老保险、医疗保险必须覆盖，城市的就业、住房、教育、卫生各个方面都要跟进，就必须增加投入。其次，农村宅基地怎么退出来？怎么换成钱？可以复垦为地票通过土交所实现资本价值。2009 年全市交易了 1 万多亩宅基地复垦的地票，交易额约 10 亿元，如果 2010 年交易 2 万亩的话，就相当于 30 亿元主城房地产开发的钱流入了宅基地复垦农民的腰包。所以，必须结合这些制度性的改革措施，让农民进城后没有后顾之忧。在这方面公安、社保等各部门要集中精力研究突破，尤其要解决好农民工户籍问题，把各个区县城作为吸收农民的载体，当然主城从 500 万人要发展到 1000 万人也会吸收部分农民工进城。这将是一个很大的改革，重庆力求到 2010 年能够有所突破。

推动这项改革也是形势所迫，因为在 12 年前，1997 年重庆的常住人口城市化率 28%，户籍人口城市化率 25%，那时候两者只差 3 个百分点。这 12 年下来，常住人口城市化率已经到了 51%，但户籍人口城市化率增长很慢，两者的"剪刀差"越拉越大，大量进城的常住人口没有户口，已经到了必须推动户籍改革的地步。当然，重庆也注意到，农民工进城也不是一个人进城，他们的家庭成员都会进城，这中间又有一个社会成本，改革的成本怎么能够合理地分担？能否让农民家庭得到好处，社会成本又能够合理地消化，这是一个权衡的事，需要动脑筋来突破。

三　户籍改革之操作

2001 年 1 月 16 日，《重庆市国民经济和社会发展第十个五年计划纲要》提出，消除城镇化的体制和政策障碍。改革城镇户籍制度，形成城乡人口有序流动的机制。取消对农村劳动力进入城镇就业的不合理限制，引导农村富余劳动力在城乡间的有序流动。

2006 年 1 月 16 日，《重庆市国民经济和社会发展第十一个五年规划纲要》提出，有序引导农村人口城镇化。完善农村人口进城安家、就业、生活的引导政策，逐步建立迁徙自由、城乡统一的人口登记制度，促进农村劳动力在转移就业的基础上在城镇安家。切实保障进城务工人员在劳动报酬、劳动时间、法定假日、安全保护和工伤保险等方面的合法权益。落实好被征地农民的就业与生活保障各项政策，注重技能培训，提供就业援助，落实还建住房，探索建立被征地农民生活保障的长效机制。

2010 年 7 月 12 日，重庆市政府第 75 次常务会举行，审议并原则通过了《重庆市统筹城乡户籍制度改革意见》及《重庆市户籍制度改革配套方案》。2010 年 7 月 25 日，《重庆市人民政府关于统筹城乡户籍制度改革的意见》（渝府发〔2010〕78 号）

出台。2010年7月25日,《重庆市人民政府办公厅关于印发重庆市统筹城乡户籍制度改革社会保障实施办法（试行）的通知》（渝办发〔2010〕202号）出台。2010年7月25日,《重庆市人民政府办公厅关于印发重庆市户籍制度改革农村土地退出与利用办法（试行）的通知》（渝办发〔2010〕203号）和《重庆市人民政府办公厅关于印发重庆市统筹城乡户籍制度改革农村居民转户实施办法（试行）的通知》（渝办发〔2010〕204号）出台。2010年7月28日,重庆市政府宣布全面启动统筹城乡户籍制度改革（见图3-17）。2010年8月1日,《重庆市统筹城乡户籍制度改革农村居民转户实施办法（试行)》出台。2010年8月1日,重庆渝中区解放碑派出所民警向合川区龙市镇龙头村村民陈刚发放了第一个居民户口簿。

图3-17 中国户籍制度改革重庆"破冰"

资料来源：新华社,http://www.gov.cn/jrzg/2010-08/02/content_1669782.htm。

2011 年 1 月 14 日，《重庆市国民经济和社会发展"十二五"规划纲要》提出，把深化户籍制度改革作为统筹城乡综合改革的突破口，以推动在城镇稳定就业和居住的符合条件的农民工特别是新生代农民工转户进城为重点，健全住房、社保、就业、教育、卫生等支撑保障，消除农民向城镇转移的体制性障碍，最终形成科学有序的人口城镇化机制。按照宽严有度、分级承接的原则，推动人口向小城镇、区县城、主城区聚集。建立完善进城农户农村土地处置机制，制定完善农民自愿退出宅基地、承包地和林地的补偿办法，保障进城农民按自愿、有偿原则处置其农村财产。与人口转移进城规模相适应，加快城镇基础设施和公共服务设施建设，满足新增城镇人口需求，有效防范和避免"大城市病"。

2011 年 4 月 1 日起，重庆所有区县（自治县）的城乡居民都可以参加社会养老保险，通过个人缴费、政府补贴的方式获取养老金，实现了城乡居民社会养老保险的"全覆盖"。

2011 年 7 月 29 日，童小平副市长在加快推进全市户籍制度改革工作电视电话会议上的讲话指出，重庆户籍制度改革破解中国二元结构坚冰，具有重要的实践意义，但依然任重道远，必须在工作措施上继续完善，工作手段上进一步强化，才能不断取得一个又一个的胜利。一是要牢固树立以农民工为主、以开发区和工业园区为主、以主城和区县城为主的"三为主"工作方针，进一步优化转户结构，实现转户居民在主城区、区县城和乡镇的合理分布，确保户籍制度改革的健康有序发展。二是要做好培训工作。户籍改革政策是一套完善的制度体系，政策性很强，需要各级各部门认真落实到位，市级各部门要及时针对户籍改革的政策开展培训，市户改办也要分层次对基层户改工作人员进行培训，确保工作人员能够把户改政策向群众讲清楚、不走样。三是要强化宣传引导。通过电视、报刊、网络等多种渠道做好户籍制度改革政策宣传，利用典型案例的宣传，让群众真正、全面知晓政策，打消疑虑，确保户籍制度改革工作按照市委、市政府的部署顺利健康推进。

2015 年 8 月 25 日，《重庆市人民政府关于进一步推进户籍制度改革的实施意见》（渝府发〔2015〕54 号）出台。文件提出要深入贯彻落实党的十八大、十八届三中四中全会和习近平总书记系列重要讲话精神，着力实施五大功能区域发展战略，充分体现以人为核心的新型城镇化发展需要，进一步推进户籍制度改革，调整完善进城落户政策。统筹推进新型工业化、信息化、城镇化和农业现代化同步发展，不断提升产业和城镇对人口的集聚能力与承载能力。统筹推进城乡综合配套改革，依法保障进城落户居民合法权益，促进农业转移人口市民化。创新人口管理制度，统一城乡户籍登记，以居住证为载体，推动常住人口基本公共服务全覆盖。都市功能核心区、都市功能拓展区和城市发展新区突出农业转移人口和其他常住人口集聚，促进结构优化；渝东北生态涵养发展区、渝东南生态保护发展区突出人口有序减载，促进梯度转移。到 2020 年，全市常住人口城镇化率达到 65% 以上，户籍人口城镇化率达到 50% 左右。

2016 年 1 月 28 日，《重庆市国民经济和社会发展第十三个五年规划纲要》提出，提高户籍人口城镇化水平，城镇户籍人口累计增加 130 万左右。推动渝东南和渝东北地区人口梯度转移，有序减载人口。完善农业转移人口市民化体制机制。深化户籍制度改革，促进有能力在城镇稳定就业和生活的农业转移人口举家进城落户，并与城镇居民享有同等权利和义务。创新人口服务管理，实行城乡统一的户口登记制度，建立居住证制度，健全人口信息管理制度。优化公共政策激励人口转移机制。把社会事业发展重点放在接纳农业转移人口较多的城区。充分尊重落户农业转移人口意愿，依法保护其承包地、宅基地、林地以及集体财产收益分配权等权益。坚持依法、自愿、有偿的原则，引导农业转移人口有序流转土地承包经营权，强化对闲置撂荒承包地的处置利用和激励约束机制。完善劳动者平等就业制度，维护农民工合法权益。建立与人口相适应的基础设施配套机制，加强人口集聚区水、电、气、路、通信以及商业网点等市政公用设施和学校、医院、文化设施、体育场所等公共服务设施建设，均衡配置公共服务资源。

四 户籍改革之成效

重庆户籍制度改革是在全国有重大影响力的改革，引起了国内外的广泛关注。户籍制度改革有什么意义？今后说不定都取消户口了，还有什么必要把农民工转化为城市户口。或许 20 年后可能实现，但眼下的现实就是进城农民工没有得到城市户口，产生了许多不合理的待遇，给予他们城市户口是理所当然的，是构建和谐社会建设的需要，是城乡统筹发展的关键。也许还有人会问，这么多人进城，会不会造成城市公共资源短缺，导致物价上涨、就业紧张？如果重庆莫名其妙把农民招到城里来，这些担心不无道理。但是，重庆是把已在城市工作三五年甚至更长时间的农民工转为城市户口，这部分人已经生活在城市，是事实上的存量，就不会产生这些问题，只不过是改善进城农民工的工作、生活以及社会待遇。

户籍改变通常有三类情况：第一类已经是城市人口，比如江津、万州的城市人口迁移到上海、北京或者重庆主城来，是城市之间的人口迁徙；第二类是城郊接合部、城中村，在城市发展扩大过程中，征地过程形成的农转非人口；第三类是中国这30多年形成的进城农民工。重庆市推行的户籍制度改革，并没有胡子、眉毛一把抓，而是集中在第三类。在推进过程中有三个特点：只要转了户口，确保养老、医疗、子女教育、职业待遇、住房保障五个到位。比如住房，只要转了户就按城市户籍概念，申请公租房；农民工转户是自愿的，不是强迫的，由农民工自己来申请；转户以后，保留其在农村的承包地，而不是强迫以土地换户籍，以土地换社保，实际增加了城市居民一个待遇，实在不想保留农村的地，可以退出或有偿流转租赁。这项改革也需要成本，全市300万农民工转户的话，将需要3000亿元，其中2000亿元是城市保障。因此，在整体上要有序平衡推进。

重庆市农民工户籍制度改革自2010年8月全面启动以来，坚持以推动符合条件的农民工特别是新生代农民工转户进城为突破口。2011年12月2日，来自重庆綦江三角镇的胡本华，成为重庆户籍制度改革启动后第300万位转户农民。下午3点，胡本华从重庆市副市长童小平手中接过了户口簿（见图3-18）。胡本华称，有了城市户口，不但孩子读书的问题解决了，母亲养老的问题也将得到解决。经过全市上下的共同努力，到2011年12月底，重庆市新增城镇居民突破320万人，农民工户籍制度改革相关配套政策体系已基本完善，各项政策执行情况良好，转户居民合法权益得到政策和措施保障。

首先，转户数量符合预期。截至2011年12月31日，全市农转城人数达3218899人，整户转移823105户，平均每天转户6387人。全市农转城总体结构良好，量质并进，实现农民工户

图 3-18　第 300 万位转户农民工胡本华在接过副市长童小平颁发的城镇户口簿时,高兴地举过了头顶

籍制度改革第一阶段预期。一是区域分布较为合理。从"一圈两翼"分布情况看,在 1 小时经济圈转户 163.4 万人,占50.8%,渝东北地区转户 103.5 万人,占 32.1%,渝东南地区转户 55.0 万人,占 17.1%;从三级城镇分布情况看,转户人员在主城居住 88.5 万人,占 27.5%,在区县城居住 86.3 万人,占26.8%,在乡镇居住 147.1 万人,占 45.7%。二是以农民工及新生代为转户主体。有条件的农民工群体及新生代转户 201.8 万人,占转户总数的 62.7%。其中,农民工 148.8 万人,占46.2%;新生代 53.0 万人,占 16.5%。已转户人员中农村劳动力年龄段人口 208.3 万人,占转户总数的 64.7%。三是户籍人口城镇化率大幅提升。全市户籍人口城镇化率为 37.8%,实现了 2011 年前达到 37% 的户改第一阶段目标。1997 年直辖之初,重庆市户籍人口城镇化率为 19.5%,到 2010 年 8 月户改启动前夕上升到 29.2%,13 年多时间仅上升 9.7 个百分点。农民工户籍制度改革一年多来，重庆市户籍人口城镇化率上升了8.6个百分点。与常住人口城镇化率比较，重庆市常住人口城镇化率在直辖以及户改启动时分别为31%、51.6%，目前为53.2%，两种城镇化率差距从直辖时的11.5个百分点上升到户改启动时的22.4个百分点，目前差距15.4个百分点。通过农民工户籍制度改革，重庆市不仅缩小了两种城镇化率差距，而且逆转了户改前逐年拉大的"剪刀差"，户籍人口城镇化率更加真实地反映了重庆市城市化的现实。

其次，政策体系基本完备。重庆市农民工户籍制度改革着眼于制度层面积极稳妥，着力于政策的创新和突破。因此，重庆户籍制度改革和其他地区相比，最重要的就是有一套符合历史规律、符合工业化进程、城市化进程、符合老百姓心愿的政策体系。重庆连续出台了户籍迁移、土地处置、社会保障以及基本养老保险、地票交易、土地生产利用等政策，形成了一套较为完善、系统的户籍制度改革政策体系。重庆户籍制度改革最大的特点，不是表面上的户口迁徙，而是着眼于户口所附着的种种待遇。农村居民到城里来，就是要同工同酬，我们的基点就是要从待遇入手。是坚持自愿，绝不强迫。既然这个政策对老百姓是有利的，那就应该相信群众了解之后都愿意转户，没有必要提出强迫措施。是坚持不挂钩，不搞以土地换社保之类的措施。这个原则和自愿原则、从待遇入手的原则，是重庆户籍制度改革体系的核心。故而，一系列政策文件，立足统筹城乡发展和保护农民工权益，始终坚持自愿原则，始终坚持转户居民平等享受各种权益，实现了政策、群体、措施全覆盖，为符合条件的农村居民转为城镇居民建立了顺畅的制度通道，真正体现了综合配套。

最后，重庆户籍制度改革在不断深化。2015年8月25日，

《重庆市人民政府关于进一步推进户籍制度改革的实施意见》（渝府发〔2015〕54号）出台。重庆坚持不忘初心、继续前进。一是坚持以人为本，尊重群众意愿。充分尊重城乡居民自主定居意愿，切实维护好农业转移人口和其他常住人口的合法权益。二是坚持功能导向，以产兴城聚人。将产业布局和资源环境、人口承载力作为政策设计的基本依据，引导人口有序流动、合理集聚。三是坚持规范有序，实施差别化引导。充分考虑各功能区功能定位、经济社会发展水平、未来发展潜力以及不同层级城镇功能，实施差别化落户政策，稳妥推进。四是坚持综合配套，全市"一盘棋"推动。统筹推进户籍制度改革和相关经济社会领域改革，推动人口与要素资源相匹配、城乡区域发展相协调。

五 户籍改革之评论

一是官方评论。重庆户籍制度改革受到了中央领导的关注和肯定。温家宝对重庆户籍制度改革作出重要的批示。习近平在2010年12月也对重庆户改给予充分的肯定，认为方法和路子对头，要求重庆在农民工问题的探索上，创造更多更好的经验。国家发展改革委、中农办等部门对重庆户籍制度改革也给予了很多的支持，特别是国家发展改革委还专题形成了《重庆户籍制度改革的做法与启示》报告，公安部、农业部、人社部等也对重庆户籍制度改革给予了关注和支持。

二是专家评论。很多专家认为重庆户籍制度改革的体系和方法是正确的，具有范本作用。有的专家认为重庆户籍制度改革同时满足了均等化公共服务和降低准入门槛两个标准，有助于应对中国面临的重大挑战。中国社会科学院党国英研究员认为，重庆户籍制度改革的最大亮点是简化了"农转城"的条件。重庆工商大学黄志亮教授认为，重庆户籍制度改革对于解决区域内城市化滞后于工业化进程的问题，推动农村剩余劳动力大规模进城，尤其是转换已在事实上进城的农民工的身份，保护进城农民的基本权益，提高现实的城市生产效率，稳定城乡社会秩序等，取得了重大突破。

三是媒体评论。媒体对重庆市户籍制度改革进行的报道，绝大部分都是支持和肯定的态度，特别是主流媒体对重庆的户籍制度改革进行了深入的正面报道。《人民公安报》报道，窗口民警专职化，户籍窗口规范化，服务群众简便化，重庆"擦亮"户籍窗口，让办事群众更满意，一系列便民举措受到群众的广泛好评，来户籍窗口办事的群众满意率达99.88%。《中国经济导报》认为，重庆户籍制度改革有力推动新型城镇化，促进了社会公平和谐，促进了发展方式转变，加快了城乡资源互动。《光明日报》报道，重庆成为统筹城乡综合配套改革试验区的最终目标是要使农村居民、进城务工人员及其家属与城市居民一样，享有各个方面平等的权利、均等化的公共服务和同质化的生活条件。户籍制度改革的推行，为重庆实现上述目标迈出了实质性的步伐。《经济日报》报道，重庆户籍制度改革消除了农民向城镇转移的体制性障碍，有效促进了转户居民个人融入企业，子女融入学校，家庭融入社区，整体融入城市公共服务体系。《工人日报》认为，重庆户籍制度改革亮点频出。《人民日报》指出，重庆启动了全国最大规模的统筹城乡户籍制度改革，放宽了落户门槛，从背井离乡、初来乍到，到慢慢融入、渐渐熟悉，再到如今成为名正言顺的新市民，转户到底给曾经的农民工带来些什么？随着城市新生活枝蔓的逐渐展开，答案也正清晰起来——福利和生活条件有了改善，盼后代在城市有更大发展。

重点案例十：

电力改革——点亮重庆闪耀西部之光

站在西部大开发新的起点上，重庆未来有一张美好蓝图，要实现目标，我们规划未来 10 年 GDP 保持较高的增长速度。为此，能源基础要先行，电力发展至少保持相匹配的增长，才能支撑经济社会发展。可以说，重庆又好又快发展是国家发展战略的重要组成部分，是中央对重庆 3200 万人民、对重庆市委市政府的要求。这是重庆从发展角度思考的一个概念。从发展角度思考的第二个概念是能源战略已成为国家战略，已成为当前最重要战略之一。电力体制改革尤为重要。国务院批准的全国电力体制改革方案，为重庆市电力体制改革指明了方向。重庆市电力体制改革的总体框架是：实施"厂网分开"，重组发电和电网企业；实施竞价上网，建立电力市场运行规则和电力监管体系，初步建立统一、竞争、开放的电力市场，逐步实行新的电价机制；实施电网体制改革，重点推进配售端供电体制改革，开展发电企业向大用户直接供电的试点工作。

一　电力改革之背景

2003 年以来，重庆市电力体制改革工作在市委、市政府的统一领导下进行。由市计委牵头组织实施，市经委、市电力公司等部门协调配合，市电力发展领导小组办公室督促检查。改革的日常工作由童小平副市长负责协调。各区县（自治县、市）要尽快成立分管领导为组长的电力体制改革领导小组，负责区县（自治县、市）电力体制改革工作，并落实工作班子，抓紧制定切实可行的改革方案，协调处理好各种矛盾，积极推进重庆市电力体制改革。按照国家电力体制改革方案的要求，重庆市电力体制改革的总体目标是：打破垄断，引入竞争，提高效率，降低成本，健全电价机制，优化资源配置，促进电力发展，推进大区域联网，形成以国家大电网为依托的覆盖全市域的输配电网络，构建起政府监管下的政企分开、公平竞争、开放有序、健康发展的市场体系。在全国层面上的工作目标是：实行厂网分开，有序开放电源建设，加快推进大区域联网，健全电价机制；组建全市一网的重庆电网有限责任公司，成为华中电网子公司；争取国家在渝设立重庆电力调度交易中心，国家电监会在渝派驻机构。在市级层面上的工作目标是：实现电源建设投资多元化，做大做强市级电力投资主体；构建起全市统一、稳定、高效的骨干电网，理顺国家电网和地方小电网关系，建立覆盖全市域的配售电网络；实现城乡居民用电同质同价，支撑全市经济社会持续快速发展，满足人民生活水平不断提高的需求。

当前，重庆全市 38 个区县，供电面积 8.2 万平方千米。重庆的电网由国家电网公司和涪陵聚龙电力、乌江电力等地方电网公司构成。其中，国家电网公司供电面积占全市面积 90% 左右，供电服务人口约 3000 万人；涪陵聚龙电力在涪陵区内与国家电网形成竞争，供区包括白涛、龙桥、清溪三大工业园区。2015年重庆市用电量 875 亿千瓦时，同比增长约 1%。其中，工业用电 563 亿千瓦时，增长 0.2%；民用用电 138 亿千瓦时，增长 1.3%；其他行业用电 174 亿千瓦时，增长 3%。截至 2015 年年底，重庆全市电力装机容量约 2070 万千瓦，其中火电装机约

1370 万千瓦，占 66%；水（风）电装机约 700 万千瓦，占 34%。截至 2015 年年底，全市统调电力装机 1654 万千瓦，火电 1179 万千瓦，占 71%；水（风）电 475 万千瓦，占 29%。2016 年 2 月 5 日，重庆市人民政府办公厅印发《关于印发重庆市售电侧改革试点工作实施方案的通知》，重庆市在电力供应领域内的供给侧改革浮出水面。售电侧改革，简单来说，一方面，意味着未来售电公司可以依托试点区域既有输配电网络和放开的增量配网，实现对用户售电，发挥市场配置资源的决定性作用；另一方面，对用户来说，未来售电公司通过电力交易平台与发电企业达成电力交易，用户可实现自行选择不同售电公司提供服务。尤其为对电力需求大，并对电价敏感的工业企业寻找价低质优的电力能源提供便利。重庆市首批 12 家企业与重庆两江长兴电力有限公司签订售电协议。此次签约达成 2016 年度售电量 1.3 亿千瓦时，用电企业平均签约电价 0.6 元/千瓦时，至少降低企业用电成本 2600 万元。根据新的电改方案，220 千伏企业用户电价可降至 0.55 元/千瓦时。

二 电力改革之缘起

改革开放以来，特别是设立直辖市以来，重庆市电力工业发展迅速，取得了很大成就，电力装机容量和发电量都有很大增加，输供电网络得到完善，缺电状况有了明显改善，供电质量有了明显提高。电力工业有力地支持了重庆市国民经济的快速发展。

重庆电力工业发展和改革的任务还很重。与全国相比，重庆市人均用电量和人均装机量都很低，而且发展极不均衡。现行电力体制暴露出一些不适应社会主义市场经济的弊端，阻碍了电力资源的优化配置。国家电网与地方小电网的体制未理顺，特别是相当一部分区县（自治县、市）供电网与国家主网尚未连接，供电质量差，电价差异大，人民群众很不满意。为了促进电力工业发展，适应重庆市建设长江上游经济中心和全面建设小康社会的要求，适应全国电力体制改革的要求，必须加快重庆市电力体制改革。

2003 年 7 月，市委、市政府决定在全市全面推进电力体制改革工作后，重庆市各有关部门和单位积极贯彻，密切配合；市发展计划委、市电力办多方协调，化解矛盾；市电力公司、市建设投资公司组织精干力量，抓紧推进；有关区县（自治县、市）努力配合，认真落实。随后，电力体制改革已在试点县（市）取得了突破性进展，试点县（市）的配售电有限公司挂牌成立。

2015 年 12 月 9 日，国家发改委、能源局批复同意重庆市、广东省开展售电侧改革试点。2015 年 12 月 18 日，重庆市委、市政府在举行重庆两江长兴电力有限公司（中国三峡集团控股）、重庆能投售电有限公司（重庆市能投集团控股）、重庆渝西港桥电力有限公司（国电投集团控股）3 家试点售电公司授牌仪式。

三　电力改革之操作

2001 年 1 月 16 日，《重庆市国民经济和社会发展第十个五年计划纲要》提出，加快电力建设和电网改扩建。调整电源结构，根据市场供求状况，积极发展有调峰库容的水电，适度建设高参数、高效率和大容量的燃煤机组，创造条件建设大型天然气发电机组，因地制宜发展小微型水电站，促进农村电气化建设。建成江口电站、开县白鹤电厂二期和龙河梯级电站，开工建设彭水电站、石堤电站。关停 10 万千瓦以下的小火电机组。建设稳定可靠、灵活开放的骨干电网，加大城市中低压电网改造力度，提高用电可靠性和供电质量。重点布局三峡库区和东南部贫困地区超高压网络，形成库区和东南部武陵山区输变电网架，完成农村电网建设和改造，实现"城乡同网同价"，实行厂网分开，竞价上网，完善电价形成机制。

2003 年 7 月 7 日，《重庆市人民政府关于重庆市电力体制改革的意见》（渝府发〔2003〕40 号）出台，重庆市电力体制改革的指导原则是：总体设计，分类指导，积极稳妥，先易后难，分步推进；优化整合电力资源，合理布局，有序开放，防止重复建设，增强重庆电力工业整体实力；以资产为纽带，保护各方资产合法权益，不搞利益平调；加强领导，精心组织，确保职工队伍和社会稳定，确保发电企业安全生产和电网安全运行。

2003 年 9 月 4 日，童小平副市长听取了市发展计划委、市电力公司、市建设投资公司的负责同志关于重庆市电力体制改革推进情况的汇报，对重庆市电力体制改革工作进行了督促检查，并对下一阶段的工作进行了安排。大足、潼南、永川、忠县、巫山 5 县（市）电力体制改革工作已取得突破性进展，要抓紧完成设立配售电公司的各项工作，加强试点的示范效应和舆论引导。县城电网改造计划按照《重庆市人民政府关于重庆市电力体制改革的意见》（渝府发〔2003〕40 号）确定的"项目跟着体制走，资金跟着项目走"的原则进行安排，对挂牌成立配售电有限公司的区县（自治县、市），市发展计划委立即下达县城电网改造计划。其余区县（自治县、市）的县城电网改造计划原则上在其配售电有限公司成立后下达。

2006 年 1 月 16 日，《重庆市国民经济和社会发展第十一个五年规划纲要》提出，大力发展水电，加快火电建设，适当发展市外电源，大幅提高全市电力装机容量。抓紧建设彭水水电站、珞璜电厂、合川双槐电厂、永川松既电厂、松藻安稳电厂、万盛火电厂等项目，新建乌江银盘电站、奉节和石柱火电厂、习水二郎电厂等项目，争取建设风电项目，积极开发利用生物质能源。推动核电和天然气发电工程。尽快改变电网建设滞后的局面。加快国家电网在市域的全覆盖，加强骨干网的建设，建成"日"字形 500 千伏环网，形成西联四川四回线、北联四川两回线、东联华中四回线的 500 千伏强联系电网，实现以 500 千伏变电站为中心的分片区供电。加快推进 220 千伏电网基本覆盖全市，继续加强农村电网建设，推进城市中低压电网改造，逐步完善城乡输配电网，提高供电质量和供电可靠性。争取建设綦江蟠龙抽水蓄能电站工程，加快巫山、云阳抽水蓄能电站的前期工作，增强电网调峰能力。

2007 年 3 月 30 日，重庆市政府专题研究重庆市"十一五"关停小火电机组实施方案。同意市经委关于将重庆市与国家发展改革委签订的《关停小火电机组目标责任书》中的小火电机组进行部分调整的意见；同意《重庆市"十一五"关停小火电机组实施方案》，待报送国家发展改革委审定批准后，市政府转发全市执行。机组全部关停的企业，可享受环境污染治理搬迁、产业结构调整及退二进三企业的有关优惠政策。凡需改变土地使用性质，由市规划局负责调规，市财政局、市国土房管局负责落实土地出让金返还。

2008 年 11 月 3 日，重庆召开市电力发展领导小组会议。按照重庆建成"西部地区重要增长极"和"长江上游地区经济中心"的战略定位，会议确定了重庆市电力中长期发展的战略目标，即到 2020 年，全市人均电力装机容量达到 1 千瓦，人均用电量达到 5000 千瓦时，总装机容量达到 3000 万千瓦，外购电规模维持在 500 万千瓦左右。随着用能需求的不断增长和能源产业的不断发展，预计 2010 年将是重庆市能源发展拐点，重庆将从能源自给略有外输转变为净输入地区，因此要从开展能源合作与加强自身电力建设两方面统筹考虑能源结构和供需平衡，构建重庆市中长期电力保障体系。

2010 年 3 月 25—26 日，2010 年全国经济体制改革工作会议在重庆市召开（见图 3 - 19）。国家发展改革委副主任彭森同志作了题为"围绕转变经济发展方式加快推进重点领域改革"的重要讲话。他指出，重点推进电力、天然气、水等价格改革。

图 3 - 19　2010 年全国经济体制改革工作会议在重庆市召开

2011 年 1 月 14 日，《重庆市国民经济和社会发展"十二五"规划纲要》提出，优化电源结构。积极推进水电、风电、生物质发电等可再生能源建设。优化燃煤发电，在周边煤炭资源丰富地区按"点对网"方式建设燃煤发电项目，利用外来煤炭输入适度建设路口燃煤发电项目。继续关停小火电机组，有序发展热电联产。加快推进核电等新能源开发，加快建设抽水蓄能电站。适时启动天然气发电前期工作。完善电网建设。建成以 500 千伏"日"字形网为骨干、分层分区、外部电源独立分散接入、以负荷为中心的受端电网。优化和健全外来电力输入通道，按照国家规划积极推动特高压电网建设。继续实施城市电网和农村电网新建和改造工程，积极推进智能电网建设，有序规划建设电动汽车充电设施，探索分布式供能系统发展。

2012 年 8 月 1 日，童小平副市长主持召开会议，专题研究"千万千瓦"电源项目推进工作。会议强调，加快推动"千万千瓦"在建电源项目建设，是增强重庆市电力自给自足能力，解决重庆市能源"瓶颈"问题的关键性、决定性举措，关系重庆市"一统三化两转变"战略的顺利实施和经济社会又好又快发展的全局。市发展改革委要牵头，会同市电力发展领导小组各成员单位、各有关区县（自治县），加强沟通，积极支持、配合业主单位有序推进各项工作，共同保障在渝电力投资集团合理的投资收益。各项目业主要充分认识当前形势，统筹考虑在渝投资各项目的总体盈亏平衡，加强内部协调，全力以赴加快推进各个项目建设。一是确保已获得项目核准的合川电厂扩建工程、石柱电厂、两江燃机和神华神东万州港电一体化项目在 2013—2015 年期间逐年有序投产。二是加快推进习水二郎电厂、合川双槐电厂扩建第二台、奉节电厂、陕西安康电厂和綦江安稳电厂项目的核准工作，积极协调各有关方面全面开工建设，确保这一批项目在 2012 年年底或 2013 年年初浇灌第一罐混凝土，在 2014—2015

年期间投产发电。

2015年12月，重庆两江新区长兴电力公司成立，标志着作为全国电力体制改革专项试点的重庆市售电侧改革正式启动。在两江新区重点产业企业有望获取更优惠电价，实现企业降本增效。依托两江新区先行先试的政策优势，新区电力改革正在快速推进，人员已初步到位，力争1—2年内将两江新区打造成为区域电力改革的排头兵。

2016年1月28日，《重庆市国民经济和社会发展第十三个五年规划纲要》提出，统筹全市电力结构调整，提高能效，降低排放，合理确定水火比、内外比，新增电力装机容量900万千瓦。推进长江、乌江、嘉陵江等干流和大溪河、大宁河、郁江等流域水电资源梯级开发利用，因地制宜发展水电、风电、太阳能、生物质能等清洁能源。加快建设綦江蟠龙抽水蓄能电站，积极发展分布式能源，有序推动热电联产项目，提高电网调峰和可再生能源消纳能力。合理布局全市垃圾焚烧发电厂，科学引导农林生物质能健康发展。稳步推进重庆核电和重庆炼油项目前期工作。优化煤炭产能，推动燃煤消费替代，实现市内减量开发，市外输煤输电并举。合理布局外区送电通道，建设川渝第三输电通道、毕节电厂点对网输电线路，构建坚强的外区送受电骨干枢纽网架。构建大都市区"1+4"500千伏环网，渝东北生态涵养发展区、渝东南生态保护发展区以万州万县变电站、彭水张家坝500千伏输变电站为中心构建骨干网架。统筹建设电力、燃气、热力、供冷等基础设施，实施新建工业园区、新建城镇供能设施一体化规划，实现能源梯级互补利用。加快发展智能电网和智慧能源系统，加快完善电动汽车充电服务体系。

2016年2月5日，重庆市人民政府办公厅印发《关于印发重庆市售电侧改革试点工作实施方案的通知》，要求坚持市场化方向和安全高效、节能减排原则，积极推动电力体制改革创新，着力构建主体多元、竞争有序的电力交易格局。按照"管住中间、放开两头"的要求，在试点区域内向社会资本开放售电业务，培育售电侧市场竞争主体，让更多的用户拥有选择权。试点方案提出，重庆售电侧改革将在两江新区、长寿经开区等区域，以及中石化页岩气开发、管输、利用等领域进行试点。试点范围主要集中在支柱产业和战略性新兴产业重点项目集聚区。

2016 年 3 月 23 日，重庆市发改委、重庆市经信委、华中能源监管局、重庆市物价局联合下发《关于做好重庆海扶医疗有限公司等 5 家两江长兴电力公司售电用户供电的通知》（渝发改能〔2016〕336 号），要求电网抓紧与两江长兴电力公司衔接，确保用户安全可靠用电，由两江长兴电力公司履行售电协议，由电网公司进行电费结算。

四　电力改革之成效

2004 年 9 月 3 日，重庆市政府副市长童小平带领重庆市发展改革委、重庆市经委、重庆市电力公司有关负责同志，与华中电网有限公司总经理张学知及有关领导，就重庆电力发展和改革问题进行了友好会谈，形成如下意见：重庆市委、市政府提出，为了把重庆建成长江上游的经济中心，必须构筑安全稳定的电力保障体系。华中电网有限公司赞同重庆提出的这一目标，全力支持重庆电力发展和改革工作，确保重庆的电力需求。特别是在 2005 年期间，华中电网帮助做好重庆电力供应，确保送重庆电力不少于 30 万千瓦。重庆市认为，为了确保重庆直辖市主城负荷中心供电安全稳定，建设重庆 500 千伏环网是十分必要的，华中电网有限公司支持重庆市 500 千伏环网建设，并力争 2006 年建成彭水—恩施 500 千伏输变电工程。重庆市希望彭水 500 千伏变电站工程由重庆市电力公司组织建设，彭水电站的电力电量由重庆市负责调度，华中电网有限公司对此表示理解，但认为彭水电站电力电量纳入华中电网统一调度，更有利于发挥彭水电站的作用和提高电站效益。双方一致同意彭水电站的电力资源属于重庆市，彭水电站的调峰能力用于重庆市。双方共同向国家发展改革委争取，从 2005 年起，将重庆市列入三峡电站电力电量常年基数分配计划，并争取在 2005 年送入重庆三峡电力不少于 30 万千瓦。重庆市提出，为了增强重庆电力接续能力，满足 2010 年后重庆经济发展的用电需求，规划建设重庆核电站；华中电网有限公司表示，全力支持重庆核电项目进入全国第二批核电布点规划，同时接纳重庆核电站电力电量上网。重庆市认为，从重庆电网安全稳定运行出发，缓解重庆电网负荷峰谷差日益扩大的矛盾，有必要建设綦江盘龙抽水蓄能电站。重庆市已向国家有关部门进行了多年的争取，并做了长期的筹备工作，希望早日启动建设。华中电网有限公司对此表示理解，当前主要是做好前期工作，可根据电网调峰调频的需要，作为华中电网新建抽水蓄能电站的备选工期。重庆市提出，为了加快库区发展，利用富余的煤炭资源，建设万盛火电厂、奉节火电厂和石柱火电厂 3 个火电项目，华中电网有限公司对此表示支持，可根据市场需要规划安排和前期工作的进展，适时启动。重庆市政府向华中电网有限公司介绍了关于加快重庆电力体制改革的设想方案，即在市级层面以属于重庆市政府权益的电网资产，与国家电网在渝资产合组重庆电网有限责任公司；在县级层面以农村电网改造资产为纽带，国家电网进入所有区县，组建由重庆市电网有限责任公司控股的县级供电有限责任公司。华中电网有限公司认为，这个设想方案符合国务院国发〔2002〕5号文件精神，赞同重庆市政府的想法，建议按此方案加快推进，在年内完成重庆电网有限责任公司组建工作。

截至2005年12月，市电力发展领导小组成立3年来，在市委、市政府的领导下，各成员单位协调配合，积极工作，在电力保障方面对重庆市经济和社会发展发挥了积极作用。3年来，重庆市电力供需实现了基本平衡，电力供应紧张形势即将得到缓解；电力建设取得巨大成就，到"十五"期末，现有装机容量达545万千瓦，在建电源项目规模573万千瓦，正在推进的重大电源项目规模568万千瓦；全市电力体制改革工作基本完成，实现全市同网同价，走在全国前列；成立了重庆煤炭集团，对保障全市电煤供应起到了积极作用。

2006年，重庆市电源建设取得可喜成绩，一年投产电源装机容量超过过去5年，全市装机容量达到759万千瓦，实现了全市电力装机容量比直辖前翻一番的目标，为保障全市电力供求平衡，实现"十一五"末电力装机超过1100万千瓦奠定了基础；全市电网建设明显提速，是重庆市有电百年以来投资最高、规模最大的一年，也是成绩最显著的一年；全市电力调度保障有力，战胜了百年大旱，电力供应增长15%。煤炭建设也在有序推进。

2007年，全市计划新开工项目127万千瓦，投产131万千瓦，全市在建电源项目规模将达562万千瓦，并推进"十一五"后三年计划开工的重大电源项目规模520万千瓦。另外，"十一五"期间还将推进前期工作的项目1000万千瓦。电源项目的稳步有序推进，为重庆市经济社会长远发展提供了有力的保障。

在经历了 2008 年年初雨雪冰冻灾害和四川汶川特大地震，以及下半年国际金融危机冲击的情况下，全市电力和能源发展与保障经受了考验，并取得了四个方面的突出成绩。一是电力和电网建设成绩卓著。彭水水电站 175 万千瓦机组全部投产发电，水电装机容量比"十五"期末翻了一番，极大地优化了重庆市电源结构；建设坚强电网，城乡电网改造进程加快，继 500 千伏"日"字形环网建成后，500 千伏"日"字形双环网正在逐步形成。二是电力和电煤调度得当，渡过了冰雪灾害和迎峰度夏难关。三是煤矿建设加快，在新疆获得 100 亿吨煤炭资源，为重庆市未来能源保障奠定了基础。四是确定了中长期电力发展战略目标，明确了充分利用市内资源、与周边能源丰富的省份开展能源战略合作、构建重庆市中长期电力保障体系的指导方针。

2009 年，在创新能源发展思路方面提出了两个重要观点：一是提出西南水电不能完全解决重庆电力中长期保障；二是提出提升重庆在国家能源战略中的定位，争取国家将重庆定位为能源调入地区，并在国家能源战略中明确保障平衡方案。正式启动"十二五"能源规划研究工作，开展了中长期电源布局、入渝疆煤利用、天然气保障能力、水能资源调查、生物质能及风电场测风等多项研究工作。在能源建设连续几年跨越式发展的基础上，2009 年继续保持了良好势头，全年全市完成能源投资 323 亿元，争取中央预算内投资 6.07 亿元。一是优化能源保障能力，积极开发水电资源，可再生能源发电装机容量比重近 40%，高于全国平均水平一倍。二是统筹城乡发展，完善城乡电网网络。全市国家电网供区内农网改造面达到 93%。三是进一步增强国有煤矿生产能力，新增煤炭年生产能力 147 万吨，落实新疆 20 亿吨煤炭资源。四是加强天然气骨干管网建设，川气东送长寿至涪陵、南川延长线工程主线点火通气。

"十二五"以来，在市委、市政府的高度重视下，在各方面的共同努力下，重庆市电源建设工作推进情况总体较好，取得了可喜成绩，值得充分肯定。2011 年全市核准和批准"路条"的电源项目规模共计 520 万千瓦。2012 年上半年又取得小南海水电站、綦江抽水蓄能电站、陕西安康电厂、安稳电厂扩建、九龙电厂环保搬迁、神华神东万州港电一体化等一批电源项目"路条"，规模共计 918 万千瓦。目前，重庆市在建电源项目总规模共计 1438 万千瓦，形成"千万千瓦"建设格局，实现了重庆市"十二五"能源尤其是电力发展良好开局，为重庆市中长期电力保障奠定了良好基础。特别是在各方面的努力下，神华神东万州港电一体化项目得以超常规快速推进，于 7 月 25 日获得项目核准，7 月 28 日举行了开工仪式。

2015 年年底重庆市售电侧改革试点以来，虽然电力体制改革困难重重，但售电公司成立后国网重庆市电力公司服务态度有了极大的改善，国网上门服务的频率和次数明显上升，办事效率明显提高，报装和建设速度明显加快，电力用户享受到了改革的红利。这意味着，重庆市在本次电力供给侧改革后，试点区域内的企业平均用电价格，从每千瓦时 0.8 元左右，降为 0.6 元，降幅超过 25%。但实际降幅可能远超 25% 这一幅度：据 2 月 3 日参与签约的某家企业负责人向《21 世纪经济报道》记者提供的信息，该企业目前的实际电价为每千瓦时 1.2 元。如以此测算，重庆市本次供电侧改革，最大电价降幅高达 50%。据重庆市政府的测算，初步预计，该市两江新区、长寿经开区、万州经开区、万盛平山工业园区、永川港桥工业园区等试点区域内，2016 年投产新增电量用户 137 家，年用电量 19.72 亿千瓦时，可为企业节约 5.19 亿元电费支出；未来一个时期新增电量用户 176 家，年用电量约 30.72 亿千瓦时，每年将为企业节约 8.22 亿元电费支出。

五　电力改革之评论

一方面是业内评论。重庆市电力公司万载扬认为，重庆市电力公司提出并实施了"五大"体系（大规划、大建设、大运行、大检修、大营销）建设，以此破解现行管理体制机制与快速发展的生产力不相适应的矛盾，优化整合电网核心业务，最终实现公司经济发展方式的转变。重庆市电力公司张春城指出，兴衰百年，经过几代电力人的艰难前行，重庆电力工业从无到有，从小到大，由弱到强。2001 年，重庆电网结构实现第三次大调整，220 千伏双环网形成，横贯东西的 500 千伏电网构建了东联三峡、华中，西接二滩、四川的"川电东送"中枢通道。至 2005 年，重庆市电力公司成功组建了 23 家县级控股供电公司，基本形成了全市统一电网的格局。重庆市电力公司单业才称，电力作为地方经济发展重要的能源保障，两江新区电网规划的出台为该区域电网跨越发展提供了强大支持。

另一方面是媒体评论。《21 世纪经济报道》指出，通过发电企业与地方政府下的投资集团直接组建售电公司，重庆市的电力版图呈现出新格局。在此模式下，终端用户用电价格的降幅最高超过 25%。重庆市在电力供应侧的改革，为全国电力体制改革提供了示范。《工人日报》指出，"经济要发展，电力需先行"。随着经济社会飞速发展和重庆市对五大功能区域发展的准确定位，重庆主城都市核心区域和都市拓展区域对电力供应的需求成倍陡增。面对电网发展"瓶颈"，重庆市区供电公司努力寻求突破口，建立起"政企联动"的电网建设新机制，构建规划项目储备机制，先后纳入规划项目 40 个；创新建立"两联三优"（政企联动、工程联建，优先建设、优质服务、优化发展）的电网规划建设工作机制，达成 18 座变电站建设无偿用地协议，24个电网建设工程陆续得到完善，有效地破解了主城核心区域电网建设难题。《中国信息化周报》认为，重庆电力的智能电网建设进入 2.0 时代。央广网指出，2016 年 9 月 1 日，重庆电力交易中心挂牌成立（见图 3 - 20），标志着重庆市电力体制改革取得新突破。

图 3 - 20　重庆电力交易中心挂牌成立，该中心采取股份制形式，由电网企业、
发电企业、售电企业、地方能源企业及第三方机构共同出资组建

（1）统筹城乡改革是一个非常复杂的课题，大家都习惯于用系统来说明问题，要做城乡统筹改革的确是一个系统工程，好像一个人抱着一个很大的西瓜，真的无法下口。但我们经过了认真梳理，就是要解决人、地和钱的问题。

（2）两江新区是国务院批准的第三个国家级开发开放新区，

也是国家推进新十年西部大开发的突破口和新引擎。许多人认为，两江新区就是国家启动新十年西部大开发的开篇之作。大家之所以这样说，主要是因为：首先，两江新区在某种意义上讲与新一轮西部大开发相伴相生；其次，两江新区在西部大开发中举足轻重。设立两江新区，体现了中国开发开放战略从沿海到内陆、从东到西的战略大转移。所以我们说两江新区是新十年西部大开发的开篇之作，其实是对中国大开发大开放历史进程的一个战略判断。

（3）重庆打造全球最大的笔记本电脑基地已经指日可待，但我们不仅只生产笔记本电脑，还要在终端设备上发力，还要推动智能手机、平板电脑、成像设备、路由器等产品的发展，这就是产业集群的发展模式。

（4）轨道交通工程本身作为一个民生工程，它就是为广大市民的居住环境和出行环境改进创造条件的，这一点非常重要，因此才把它称为民生工程。而保障和改善民生是全社会十分关心的问题，这切切实实关乎每一个百姓的利益。所以我们任何一个行动，包括我们的规划、运营、建设，都是时时处处围绕着我们的市民着想，这就体现了我们党和政府为民服务的宗旨，共产党人为人民服务是我们的根本宗旨，也体现了市委、市政府为老百姓办实事、求实效这样一个精神，因此我们所做的一切工作都是紧紧围绕我们的民生建设和科学发展这个主题和主线开展的。

第四章 访谈撷英

——西部大开发重庆调研访谈

重庆智慧

调研访谈一：

统筹城乡——奠定重庆发展新基础

杨庆育，博士，高级经济师，时任重庆市发展和改革委员会主任、党组书记，兼任西部办常务副主任。

问：重庆市是中西部地区唯一的直辖市，是全国唯一的省级架构的统筹城乡综合配套改革试验区，在促进区域协调发展和推进改革开放大局中具有重要的战略地位。我们想向您了解一下统筹城乡的背景。

杨庆育：2006年汪洋同志到重庆，当时重庆距1997年直辖差不多10年。当时中央交给重庆的四件大事，移民、扶贫、老工业基地改造和生态环境保护，基本上完成了。所以汪洋同志提出思路要深挖重庆直辖市的潜在的东西。要找出一个突破口，使重庆能够站在一个新的起点上发展。

经过研究，最后给市委常委交出一份答卷，以城乡统筹为突破口。这个研究得到中央领导同志的高度认可，在次年的"两会"上，当时的总书记把重庆定位为统筹城乡的直辖市。随后 2007 年 6 月，国家发改委受国务院委托把重庆作为全国统筹城乡综合配套改革试验区；2009 年 1 月，国务院发了 3 号文件，关于深入推进重庆改革的实施意见，里面涉及一大批政策、项目和事项。当时是一个什么状况呢？这四个指标可以说明问题。当时重庆的城乡居民的收入比例是 4∶1，户籍人口城镇化率为 26%，常住人口城镇化率为 46%，相差 20 个百分点。农民工数量 860 万，今天农民工数量进一步上升到 946 万。而当时重庆还有两个指标，人均经济总量相当于全国的 75%，而城乡居民收入只相当于全国的 80%，在这样一个背景下，城乡差别又这么大，所以选了这么一个突破口。统筹城乡改革是一个非常复杂的课题，大家都习惯于用系统来说明问题，要做城乡统筹改革的确是一个系统工程，好像一个人抱着一个很大的西瓜，真的无法下口。

问：后面大家为此做了许多艰苦卓绝的努力。作为重庆统筹城乡改革的参与者，从思路的策划到制度的设计，一直到后面管理的协

统筹城乡综合配套改革是一个非常复杂的课题，是一个系统工程。

调，三个环节您都进行了直接参与。您应该对统筹城乡关涉的主要问题都比较了解。

杨庆育：是的。我们经过了认真清理，就是要解决人、地和钱的问题。具体来说，在改革的主线中，人往哪儿去的问题，主要是推进城乡劳务经济的健康发展。抓住一个问题，就是农民工市民化。地怎么处理的问题，就是推进土地的流转和集约利用，突破口就是城乡建设占补平衡，得到国土部的支持，设立了制度。钱从哪儿来，东部的人测算一个农民从农村到城市需要20万元，重庆测算当时需要15万元左右。如果要转100万农民工，涉及这么大金额，钱从哪儿来，我们的思路是推进城乡经济社会协调发展，针对落后的"三农"问题建立"造血"机制，来解决钱的问题。

统筹城乡综合配套改革，要解决人往哪儿去、地怎么处理、钱从哪儿来等重要问题。

下面我先说一下关于人的问题。

我们考虑到四个制度，一是提升劳动力的素质和引导就业创业。我认为对农民最不公平的就是教育的起点不公平，他们没有到城里打工就业的条件，是因为他们的素质不够，所以我们发展职业教育，建立劳动力市场，使他们有环境和条件、渠道进入重庆，进入各级城市。二是覆盖城乡的有序转移社会保障，社保的问题，城乡之间的差别非常大，我们就努力实现，首先是实现农村的新农合和城市居民的医保对接，逐渐实现其他的包括养老、教育、医疗对接，实现社会保障问题的转移。三是引导城乡人口的分布，通过户改引导部分农民工进城定居。四是促进和谐的现代社会管理，当时重庆的农民工到本市打工有480万，就是建立和保障维护农民工权益的问题。

地的问题，也考虑了四个制度。一是农村土地的流转和规模化的经营，还是按照国务院的要求，在农民自愿、依法、有偿的原则下进行流转。二是耕地的保护和征地制度的改革，就是设立地票，在座估计至少有20%的人到过重庆的土交所。设立地票，城乡建设用地增减挂钩。这个目前还不能在其他30个省份推广，因为这是国土部专门批的。三是基础设施由城市向农村进行延伸。国务院批准了第一个省级的城乡规划就是重庆，我们是规划引领，实现城乡同质生活条件，从那个时候，发改委、规划局、国土局各个部门规划都到我们农村去。四是我们对农村的资金要通过招标的方式进行配置，来支援农村，用市场的手段。今天上午看论文集的时候，也有一位专家提出这样一个建议，重庆早在去年，我在引导我们市财政局进行教育实践活动的时候就说，财政局应该拿出一笔资本设立专门的基金，吸引社会

> 农村土地的流转和规模化的经营，在农民自愿、依法、有偿的原则下进行。

资金，设立混合基金，委托基金管理公司，把政府配置资金的手段用市场的手段去实现。当时汪洋同志提出以招标的方式来配置农村的资源。

钱的问题。从广义上来说，完全依靠省政府、市政府筹集钱是不可能的。我们第一个考虑的就是探索内陆开放的模式，这好像与钱没有关系，怎么没有关系？要吸引那么多农民工进城，要创造就业岗位。重庆在三五年时间搞了一个笔记本电脑的产业，相应的信息终端已经成为重庆的第一信息产业。

吸引社会资金，设立混合基金，委托基金管理公司，用市场的手段去实现资源配置。

当时我们观察了全球在简单的产品上面扁平化的配置，什么意思？就是这个主机在一个地方，但是零部件在全球各个地方，通过大量的物流集中到一个地方进行组装。我们把这种扁平的变为一种重叠，也就是说，在一个地方形成一个笔记本电脑配套的产业，能够在这个地方形成。所以，产业配套集聚，吸引了外资，第一，抓住主体。所以汇丰一来，富士康就来，带动了一批企业进来。大量创造就业，吸引了外资。第二，的确有一个政府财力的问题，投向公共服务尤其农村公共服务的基本比例问题，当时我们的方案是，财政局逐年提高这个比例，缩小城乡之间的差距。第三，区域帮扶，邓小平同志提出两个大局，一个先，一个后，我们重庆和全国的格局刚好相反，全国是东部发达，西部不发达，重庆是西部发达，东部不发达，中部分两块，一块是东北，一块是东南少数民族地区，所以我们重庆习惯称"一圈两翼"。当时我们提出"一圈两翼"这个区域规划以后，汪洋同志提出要考虑，就是一圈尽管不富裕，但是我们要走共同富裕之路，所以我们提出圈翼的帮扶制度。

问：重庆市的统筹城乡综合配套改革有别于其他省市，总的来说，它的特点可以概况为"三线三同六突破"，"三线"即改革总体方案中明确的三条主线；"三同"可以概括为城乡之间"发展同步"、"生活同质"、"要素同权"，是改革所要达到的目标；而"六突破"则是围绕"三线"实现"三同"的方法与路径。具体来说是怎样的。

杨庆育：具体来说，即以推进城乡经济社会协调发展为主线，通过建立圈翼互动机制突破区域平衡发展问题，通过培育市场主体突破各种所有制经济平等发展问题，促进发展同步；以推进劳务经济健康发展为主线，通过农民工户籍制度改革突破城乡人口有序流动问题，通过建立统筹城乡社会保障体系突破城乡基本公共服务均等化问题，促进生活同质；以推进土地流转和集约利用为主线，通过地票制

城乡之间"发展同步"、"生活同质"、"要素同权"是改革所要达到的重要目标。

度改革突破统一城乡建设用地市场问题，通过农村"三权"抵押融资突破农村资源资本化问题，促进要素同权。

问：按照国务院批复的《重庆市统筹城乡综合配套改革总体方案》要求：重庆市紧紧围绕改革试验总体方案"推进城乡经济社会协调发展、推进劳务经济健康发展、推进土地流转和集约利用"三条主线开展改革试验。经过五年改革探索，目前已顺利完成第一阶段改革目标，基本形成了统筹城乡发展的制度框架。

重庆市统筹城乡综合配套改革基本上达到了预期目标。

杨庆育：我同意你的判断。这场改革到目前为止取得了一定的阶段性成绩，基本上达到了预期目标。具体表现在如下几点：

一是基本形成城乡区域协调发展的良性机制，"一圈"与"两翼"人均 GDP 之比缩小到 2.1：1；

二是基本形成农村富余劳动力有序转入城镇的政策制度，累计转户人数达 360 万人，户籍人口城镇化率达到 40% 左右；

三是基本形成开发与保护并重、收益合理分配、规范有序的土地流转和利用制度，农村土地规模经营比例达到 30%，交易地票 9.94 万亩，地票净收益全部返回农村；

四是基本形成以农村"三权"抵押融资为核心的农村金融服务制度，农村"三权"

抵押贷款突破 300 亿元；

五是基本形成统筹城乡的社会保障制度，实现了社会保障制度全覆盖，城镇五大社会保险、城乡居民养老保险和医疗保险市级统筹；

六是基本形成促进公共服务城乡均衡的公共财政制度，75% 以上的财力用于区县和农村发展，市级财政新增教育、卫生、文化等事业经费和固定资产投资增量的 70% 以上用于农村。

问：新一轮的试验有几个地方，一是上海的浦东新区，二是天津的滨海新区，再就是重庆的城乡统筹综合配套改革试验区，还有武汉城市圈等，具体到城乡统筹这一个问题上，这几个试验区恐怕都是任重道远，而重庆尤甚。

重庆在城乡统筹的问题上，任务更加艰巨。

杨庆育：我同意你的观点。相对而言，重庆在城乡统筹的问题上，任务就更加艰巨。所以为什么总书记给重庆定位的时候，专门说了城乡统筹发展的直辖市。相比较京津沪而言，重庆直辖市非常奇特，如果说按照中国直辖市的模式来看的话，重庆倒像一个比较标准的中等省份。所以我感觉这两个东西，第一，中央政府是从我们的地方一些基本的特点出发来考虑的。第二，我们之间都有一个互补和相互学习的问题，比如说武汉城市圈在考虑两型社会在统筹城乡过程当中，我们也非常关注。我们处在这么一个敏感的地区，我们也要考虑综合配套，考虑环境友好型、资源节约型这个功能；我们也可以吸收他们的东西。所以我们有自己的重点，但是我们相互之间又可以进行补充、互补，这样使我们综合配套改革的综合效益更强。

问：试验区往往被赋予先行者、先试者、先闯者的角色特点。重庆市作为全国统筹城乡综合配套改革试验区，统筹城乡发展的改革探索。中央把全国统筹城乡综合配套改革试验区放在重庆，是中央给了重庆先行、先试、先闯的环境，是最大的、最有意义的支持。这对重庆来说意义非凡。

杨庆育：是的。意义可以从现实意义和长远意义两方面来理解。从现实意义上讲有这样几点：

第一，重庆直辖十多年，取得了巨大成就，四件大事向中央交了一份阶段性的比较满意的答卷，重庆具备了大发展的基础，也有足够的精力研究下一步发展，在中国西部大开发中扮演加快和率先的角色。

第二，在重庆设立国家级试验区，将使重庆成为发展要素和资源聚集的中国西部的投资热土和最优良的发展环境，推动重庆更好更快地发展。

第三，通过统筹城乡将使重庆城乡人民共同享受改革开放的成果，缩小城乡差距，

重庆具备了大发展的基础，也有足够的精力研究下一步发展，在西部大开发中扮演加快和率先的角色。

促进城乡协调发展。按照重庆第三次党代会的目标，2020 年城乡居民的收入差距将缩小到2.5∶1。

第四，重庆是一个大城市、大农村、大库区并存的城市，在重庆设立试验区，将推动库区发展，进一步实践中央对百万移民提出的"搬得出、稳得住、逐步能致富"的要求。对缩小库区与主城区的发展差距意义重大。

第五，在重庆设立试验区，是中央加快推进西部大开发的重大战略举措，对深入推进西部大开发意义重大。重庆作为特大经济中心城市，通过统筹城乡将对周边地区有更大的带动和辐射作用。

第六，国家批准重庆和成都同时设立试验区，有利于川渝两地加强合作，联手把成渝经济区打造成为新的国家增长极，促进全国区域协调发展。

从长远意义上讲有两点：在重庆设立试验区，对实践中央给重庆的三大定位和在西部地区率先实现全面建设小康社会的目标具有深远的意义。同时，它对中国中西部地区下一步解决统筹城乡发展中的体制、机制问题，将提供一些有益的经验。当然，我们的改革从某种意义上讲也是"先吃螃蟹者"，所以在改革中也难免试错，但这也可以为后来者提供反面的经验，让他们少走弯路。

在重庆设立试验区，是中央加快推进西部大开发的重大战略举措，对深入推进西部大开发意义重大。

问：统筹城乡综合配套改革就是要彻底改变城乡二元格局，通过体制机制创新，消除城乡发展中的制度障碍，建立起城乡居民共享发展成果、城乡资源统筹配置、城乡要素双向流动的新体制、新机制和政策体系，实现城乡协调发展。大家普遍比较关注重庆社会保障制度改革遵循的基本思路，改革的基本任务和重点。

陈澍：统筹城乡综合配套改革应遵循的基本思路有：一是坚持公平公正原则，使城乡居民享有大体均等的公共物品和公共服务；二是在社会保障的制度设计中坚持统一筹划、城乡整合的观念和做法，分阶段、有步骤、分层次、分类别地建立适合农村基本状况的社会保障制度，最终实现城乡社会保障制度统一；三是城乡社会保障能够在区域间、城乡之间进行相互过渡和转换，消除妨碍社会保险账户流动的行政区壁垒。改革进程将遵循"先建制，再扩面，逐步缩小城乡差距，最终实现城乡统一的、多层次的社会保障体系"的路径并不断向前推进。

陈澍，博士，研究员，时任重庆社会科学院院长、党组书记，重庆市人民政府发展研究中心常务副主任，现任重庆市政协常委、科教文卫体委员会副主任。

改革的基本任务是：建立城乡统筹的最低生活保障制度，实现农村低保全覆盖；建立城乡统筹的公共卫生和大病统筹体系，重点是建立一个平台、两个标准的"重庆市城乡合作医疗"制度；建立城乡统筹的养老保险，重点是实施进城农民工以土地承包经营权换社会保障、以宅基地换经济适用房的"两换制度"；解决 2005 年前的征地农转非人员的社会养老保险问题，建立农村居民的养老保险制度；完善城乡统筹的社会救助机制，建立和完善城乡居民的特困救助和大病救助。

改革重点有以下五个：第一，建立进城务工人员的社会保险制度。在名称上将"重庆市城镇职工养老保险"改名为"重庆市城镇居民养老保险"，使其成为重庆市统筹城乡社会养老保险的最大平台。全市城乡其他形式的社会养老保险均以这一平台为参照，逐步创造条件与之接轨。在参保资格上打破原来的身份限制。"重庆市城镇居民养老保险"将成为一个开放性平台，不分城乡对全体市民开放，只要参保人按养老保险条例的要求按时足额缴纳保费，均可参保并同等享受养老保险待遇。农村居民养老保险实行"低标准缴费、低标准享受"的原则，以使养老保险能覆盖更多的低收入人群。在缴费金额标准上增加档次。主要是向下增加档次，以扩大这一险种对进城务工人员中的非正规就业人群和低收入人群的适应性，使之能有效地覆盖更多的参保人员。通过利益导向鼓励进城务工人员以土地承包经营权换社保。对进城务工人员自愿以土地经营权换社保的参保人员，由政府财政给予优惠的补

农村居民养老保险实行"低标准缴费、低标准享受"的原则，以使养老保险能覆盖更多的低收入人群。

贴支持。

第二，征地农转非居民的社会保险。征地农转非居民土地被占用后，其生产、生活与城市居民完全一致，因此这部分人的社会保险应按照城镇社会保险体系进行。从保障项目上看，主要是解决其养老保险和医疗保险。医疗保险方面全市已有较成熟的改革方案，即可由即将推出的"重庆市城乡合作医疗"制度覆盖。那么，解决征地农转非人员的社保难点主要在养老保险。

第三，历年已征地农转非人员参保问题。由于以前的征地补偿政策没有为征地农转非人员进行社会保障的制度安排，在其发放的综合补偿费中也未包含社会保险的补偿项，从而导致存量达 76 万人的一个特殊的无社保弱势群体。因此，政府应及早解决这一遗留问题，为这部分人补充建立养老保险。

解决征地农转非人员的社保难点主要在养老保险。

第四，农村居民养老保险。它采用农村社会养老保险建立社会统筹与个人账户相结合的制度模式。在乡农民应由个人、集体与各级财政分别负担，按合理比例缴费，农民个人缴费计入以身份证号码为编码的全国通用个人账户，集体补助、财政补贴计入统筹账户。它原则上采取"三个一点"的筹资机制，即农民自己交一块，集体补助一块，政府补贴一块。由于农村地区经济发展差异性大，"三个一点"筹资机制需因地制宜。

第五，深化社会保障管理体制改革。按照归并业务、简化程序、统一信息、提高效率、方便群众的原则，对社会保障资源进行整合利用，建立科学、统一、协调、高效的社会保障管理新体制。

问：城乡差距已成为现阶段经济社会发展的障碍，这不但不利于社会公正与经济发展，更不利于社会的稳定。基于目前的统计口径，对于城乡差距水平的测量一般用城镇居民人均可支配收入与农村居民人均纯收入比值来表示。以重庆为个案为例说明，这个比值是怎样体现城乡差距的变动趋势。

城乡差距已成为现阶段经济社会发展的障碍。

陈澍：1979 年，重庆城镇居民家庭人均可支配收入为 325.47 元，农村居民家庭人均纯收入为 150.18 元，城乡比例为 2.17∶1；在 1979—1993 年，城乡差距呈不断扩大的趋势，1993 年达到 3.41∶1；在 1994—1998 年，城乡差距不断缩小，1998 年城乡差距缩小到 2.77∶1；1999 年开始城乡差距又呈现扩大趋势，2006 年达到最高的 3.70∶1，2007 年以后城乡差距略有下降。

可实施农村土地与房屋资产资本化改革，一要在重庆市各区县建立农村土地使用权及不动产交易平台。要进一步完善农村土地产权制度，盘活农村土地资产。在对农村集体土地所有权、集体土地使用权、承包经营权和农村房屋所有权进行确权登记的基础上，在各区县建立农村土地使用权及不动产交易平台，通过转让、出租、入股和抵押融资等产权转移形式，把农村土地及房屋放到公开市场中交易，以利于发现农村土地的价值，盘活农村土地及附着物的资产。二要设立农村资产股权化与债券化的试点。鼓励农户以土地入股方式成立公司化组织，或者以土地进行抵押融资。具体方式可以有土地项目融资与土地负债融资两种证券化形式。

建设城乡统筹发展直辖市，关键要做到"六大统筹"。

问：市第四次党代会将"统筹城乡区域协调发展"作为科学发展、富民兴渝的战略重点，并提出了加快统筹城乡区域协调发展的重大方略，为重庆市统筹城乡区域协调发展指明了方向。其关键在不同的方面实现各自的统筹发展，从而共同推动重庆市的统筹城乡发展。

陈澍：你说得有道理。建设城乡统筹发展直辖市，关键要做到"六大统筹"。

第一，深化要素市场改革，统筹城乡要素流动，把握纵深推进统筹城乡的关键环节统筹城乡发展，城乡要素自由、合理、有序流动是关键。

第二，凸显功能定位，统筹"圈翼"发展，强调"率先"与"特色"并重，构建协同共进的区域发展新格局。

第三，着眼功能优化，统筹大中小城市协调发展，将推进城镇化作为城乡区域协调发展的中心环节。

第四，改善农村生产生活状况，统筹城乡发展条件，大力推进新农村建设。城乡统筹最终需要农村自我发展。建立农村自身发展的内在动力机制，最终要从"以城带乡"向"城乡互动""城乡融合"的状态发展。

第五，着眼能力提升，统筹城乡基础设施建设，提高城乡发展保障水平。基础设施是生产与经营、工作和生活的共同物质基础，是城乡主体设施正常运行的保证。

第六，凸显国家战略，统筹城乡生态环境建设，构建长江上游重要生态屏障。

问：请您回顾一下申请试验区当时的过程。统筹办公室当时主要做了哪些工作？

朱江：实际上从统筹办这边来讲，童小平副市长主要抓了以下工作：

第一个是试验区的申报，最初的时候把试验区这块牌子拿下来，这在工作当中发挥了很主要的作用。

第二个是总体方案的编制，起草总体方案，除了总体方案之前，还有市委关于统筹城乡改革的意见，这是她的第二个工作。

第三个是国发3号文件，因为这块工作一

朱江，研究生，现为重庆市发展和改革委员会综合改革处（统筹办综合改革处）处长。

直是统筹办在做。3 号文件对重庆改革发展起了非常重要的作用。从最初 3 号文件的调研、起草到贯彻落实，童小平副市长的作用非常重要。

第四个是统筹城乡改革任务的推进。这里包括微型企业呀，包括"户改"呀这些改革的推进。

最后一个就是统筹城乡这块有一个示范区县和集中示范点的建设。示范区县的话就是三个，九龙坡区、垫江和梁平这三个区县。有 20 个集中示范点，童小平副市长当时从有关专项资金中安排两个亿的集中示范点的建设资金。这个对于统筹城乡集中示范点的带动作用和建设作用就非常明显。

重庆试验区的申请最早从 2006 年上半年开始。

我先谈一下试验区申请的时候。重庆试验区的申请最早从 2006 年上半年开始，市委、市政府就提出来要研究，相当于研究直辖十周年的时候，重庆下一步的发展思路，发展战略的问题。当时主要是由发改委牵头，童小平副市长讲话，她分管发改委主要是她带领发改委做这项工作。试验区申报的时候最先也有很多主题，包括试验区的范围，试验区申报的主题都是历经了很多稿，不停地变化。

问：从试验区申报到获批，是一个较为漫长的过程，其间应该经过了很多的环节。

请您分享一下当时的经历和感受。

朱江：肯定是亲自参与的，还有她亲自审阅这些稿子。前期经过了很多稿，试验区申报的主题和范围都是经过了很多过程。在2007年年初的时候，当时分管我们的是国家发改委的副秘书长杨伟民，现在是中央财经领导小组办公室副主任。他到重庆来调研，最后确定申报的范围，整个重庆市作为统筹城乡改革试验区，一圈，最后确定了全市的一个范围。中间试验区的申请还是经历了很多过程。成都和重庆区别还是比较大的，我们一直说我们是大城市带大农村。就成都来讲，相当于是大城市带了一个小农村，它的农村面积就没有这么大。但是就重庆来讲，当时是第一个全域范围，相当于一个省域范围唯一的一个全国的试验区。当时全国的综合配套改革试验区就只有上海的浦东新区和天津的滨海新区，所以重庆和成都获批试验区的意义还是非常重大的。它体现了国家的改革开放从东部沿海地区向西部地区、向中西部地区的一种拓展。重庆和成都是2007年6月批的，在成都和重庆批了之后，2007年12月批了武汉城市圈，当时试验区批复的社会反响都很强烈。如果有印象的话都会记得，当时从股市上来讲，成渝板块的股票连续三天都是涨停；还有从房价来讲，6月当月，当时我们对重庆的房价做了一下统计，单

重庆获批国家综合配套改革试验区体现了改革开放从东部沿海地区向西部地区的拓展。

月上涨都是 15% 以上。我们看得出整个社会对试验区批复非常关注，所引起的反响是非常强烈的。这是试验区的批复。

但是试验区当时因为国家发改委的批文非常简短，相当于只是给了一个牌子，要求重庆和成都开展试验，要推进重点领域和关键环节的改革，就没有给任何政策。相当于我们拿到了试验区的牌子，市委、市政府提出来，虽然要先行先试，还是要按照国家的要求，要做改革试验的总体方案，而且在批文里头也要求总体方案要报国务院审定。所以拿到这个批文之后，紧接着要做的工作就是总体方案的编制。总体方案编制之前，还有一个建立了统筹城乡的综合改革试验的工作机制，市里面成立了统筹城乡综合配套改革领导小组，当时领导小组，汪洋同志还是书记，鸿举市长当组长，童小平副市长担任副组长。

重庆市建立了统筹城乡综合改革试验的工作机制，成立了统筹城乡综合配套改革试验领导小组。

方案的编制过程当中有这样几项工作，相当于全社会参与。一个是开展问计求策，相当于面向全球公开问计，总共收集到 5000 多条建议意见。最后市委、市政府还开了一个评选，对优秀意见建议进行了评选，开了一个表彰会，这项工作是发改委在做。

另外由市领导带队组织了 13 项重大的调研，这个也是全市各个部门都参加。这是第二个。

　　第三个童小平副市长亲自主持，在北京召开了一个高规格的座谈会，当时北京宏观经济研究院和国务院研究室，还有中央农村工作办公室，一方面是我们自己做总体方案，我们市里面自己做总体方案；同时借用国家科研机构的力量、政府机关的力量，委托他们同步帮我们做总体方案。然后2007年10月的时候在北京就开了一个比较高规格的会，当时汪洋书记参加了，对总体方案相当于进行一个研讨，我们自己做，同时北京的宏观经济研究院、中文办和国务院研究室他们也提出了很多好的思路，这个活动也是童小平副市长亲自组织的，而且方案每次都是童市长亲自修改。

　　我们找到了她的一个批件。我们当时在指定统筹城乡综合配套改革试验意见的时候，她有一个批件，现在回过头来看，她当时的批件提出了几个特别需要重视的问题。现在我们觉得都还是很超前的，很有实际意义的。比如她提出了第一个，怎样处理好改革与发展的关系问题、基础条件与成效彰显的辩证关系的问题。童小平副市长她一直都强调改革和发展不能是"两张皮"，不能就改革来谈改革，也不能发展就光是发展的问题。实际上发展出题目，改革要出文章，通过改革来促进发展。她提出首先要处理好改革和发展关系的问题。

> 不能就改革来谈改革，也不能就发展来谈发展。统筹城乡综合配套改革试验要处理好改革与发展的关系问题。

　　第二个她提出来怎样看以农民工为突破口的问题。因为以农民工为突破口来讲的话，应该是重庆统筹城乡改革很重要的一个特色。这个是写在了统筹城乡改革方案里面的，也写入了国务院3号文件里面的，要以农民工为突破口。童小平副市长讲的这是一个基本特点，重庆是"小马拉大车"的特点。农民工数量特别多，他一头连着农村，一头连着城市，在重庆统筹城乡改革过程当中要特别注意农民工的问题。农民工相当于是城市和农村的一个中间环节，只有把中间环节突破了，然后带动两边，撬动城乡的发展，就特别提出了要以农民工为突破口的问题。这是第二个。

以农民工为突破口，是重庆统筹城乡改革很重要的一个特色。

　　第三个是怎样解决处理民生问题，特别是农民工问题增加的企业成本，与提升企业竞争力的问题。这个问题的关键就是一个过渡期，政府适当补贴是必要的，可再考虑五年。我们现在在城镇化过程中所提到非常关键的问题。农民工市民化成本分担机制的问题。所以童小平副市长当时提出了农民工市民化之后肯定有一个企业成本增加的问题，因为企业你要给他买保险。保险除了农民工个人之外，他要承担个人缴纳的那部分之外，企业要买的那部分保险是很重要的。有一个企业成本增加的问题。童小平副市长确实考虑问题非常深远，在当时她就提出了这个问题，就是我们考虑的成本分担的问题。

第四个提出来怎样看"两翼"产业发展的问题。她提出来改变只有抓工业才是发展产业的关键，服务业、现代农业也大有可为，同时也不止"两翼"搞工业，有资源条件的也要大搞，这与提出的五大功能区的概念也是相吻合的。童小平副市长当时提出来符合规划的，不影响生态的，有资源条件的也要大搞。而且与此相联系的人口的就业转移，跟着产业走，是产业布局发展的一个必然、工业化进程的一个必然。这是她提出的第四个问题。

第五个问题是怎样看法规底线的问题。这也是改革很重要的问题。童小平副市长最初提出来总体上要讲法规、明文说法的，不宜盲目撞车，探索也要有适当的方式方法。法规没有讲确切说法的，我们就要大胆试，但是不宣传，不出乱子。她在这个批示上提的五点，应该对整个后面我们推进统筹城乡改革都有一个很强的指导作用，而且放在今天来看，和目前我们国家和全市的这种战略呀，都是相吻合的。我觉得从这个批示确实看得出来，童小平副市长对改革发展思考问题非常深入。这是总体方案。

人口跟着产业走，是产业布局发展的一个必然。

调研访谈二：

两江新区——铸就西部开发新引擎

问：6月18日，在重庆直辖13周年的历史时刻，两江新区正式挂牌成立了。这是国务院批准的第三个国家级开发开放新区，也是国家推进新十年西部大开发的突破口和新引擎。许多人认为，两江新区就是国家启动新十年西部大开发的开篇之作。

翁杰明：确实有这样一种说法。大家之所以这样说，主要基于两点：首先，两江新区在某种意义上讲与新一轮西部大开发相伴相生。2010年5月，中共中央政治局专题会议将西部大开发放在国家区域协调发展总体战略的优先位置。同样是5月，国务院印发了《关于同意设立重庆两江新区的批复》。在国家启动新一轮西部大开发的重要时刻，两江新区应运而生，具有内在的逻辑关系。

其次，两江新区在西部大开发中举足轻重。国务院批复明确指出，"设立重庆两江新区，有利于探索内陆地区开发开放新模式，对于推动西部大开发，促进区域协调发展具有重要意义"。随着新欧亚大陆桥和印度洋出

翁杰明，博士，研究员，时任中共重庆市委常委、重庆两江新区党工委书记兼管委会主任；现任河南省委常委、常务副省长。

海通道打通，重庆将由开放的"三线"变成"一线"，成为汇聚全球生产要素的战略要地。设立两江新区，体现了中国开发开放战略从沿海到内陆、从东到西的战略大转移。所以，我们说两江新区是新十年西部大开发的开篇之作，其实是对中国大开发大开放历史进程的一个战略判断。

问：改革开放以来，国家大体上每隔十年就推出一个国家级开发开放新区。比如80年代开发深圳特区，90年代开发浦东新区，进入新世纪开发滨海新区，2010年又开发两江新区。请您给我们简要介绍一下两江新区与它们的共同点与差异之处。

翁杰明：从相同点来看，三者都是国家大开发大开放战略的重要组成部分，国家大体上每隔十年就推出一个国家级开发开放区。

从不同之处来看，一方面，两江新区大开发大发展的背景不同。两江新区是"中国模式"从外需带动到内需驱动大背景下的大开发。到2015年中国消费的比重将超过14%，成为全球第二大消费市场，而国内市场潜力主要在中西部。国家决策加上市场力量，两江新区的发展可谓动力十足。另一方面，与浦东和滨海几乎"白手起家"不同，两江新区是"老城＋新城"，内陆地区唯一的保税港区、西部最大的会展中心、金融商贸区均在区内。

两江新区是新十年西部大开发的开篇之作。

2009 年 GDP 约 800 亿元，分别是浦东和滨海设立之初的 13 倍和 4 倍，具有一定的基础。

问：2010 年的西部大开发工作会议被看作是中国西部地区发展面临重大机遇和挑战的新形势下召开的会议。会议将中国西部大开发战略的总体目标设定为综合经济实力、人民生活水平和质量、生态环境保护上一个大台阶，这无疑成为拥有 4 亿多人口广袤西部的一大福音。加快发展必将是新十年西部大开发的主旋律，两江新区将在其中扮演何种角色，有着怎样的作用？

两江新区是新一轮西部大开发改革创新的一块"试验田"。

翁杰明：国家批准设立的深圳特区、浦东新区和滨海新区，都承担着构成增长极"内核"、带动区域发展的使命。据初步测算：两江新区将拉动"成渝经济带"制造业年均增长提高 10 个百分点，云南和贵州能源产业增速提高 5 个百分点，湖南、湖北、陕西、广西制造业和交通运输业增速提高 5 个百分点。从这个意义上讲，两江新区是新一轮西部大开发的重要引擎。

我认为，两江新区就是新一轮西部大开发改革创新的一块"试验田"。一是新时期需要探索内生型改革经验。我国迄今为止的综合改革试验主要是在沿海地区进行的，获得的主要是"外向型"经验，新阶段需要将外向型经验与内生型经验结合起来。二是西部地区城乡统筹尚待破题。作为统筹城乡综合配套改革试验区,推进两江新区开发,有利于加快建立内陆地区更具活力、更富效率、更加开放的体制机制。三是西部地区科学发展任务艰巨。设立两江新区,就是从制度层面上探索西部地区科学发展新路子,积累和谐发展的新经验。

两江新区对西部地区的"产业带动"作用将有充分体现。两江新区将着力打造先进制造基地、都市综合功能和现代服务业三大特色板块,形成轨道交通、核电风电等电力装备、新能源汽车、国防军工、电子信息五大产业,加上国家级研发总部、重大科研成果转化基地、灾备及数据中心三大战略性创新功能等"5 + 3"布局,两江新区将打造成为区域性生产中心、贸易中心、金融中心、信息中心和服务中心,在产业培育、产业研发、产业调整、产业创新、产业升级等方面,为西部经济转型服务,与西部其他地区形成梯度分工、各展所长、共同发展的局面。

两江新区在西部促进要素资源配置优化。重庆是中西部唯一的全国五大中心城市之一,必须增强其在西部要素资源的辐射力和引领发展的认同感。一是打造长江上游金融中心,高度集聚银行、证券、保险、期货、产权等要素市场,特别是建立面向西部以至全国的创新型

设立两江新区,就是从制度层面上探索西部地区科学发展新路子,积累和谐发展的新经验。

要素市场，使各地要素资源在快速流动中不断增值。二是借助江北国际航空枢纽和内陆保税港区的影响力，以流量经济服务"西三角"。三是建立人才合作开发机制，为西部各类人才提供一体化服务。四是加强与兄弟地区开发区在开发模式、管理方式等方面的联动与合作，促进区域间双向交流，实现两江新区的新提升和新跨越。

两江新区对西部地区的功能影响主要体现在开放、集散、服务三方面。

功能影响是一个增长极所必备的要素，两江新区对西部地区的功能影响主要体现在：一是在开放功能方面，积极探索更具开放性的政策空间和区域整合政策，为西部地区经济社会要素的无障碍流动提供基本保障。二是在集散功能方面，发挥重庆国际大都市的率先作用，成为要素配置中心、产业扩散中心、技术创新中心和信息流转中心。三是在服务功能方面，发挥西部金融中心、保税港区、国际机场和航运中心等优势，为西部地区提供全方位、高水准的金融服务、贸易服务和物流服务。

问："科学发展的示范窗口"，这是国务院给两江新区的一个综合性定位。科学发展的示范窗口，就是要按照中央科学发展观要求，成为持续发展、和谐发展、以人为本发展的示范创新基地。请您简要帮我们分析下这个综合定位的缘由。

杨庆育：这个我从三个方面进行分析。

一是要突出山水的屏障作用。两江新区虽然总面积与天津滨海新区、上海浦东新区相当，规划面积为 1200 平方千米，但其中可开发建设面积 550 平方千米，怎么对这个区域进行空间布局是一个难题。两江新区要做成科学发展的示范窗口，在空间布局上，就不只是产业化、城镇化的问题，更应该是一个生态文明、绿色发展、优美宜居的新区。区域内的水域、山地、生态用地，要占新区总面积一半以上。在两江新区的功能布局考虑中，还更加突出了对江河、山脉在功能区间的天然生态屏障的作用，防止扩张、"摊大饼"的现象。曾有一位专家认为两江新区是中国的一个生态经济发展区。我非常赞同这个评价。两江新区将实现生产、生活与生态三大空间的协调。

两江新区在空间布局上，不只是产业化、城镇化的问题，更应该是生态文明、绿色发展、优美宜居的新区。

二是制造业集中在下风下水处。两江新区启动建设后，大批的制造业将集中布局在新区内。在这个环节中，政府也考虑到了城市环境、生态保护。在考虑和布局两江新区产业时，就已做出了明确的原则要求。今后，两江新区的制造业将集中布局在主城下风和下水的方向，保证主城区在空气质量上、生态环境上的相对优势。比如重庆钢铁公司，以前在大渡口，现在在长寿。就是从整个区域布局上考虑的，将其环保搬迁到了一个下水下风的方向，给城市营造好的空气、好的环境。

三是功能区尽可能隶属于行政区。两江新区开发建设的管理，采用"1＋3"、"3拖1"模式。这种体制的设计，和我们在考虑两江新区的发展过程当中的特色板块和功能区域是有关系的。在功能区划的时候，市委、市政府就考虑了行政关系问题。在功能分区的时候，就注意和强调了彼此之间的协同配套，以此避免行政区划给发展可能带来的阻碍，因为这里有五个正厅局级的机构，还有以前的北部新区、保税港区等五个机构。尽可能地使每一个功能区，能够隶属于同一个行政区。尽可能地减少在开发建设过程当中统筹协调的环节，从而实现决策高效、执行有力和提高开发效率。

两江新区开发建设的管理，采用"1＋3"、"3拖1"模式。

问：正因为综合定位别具一格，两江新区正式挂牌成立以后，得到了国内外的广泛关注，大家对两江新区的发展情况非常关心。您能不能介绍一下两江新区的建设发展情况。在刚过去的"十二五"时期，重庆怎样利用两江新区这个金字招牌将发展继续推向前进。

杨庆育：刚刚已经提到，重庆的两江新区是第三个被国务院批准的新区，它的面积有1200平方千米，只有500平方千米的建设用地，它有大量的森林、水域、湿地。两江新区是有生态的、绿色的、有自己特点的开发区。在两江新区挂牌成立的短短一年时间里，实现了双千亿的概念，完成了 1000 多亿元的固定资产投资，实现了 1000 多亿元的国内增加值。我们来就两江新区在短短的一年得到的几个数据跟大家交流一下。2011 年两江新区就突破了 2000 亿元，一个是经济增长值。GDP 这个东西尽管我们不能够崇拜它，也不能够盲目单纯地追求它，但目前还没有找到一个能够替代 GDP 来反映一个地区经济发展的综合状况。目前我认为，我们国家统计局还是把它作为衡量一个地区经济发展的指标。2010 年两江新区完成国内增加值是 1050 亿元左右，我们的投资也是完成了相应的数据，突破了 2000 亿元，大概占重庆投资总量的 18% 左右，刚起步就到了这样一个水平。从挂牌到 12 月 31 日，两江新区几乎每天有新的项目开工，还有一些大的项目落户，比如全球第二大笔记本电脑整机宏碁落户，还有代工企业、数据处理中心都在那里落户，我们还开工了很多基础设施方面的项目。两江新区从起步来看，我觉得它的起步条件是重庆处在大发展阶段，总体来说两江新区的发展情况是很好的。2015 年，两江新区的增加值达到 3000 多亿元，常住人口达到 200 万。到 2020 年，它的比重会上升

两江新区的起步条件是重庆处在大发展阶段，总体来说两江新区的发展情况是很好的。

两江新区是深入进行西部大开发的集聚地,是打造城乡统筹示范的大舞台。

到25%—30%。滨海新区已经超过天津经济总量的一半。我们的两江新区起步比较晚,但是还有一股劲。在未来布局上,区域发展都是板块式的,经过二十多年的改革开放,形成了长三角、珠三角、京津冀地区。长三角有浦东,珠三角有深圳,京津冀有天津的滨海,肯定有一些相对比较集聚的洼地。就区域发展来讲,重庆的发展对西部开发会有很大影响。2010年中共中央国务院发布了《关于深入实施西部大开发战略的若干意见》。我认为,两江新区是深入进行西部大开发的集聚地。我们用改革的精神进行制度的变更,使两江新区获得新的发展模式。另外,我认为还是打造城乡统筹示范的大舞台。

两江新区在进行城乡一体化规划,两江新区也有户籍制度改革,两江新区也有自己的农村。在国家级的大型开发区怎样做好城乡统筹,我认为这一点非常重要。按照国务院对两江新区的定位,两江新区是我国内陆重要的先进制造业基地,我们对它进行了很好的布局,像轨道交通、新能源汽车等。它也是我国内陆重要的现代服务业基地,在江北集聚了几十家金融机构总部。它是长江上游地区的创新中心和金融中心。我们经过那的时候,我不敢说要和陆家嘴一样,对我们西部人来说,至少我们很向往,在这里集中了大量的交易机构和金融机构总部，研发中心也设在这里。国务院给它的第四个定位是内陆地区对外开放的重要门户，两江新区在对外开放的问题上，它有保税港区和机场，更重要的是作为重要门户，在工作上不仅要领先，在制度设计上要领先，在体制机制和改革上要先行先试，形成良好的机制，形成和我国现阶段经济发展相适应的内陆开放模式。两江新区在未来的发展当中，一定能够成为重庆、西南，乃至西部发展过程中的桥头堡。我相信未来的两江新区一定能够按照国务院的要求，实现这五大定位，推动重庆的发展，加速西部开发。

问：您在刚才的谈话中也提到了上海浦东新区和天津滨海新区。这三个新区正好是三角形，这个三角形相互之间肯定有竞争，也有互补发展。不是直面竞争而是错位竞争，这样双方得以长足的发展，相互又能互补，差异化的竞争更有利于长远的发展。

杨庆育：我同意你的观点。关于三个新区的统筹发展，从国家的战略角度说，你刚才说到三角给我一个启发，一个在北边，一个在东边，一个在西边。我们在改革开放30多年的过程中形成了珠三角、长三角。珠三角有深圳，长三角有浦东，京津冀有滨海。中央11号文件是关于深入实施西部大开发战略，我觉得在大的区域发展角度上说，也应该有这么一

两江新区在未来的发展当中，一定能够成为重庆、西南，乃至西部发展过程中的桥头堡。

个相对集聚的地方，实现政策的集聚、产业的集聚、高新技术的集聚。从资本的角度说，从科技角度形成大集聚，形成大区域发展，来支撑全国经济发展。所以，国务院批准两江新区从大的区域发展角度来说，它实际是推动西部加深发展的基本条件。

但是我认为毕竟两江新区的起步比较晚，和浦东、滨海不能比。那么从实际上看，在西部大开发的前十年，我们主要还是在考虑基础设施建设和生态环境保护。到了后十年，我们更多的是考虑重点地区怎么重点发展，还有我们的特色优势产业怎么发展。

两江新区应该在新一轮的西部大开发中起到排头兵的作用。

在这个过程当中，东部遇到一个调整阶段，外需拉动经济增长不可持续。实际是低端的外需拉动经济增长不可持续，高端的拉动经济增长是可持续的。东部在这个调整过程中，在这个时候国务院批准两江新区，我觉得在某种意义上说，我们和浦东、滨海也是西部与东部的缩影，是一个新开发区上的缩影。这是国务院赋予两江新区一个很大的期望，它应该在新一轮的西部大开发中起到排头兵的作用。

但是目前我们毕竟只能算一个"小弟弟"，浦东新区开发是在 1990 年，滨海新区的开发是在 2000 年，正好都是十年，两江新区的开发是在 2010 年，时代背景完全不一样。浦东新区的时代背景是独立市场饱和，滨海新区受到亚洲金融危机的影响，外需下降，内需疲软。而两江新区受国际金融危机影响和资源环境市场的约束。另外，地理位置不一样，战略导向也不一样，浦东新区的战略导向是扩大外需，天津滨海新区是提整内需，两江新区定位是内外需并举。

在这个意义上，两江新区不能走浦东新区和滨海新区的路，它需要走一条自己的路。就是刚才说的，比如滨海和浦东有条件的，叫"两头在外"。20世纪70年代末80年代初的时候有一句话挺时髦，大进大出大循环。今天到两江新区我们再搞大进大出就不行了，必须考虑"一头在内、一头在外"。比如，笔记本电脑的方式是在全球笔记本电脑布局时，它的零部件是在全球布局的，它的组装可能在江苏昆山、广东深圳。零部件大量集中在那个地方，我们把笔记本拆开以后，里面除了核心的电子件，比如芯片，大规模的集成电子之外，大部分是化工产品等。重庆是一个传统的制造业基地，化工业很发达，所以我们就分析了重庆产业，我们能够用一年时间，用自己原有的产业为你配套价值10%，两年配套价值30%—40%，三年配套价值70%—80%。重庆在内陆，我们不可能用沿海已经成功的模式在内陆走。所以水平整合的方式变为一种垂直

两江新区不能走浦东新区和滨海新区的路，它需要走一条自己的路。

整合的方式。从这个意义来说，我们的发展方式、发展路径都是不一样的，所以要实行一种错位发展。

产业上也应该实现一种错位发展。因为重庆在长江边上，我们要考虑污染少的，必须要保护好长江母亲河沿岸的饮水安全，这是最基本的。我们既要把浦东和滨海作为"老人哥"追赶，但是追赶过程中我们要看到老大哥走的路我们不能完全按照他们的路走，我们要学习他们，但是我们也必须要创新，走一条具有重庆内陆开放自己特色的路来发展两江新区。

两江新区发展中要凸显内陆开放特色。

问：重庆现在还有一个全国比较关注的项目，就是承接东部产业转移。可以说，重庆在这个过程中获得了很大的机遇。西部地区要注重发展"人无我有、人有我优"的特色产业，选择最具比较优势的产业，培育若干有竞争力的产业群及产业链，承接东部沿海地区加工贸易转移。

杨庆育：就像你说的，重庆从直辖市到现在，我们的确得到了很多的机遇。你说的是产业转移，实际上一个产业转移，我不仅仅看到国内，2008 年美国次贷危机和 2009 年的经济危机，对我们的冲击是很大的。我们在深思一个问题，我们的产业结构和我们现在经济发展的水平是不是适应的。现在这么一种发展方式是不是需要转变，我们已经说了很长时间的转变发展方式，但是真正猛击一锤的就是 2008 年美国次贷危机。大洋彼岸美国大量印制钞票，这些产品大量买过去，实现过度消费，包括穷人在内，几乎算是送房子，后来由于房地产的贷款导致很大的金融危机。在这个过程当中，美国经济一开始紧缩首当其冲的就是中国的外需，沿海经济就往下降。这个过程说明一个很深层次的问题，一个大国在发展过程当中，尤其是你在快速工业化的过程当中，你把经济发展的着眼点应该放在什么样的位置上。

如果我们已经站在世界的高端，外需拉动经济是可以持续的，因为我始终处在"微笑曲线"的上端，但我们还是发展中国家，还不是强国，我们是大国，我们是有 13 亿人口的。目前，产业的结构还不是很优化，质量也不是很高，从这个意义来说，我看到的是世界性的产业转移和沿海性的产业转移。国家目前为止批了三个，安徽皖江、广西桂东还有重庆沿江，我相信国家还会批。

通过产业转移使西部产业能够进一步优化。

它反映的是一种趋势，通过产业转移这个过程来使我们的西部产业能够进一步优化。产业转移我相信大家会同意我说的，产业转移不是简单地抬过来，不是简单地模仿，它在东部走不来，我觉得它在西部也走不了。在这个过程中，产业转移通过引进战略性新兴产业，通过引进和我们的产业能够相吻合的，和我们的资源禀赋能够结合在一起的新兴产业来放大升级，来带动周边区域的发展。从这个角度来看，通过国家的产业转移政策，重庆会得到很好的发展。

重庆有什么优势呢？我觉得一个地方的优势称为硬优势和软优势。重庆到目前为止建立了西部唯一能够称为立体性的交通枢纽，因为长江到了重庆。长江上游的枢纽就在重庆，这是没有办法的。我们旁边的"老大哥"省份都非常羡慕我们，我们有空港、水港、铁路网和公路网，这些基础设施立体交通枢纽是建立起来的。重庆是一个老工业基地，从直辖市到现在 13 年时间，我们的规模以上工业从整体亏损接近 10 亿元，到去年整体盈利到 500 亿元，我们结构进一步优化，层级进一步上升。我觉得这是硬实力，我们的基础很好，综合交通运输条件很好。

还有很多的软优势在里面。重庆是长江上游的经济中心、西部地区的重要增长极，城乡统筹发展的直辖市，要求重庆在西部地区率先实现全面小康，三大定位，一个目标，还有四大战略任务。在统筹城乡的直辖市，在总书记的这样一个定位下，国家发改委在2007 年把重庆作为全国统筹城乡改革示范区，

重庆发展既有交通硬优势，又有政策软优势。

给了我们很多改革发展的先行先试权。

因为有了这样一个试验区，我们在自力更生的基础上得到国务院支持。在 2000 年给予我们关于推进重庆统筹城乡改革的文件，再有就是国务院 3 号文件。这样给了我们很多真金白银，其中两江新区就是其中一个，综合保税区、保税港区，四个国家级的经济技术开发区。由国务院 3 号文件、总书记"314"的总体部署，以及西部大开发给我们的政策，重庆有了硬实力与软实力高度结合的条件，它迎来了国际上的青睐，迎来了全球的青睐。这些优势、条件和机遇集聚在一起，为重庆的下一步大发展创造了很好的条件。

这些优势、条件和机遇集聚在一起，为重庆的下一步大发展创造了很好的条件。

问：刚才您也说了很多好的机遇。重庆和部分地区获得了国家很多的优惠政策扶持。在产业转移方面，尤其是在战略性新兴产业方面的优惠扶持力度更加明显。这些战略性新兴产业的打造能够从重庆的实际情况出发，保护好环境，又发展好自己的产业，使自己的结构优化，使自己的产业能够得到升级。所以大家把它称为又好又快。

杨庆育：你说的是比较深层次的问题。实际上我们的市委、市政府结合"十二五"规划，也做了比较深入的考虑。我们分析了自己的优势，实际上我们自己也有劣势。应该说重庆的地形，重庆平地并不多，土地成本很高，又处在内陆地方，你不可能像沿海那样通向大海，你可以通过立体交通枢纽的打造来考虑对外通道。我们的资源也并不是很丰富。所以，我们在考虑自身未来发展的大方向时，充分地看到了自己的劣势以及怎么避开这些劣势。

比如信息产业。现在是重庆的弱项，但是我们对笔记本电脑引进这么一个成功的范例，给了我们一个很大的启发。有些产业在原有产业的基础上是可以"无中生有"的，和原有的产业是有关联的，一般很少把信息产业与制造业和化工结合起来。我刚才对笔记本的零部件分析实际上有着内在的联系，但是我们同时又注意到分析笔记本的产品流量。去年在国务院有关部门，包括铁道部的支持下，我们把欧洲到新疆到重庆的铁路线都打通了，这样一来反而使重庆，相对于上海、深圳、天津来说处在前沿区。

在选择未来发展方向时，一定要从自己的区域位置、资源禀赋、基础条件、主体功能来考虑。

我们在选择未来发展方向的时候，一定要从自己的区域位置、资源禀赋、基础条件、主体功能来考虑。所以，我们在战略性新兴产业上高度注意这样一个关系，我们也注意到重庆处在长江上游，环境容量有限，中央要求我们也必须把生态环境搞好。我们的战略性新兴产业是"2+10"，2就是以笔记本电脑为代表的信息产业要打造一个最大的亚洲笔记本电脑基地，还有一个是立案数据处理和金融计算，我们在对外交往加工贸易过程中的金融结算以前在新加坡、印度，通过我们市政府的努力，把其中一部分放到了重庆，它实际上是大量数据处理的过程。这就是站在了产业的前端。

问：您刚才提到的还有很多和高新技术有关的，尤其是新兴产业和高新技术有关的产业。我觉得重庆在进一步发展新兴产业的同时也一定要掌握核心技术，尤其是重庆土地不是很多，产业结构需要优化。

杨庆育：你说得没错。由中国制造到中国创造，再到中国创新，这个过程的确需要我们做很大的努力。因为中国制造实际是承接别人的产业，中国创造和中国创新需要我们在研发、核心技术的掌握上做文章，这就不是简单的承接问题，它需要我们拥有比较好的"内功"。比如，我们在考虑引进笔记本电脑的时候，包括汽车制造时，我们都同时打造它的研发中心，汽车研究院、半导体学院，大集成电脑的研究中心，都在那里落户，这样就能够始终站在产业领域中的前端，就是通常我们说的"微笑曲线"的高端。

问：北部新区是两江新区的重要组成部分。随着2015年全面建成，北部新区成为两江新区标志性的、重要的窗口和高地，成为两

由中国制造到中国创造，再到中国创新，这个过程的确需要作很大的努力。

江新区中出经验、出成果的示范区。而您是切身经历了北部新区发展的全过程，请您对几个关键性节点的重大问题做一个介绍。

王菊梦：北部新区起步的时候定位是比较高的。当时市委、市政府设立北部新区就是为了推进西部大开发战略，要在西部建立一个产业高地、政策高地去对接国家西部大开发的政策平台。设立北部新区以后，管理体制经过了几轮的调整。刚开始也是蛮艰难的。这里全部是农村，甚至在当时重庆市的规划里面，这块地都不属于主城。但是在市委、市政府一分钱都没有给的情况下，就是在这样一片农村土地，就这样把北部新区给建设出来了。当时市委、市政府要求也很高，我们也很清楚。当时的市长包叙定在给我们的一个批示上这样写道："快快快，再快都嫌慢，更何况还不快。"所以我们当时很快地抓规划、抓征地、抓规划调整、抓创新的体制机制建设，迅速打基础。

但就算这个样子都不符合市委、市政府的期望。在 2003 年的时候，我记得当时童小平副市长刚开始分管北部新区。那是一个晚上，在广场宾馆召开了一个叫作开发建设工作会。正是在那个会上，应该说是第一次，童小平副市长就提出了一个口号或曰主题，即"开发建设要上档提速"。这个理念是童小

王菊梦，研究生，时任重庆两江新区党工委委员、管委会副主任；现任重庆两江新区管理委员会副主任。

平副市长讲出来的，从开发建设上提出了这几个字，同时，工作落实上也相应有几件重要的事情。

第一个是就提速而言的。北部新区在2001年4月25日成立后，就做了一个总体规划，规划目标的实现时限是2020年。自从在这个开发建设工作会上童小平副市长讲了提速后，我们就将规划实现时限调整到了2015年，这个时候就要基本建成北部新区。首先在规划上实现了一个提速。

紧接着的第二个就是提出了一个"三步走"的发展战略。当时是2003年，提出到2005年新区的工业要达到240亿元，当时我们首先面对的就是65.3平方千米的农用地全部都要征地转用，然后才可能大规模发展产业，任务很艰巨。这个算是第一步。

第二步到2007年，要实现工业总产值480亿元，同时要储备1000亿元的工业产能，要建成749千米的道路。这是一个重要节点。这是什么概念呢？在北部新区设立之初，对北部新区有三个定位，第一个是从产业的角度来定位的，就是北部新区是以高新技术产业为基础的现代产业基地。第二个是从经济的角度来定位的，就是现代都市发达经济圈的核心增长极。第三个是关于城市的定位，提出的是现代都市风貌展示区。我们说说经济的定位，这句

在北部新区设立之初，对北部新区有三个定位。

话是一个定性的定位概念，同时还有一个定量的定位，当时提的是到 2010 年，北部新区的工业总值要实现 1500 亿元。为什么是 1500 亿元呢？这就是 2000 年全重庆市工业值的总和，所以说，叫再造一个重庆工业。就是基于市委、市政府给出的这三个定位，才有了刚才讲的"三步走"战略。

第三步就提出了到 2010 年要实现工业总产值 1500 亿元。此外，还有基础设施基本建成，基本实现"三个一"。具体的目标有"三个一"，第一是一座汽车城，第二是一个楼宇产业区，第三是一条嘉陵江景观带。应该说，北部新区这些年的发展、开发建设就是基于这样一种定位，这样一个"三步走"的战略，这样一个上档提速的思路，在这样一个脉络上实施的。我觉得从这个角度来讲，应该是得益于童小平副市长非常清晰的战略思路，我们都是非常佩服她的。

然后我想再具体讲讲当时做过的几件事。刚才讲的是北部新区区域发展、经济发展的战略性思路。然后落脚到具体的工作上，当时都是童小平副市长提出来，我去落实的。

第一，童小平副市长一开始就提出北部新区要有一个标识，要做一套 VI 设计系统（视觉识别系统）。第二，非常重要的具体工作是北部新区的主干道路命名征集。第三，

再造一个重庆工业，是重庆市委、市政府给出的一个定位。

是对新区功能配套也提出了很明确的要求。第一个配套就是要适应外籍人士生活的需要。于是就提出要在北部新区建一个国际学校。第二个配套就是国际医院。然后五星级酒店相继落户，就建立起了一个基础功能区配套。

此外，童小平副市长还提出了要适应产业的发展要求，要求引进生产性服务业，引进各类中介服务机构来满足我们产业的发展，丰富新区的产业门类、结构，调整产业结构，让它能够面向发展的需求，而不仅仅是一个制造业。

北部新区整个地形地貌都非常适宜发展产业，也适宜人居。现在，市委又给我们做了一个新的三大定位调整：第一个叫作高新技术产业聚集区，现在就只提高新技术产业了。第二个是宜居城市示范区，强调要宜居。第三个就是都市风貌展示区。

丰富新区的产业门类、结构，调整产业结构，势在必然。

 **重庆突破**

调研访谈三:

笔电产业——开创重庆产业新格局

问:从全国老工业基地到全球最大笔记本电脑基地的"童话蜕变",重庆只用了短短3年。而在此之前,中国内陆地区没有生产过一台笔记本电脑。俗话说"万事开头难"。请您跟我们讲讲第一个项目落户重庆是怎么做到的。

沐华平,博士,时任重庆市经信委主任、党组书记。现任重庆市人民政府副市长、党组成员。

沐华平:第一个项目是惠普400万台内销笔记本落户重庆笔电基地。2008年5月,在时任常务副市长黄奇帆的带领下,重庆"引进惠普电脑生产基地专题工作组"踏上了前往美国硅谷惠普总部的行程。在随后5个多月的时间里,双方商务团队以引进内销电脑制造项目为目标,围绕物流、海关、供应链、市场等十几个方面,几百个大大小小的问题,通过几十次电话会议和600多封邮件进行探讨。其中最为艰苦而漫长的一轮谈判,以电话会议的方式进行,开了整整7天时间。同年

10月，金秋北京，重庆收获了建设笔记本电脑基地的"关键战役"——与惠普公司举行重大项目签约仪式，惠普公司将400万台内销笔记本电脑项目布局重庆。您也知道在此之前，中国内陆地区没有生产过一台笔记本电脑。从策划招商到项目落地，重庆只有短短5个月时间，用实际行动打破了内陆地区不能造笔记本电脑的宿命——惠普400万台内销笔记本项目的落户成为笔电基地"重庆路径"的最初"脚印"。

问：这种高效和不辞辛劳让听者心生敬佩。随着重庆笔电基地产能逐渐释放，笔电企业涉外收支呈现成倍增长。尤其是借力"渝新欧"的扩量增效，进一步服务重庆笔电基地发展。请您接着简要介绍一下重庆笔电基地的发展历程。

沐华平：2009年8月4日，惠普3600万台笔记本电脑外销项目以及富士康生产基地落户重庆；

2009年12月26日，英业达中国第二生产基地落户重庆；

2010年1月18日，广达中国第三制造基地落户重庆；

2010年12月1日，宏碁全球笔记本电脑生产基地及中国第二营运总部落户重庆；

2011年1月29日，和硕第三产业基地落

惠普400万台内销笔记本项目的落户成为笔电基地"重庆路径"的最初"脚印"。

户重庆；

2011 年 4 月 12 日，华硕正式入渝；

……

2011 年上半年，重庆生产电脑就达到了 818 万台，其中笔记本电脑 728.7 万台，同比增长 111.3 倍，产能快速释放带动通信电子行业上半年产值同比增长 2.4 倍，净增产值 192 亿元，占全市规模工业净增量的 16.6%。2015 年重庆笔记本"整机＋配套"产值将占当时工业总产值的近 1/4；全球 3 台笔记本电脑，就有 1 台是"重庆造"。同年上半年，重庆实现地方财政收入 1317.76 亿元，增幅高达 54.4%，其中跨国公司结算中心缴纳税收近 30 亿元，对税收增长贡献率高达 8 个百分点。

已经落户重庆的全球三大品牌占全球笔电份额的 46%。

如今，已经落户重庆的全球三大品牌占全球笔电份额的 46%；全球前六大代工企业全部落户重庆，他们所生产笔记本电脑产量约占全球份额 90% 以上；全球最大零部件企业富士康、印刷电路板第一位的翰宇伯德、键盘第一位的群光、电池封装第一位的新普等 300 家零部件企业已经签约重庆。如今的重庆，"品牌企业＋代工企业＋零部件企业"的"3＋6＋300"笔记本电脑产业体系构架，以及"研发—制造—离岸结算中心"产业全流程体系已经构成。

问：重庆笔记本电脑基地的快速崛起，不仅凸显了自身建设内陆开放高地的发展诉求，更为老工业基地转型升级、解决沿海内陆发展失衡提供了可实践的途径。至 2020 年重庆市服务外包产业收入规模将达 2500 亿元，软件及信息服务外包规模突破 1800 亿元，力争进入全国城市前三甲的行列，重庆将会被建设成为全国首屈一指的"中国服务外包前沿城市"。请问您觉得这主要得益于什么。

沐华平：我觉得主要得益于"逆向思维"，是"逆向思维"让重庆实现了"零"的突破。我所说的"逆向思维"包含三个层面：

改变长期形成的"老工业基地没有高新技术产业发展的土壤，不可能发展信息产业"的思维逻辑，以把信息产业打造成第一支柱产业作为远大抱负和战略选择，"杀出一条血路"。

改变长期形成的利用重庆市具有电子零部件优势来发展信息产业的传统路径依赖，提出以整机带动配套的新思路，力争实现信息产业跨越发展。

改变加工贸易只能是沿海地区的独有"专利"，以"换位思考"的逻辑，找到跨国公司的利益兴趣点，以内需模型为支点带来 IT 重大项目引进"零"的突破。

"逆向思维"得出的结论是，重庆要引进

重庆笔记本电脑产业的快速发展得益于"逆向思维"。

笔记本项目集群，不能"从小做起"，一定要从"大处着眼"，即要从引进全球最大 IT 企业——惠普公司突破。牵一发才能动全身。

问：这么多项目成功落户重庆笔电基地，是一件让人备感骄傲的事情，但其谈判过程想必非常曲折。据说，有些企业落户重庆的谈判过程被形容为"拉锯战大回合"。在众多项目的招商谈判中，有没有让您记忆犹新的经历。

沐华平：有的。我们和惠普谈判时，惠普团队认为物流成本和产业配套存在很大的问题。我们说"重庆是老工业基地，人才比较集中，我们有能力在重庆把一个整机所需要的零部件 80% 本地化，零部件运输几乎没有物流成本，剩下 20% 极少的战略物资在世界范围内配置。如果 3 年后，重庆未兑现承诺，由此引发的全部物流成本，由我们补贴"。这是两年以前，重庆招商团队对惠普的承诺。重庆要发展笔记本电脑产业，必须以创新模式解决物流成本、产业配套等问题。"一头在外，一头在内"的垂直整合一体化模式随即浮出水面，即沿袭销售市场"一头在外"的同时，将原材料、零部件等生产全部实现本地化，聚集在同一城市和地区，大大降低进项物流成本。不过，这样只解决了供应链的进项物流问题，企业担心的还有交货

重庆要发展笔记本电脑产业，必须以创新模式解决物流成本、产业配套等问题。

期的问题，也就是出项物流。由于大量的低端笔记本电脑产品必须通过海运，才能到达客户产品全球分拨点。对于地处内地的重庆而言，如果到沿海的时间高于两天，就没有办法按时交货。但是，按照当时情况，则需要 4 天左右。为此，惠普团队认为，重庆的供应链现状难以满足产品出口需求。

眼看出口项目就要夭折，在铁道部和重庆市政府领导的大力支持下，重庆团队紧急与铁路部门衔接，一起研究解决方案。经过仔细研究分析，通过调整现有铁路运行线路，提高铁路时速，终于提出了满足惠普要求的创新方案。惠普高层感叹，此前许多专业物流公司以及代工企业给他们提出的方案都是不可能实现 2 天到沿海。重庆团队不仅提出了 2 天到沿海的方案，而且提出了以深圳出海代替上海和宁波出海的方案，比原有方案缩短了 4 天时间，非常了不起！至此，物流成本和交货期这两个关键问题全部解决。2009 年 8 月 4 日，惠普将重庆生产基地的订单从内销 400 万台扩大到外销 4000 万台。在较早代工生产笔记本电脑的中国沿海，还没有哪一家品牌商宣布建立"基地"，而全球笔电老大惠普一落户就把重庆作为"内销"和"外销"基地。创新模式取得的成果，让重庆振奋。

按照迁移路径的规律，惠普来了，其代工

创新模式取得的成果，让重庆振奋。

厂商富士康、广达和英业达也就尾随而至。重庆团队将下一个目标瞄准了富士康。我要和你们分享的第二件事就是和富士康的谈判。

这一次，重庆方面再次抛出了与众不同的谈判思路。时任常务副市长黄奇帆回忆说："我进他（富士康总裁郭台铭）的会议室不到 3 分钟，一个开场白就把他的兴趣激发起来了，我告诉他，今天不是向他招商，而是给他一单生意。惠普在重庆搞了 4000 万台笔记本电脑基地。富士康过去做了很多零部件加工，但没有做一台笔记本电脑整机。如果富士康到重庆，将可以获得上千万台的订单。既做整机，又做零部件，对富士康和重庆，是一个'双赢'的大项目。"

这一说法让郭台铭很感兴趣，当即把十几个部室主任和四个副总裁一起叫来参与会谈。原本只有半个小时的见面，最后被延长至三个半小时，合作意向基本敲定。用惠普的订单来打动代工企业，敲开产业集群之门，这在沿海地区招商中，是从未有过的。因为沿海地区从来就是首先招有实际投资的代工企业，再由代工企业争取订单。在此基础上，重庆团队又开始规划打造"一区十园七基地"笔记本电脑产业配套体系及产业集群。在此基础上，**政府与品牌企业、代工企业一道强力推进零部件企业引进。**不到 3 年，300 家企

政府与品牌企业、代工企业一道强力推进零部件企业引进。

业随之跟进。

问：来的企业不止惠普、富士康一两家了，投资的领域也不止笔记本电脑这一项了。鸿海集团董事长郭台铭早在 2009 年就提到，除了笔记本项目外，富士康目前已经有意投资低碳监测技术、环保检测智能软件、镁铝合金项目、LED 照明项目、创新工场等项目。对于一个内陆城市，重庆团队又是如何破解大规模出口退税、出项物流成本等难题的呢？

沐华平：我们总的对策是"引凤筑巢"，因需而动。重庆通过申请建设保税区、综合保税区，成功实行"一次申报、一次查验、一次放行"，企业高效地享受到了出海口城市同样的优质服务和便利政策。重庆团队多次到上海、宁波、深圳等地，了解港口、通关、国际海运航线等情况，深入铁路局了解铁路客货班列运行情况，经过多方论证最终与惠普、代工厂商确定了重庆（铁路运输）—深圳—（海运）—国外码头这条"战略通道"。

> 破解大规模出口退税、出项物流成本等难题，重庆总的对策是"引凤筑巢"，因需而动。

2010 年 5 月，重庆打通铁海联运国际大通道，开通重庆至深圳盐田港的"五定班列"，运抵欧洲比从"长三角"出发还快两天。同年 9 月，重庆开通直飞欧洲电子产品国际分拨点的货运航线，比沿海地区采用航空运输快 2 个小时，且运输距离更近，运费更便宜。与此同时，开通了到美洲、亚洲的货运航线。如今，从重庆飞往全球的货运航班一周就有 20 班。这在一年前，重庆市的国际货运航线几乎是零。

但是，重庆团队并不满足现状，一直努力探讨如何突破沿海地区电子产品只有空运和海运的运输方式。在国家铁道部、海关总署等中央各部委的大力支持下，重庆团队先后到德国、俄罗斯、哈萨克斯坦就"渝新欧"铁路国际贸易大通道的开通进行了四次面对面国际谈判，同时召开了数十次的国际电话会议，讨论解决方案。通过各方的艰苦努力，2010 年 10 月，"渝新欧"铁路国际贸易大通道国内段进行试运行，经过该线，到德国只要 13 天，比从中国沿海经满洲里到欧洲快 7 天。这是令全球电子界非常震动的大事件。

2010 年 10 月，"渝新欧"铁路国际贸易大通道国内段进行试运行。

为了使惠普的产品通过波音 747－400 满载不经停地直达欧洲，重庆团队向市政府提出，必须要将正在开建的机场第二跑道从原有设计的长 3200 米改成 3600 米。

赵江平：当时，重庆江北国际机场现有跑道长度、道面强度，以及在建第二跑道长度确实不能适应波音 747 全货机满载起降及远程飞行条件。为确保重庆市开通欧美国际货运航线需要，有必要实施重庆江北国际机场跑道延长工程。2009 年 7 月 17 日，童小平副市长主持召开会议，专题研究重庆江北国际机场一、二跑道波音 747 货机保障能力建设有关问题。2009 年 7 月 31 日，童小平副市长再次召开专题会议，听取了中国民航机场建设集团关于重庆江北国际机场第二跑道延长方案的汇报，明确了跑道延长方案及资金来源。

重庆四百米跑道带动了一万亿的产业集群，这是一个什么概念呢？这就是当时 2008 年惠普要在重庆落地的时候，它是第一家笔记本电脑。当时我们的二跑道已经建设得差不多了，二跑道我们当时建的是 3200 米。3200 米的跑道，波音 747 飞机飞东南亚没有问题，飞欧洲也没有问题，但是飞北美满载可能跑道长度不够。但是实际上如果仅就笔记本电脑而言，波音 747 最大的空间能量就是 750 立方米，但你的笔记本电脑它的空间不可能全是按照实物，它是抛货，装满既可以飞北美也可以飞欧洲。惠普当时就坚持说你的跑道必须要搞到 3600 米，搞到 3600 米我就可以满载从重庆直飞北美，直飞欧洲任何一个地方，东南亚和欧洲就更不用说了。所以这个就僵持了。重庆市政府黄奇帆市长也好，童小平副市长也好，说干脆我们马上把跑道延长。当时我也参加了，就在解放碑那里，惠普的托尼就讲了，如果今天晚上定了同意延长跑道到 3600 米，今天晚上惠普就进来，如果谈不好惠普就不进来。所以，当天晚上黄市长就把这个定了，我

> 重庆四百米的跑道带动了一万亿的产业集群。

们马上就修，马上就改，就把这个二跑道延长了 3600 米。惠普进来宏碁这些才跟着进来，所以这 400 米跑道确实是改变了重庆的产业结构。就是 400 米的跑道改变了重庆的产业结构，带来了一万亿产业集群，也带来了几十万人的就业。

第二跑道的投用，大大提升了重庆机场的保障能力，对重庆打造全球最人笔记本电脑基地提供了物流保障。重庆机场第二跑道长 3600 米，PCN 值为 93，能满足波音 747 - 400 全货机满载情况下直飞欧美。目前，已有台湾长荣航空、TNT、扬子江货运在重庆机场投入了货机运力，开通了重庆至比利时列日、台湾桃园、达卡等货运航线。

第二跑道的投用，对重庆打造全球最大笔记本电脑基地提供了物流保障。

为配合重庆打造笔电产业集群的需要，重庆机场作为重要的物流保障单位，未来将搭建起基本覆盖欧、美、韩日、东南亚、印度等地主要枢纽机场的、较为完善的国际货运航线网络，同时，对周边地区国际（地区）货源形成一定的集聚能力。

重庆机场 3.5 万平方米的国际航空货运站及 7 万平方米的专用货机坪已于 2012 年 3 月 2 日正式启用，真正实现了保税港与江北机场的无缝衔接，完善了航空物流功能。至此，重庆机场共拥有货运站 10 万平方米，专用货机坪 4 个，可以满足 100 万吨货物保障需求。"十二五"期间，重庆机场新建10万平方米的国际货运站、12万平方米的国内货运站和代理仓库，大型货机机位将达到17个，逐步满足300万吨航空货物的处理需要。

问：从无到有再到繁盛，重庆的笔记本电脑走出了一条"非典型性产业发展之路"。但美债和欧债危机带来的"多米诺骨牌效应"，是否会让出口市场萎缩，重庆笔电产业是否已经感觉到危机带来的寒意？重庆市又有什么应对之策？

沐华平：随着重庆经济加速融入全球化，在全球经济的变化中，重庆就不可能置身世外。现在，资源都在全球进行配置，任何一个国家或地区都不能孤立于全球大的系统独立存在。所以毫无疑问，欧美经济出现问题以后，对全球经济一定会形成比较大的冲击。好在目前各个国家和政府都在采取措施，把影响降到最低。

随着新兴产业的崛起，重庆的外向型经济有了突破性的进展，但出口动力依然不足。

重庆市随着这两年新兴产业的崛起，外向型经济有了突破性的发展，但出口动力依然还没有完全发动。现在主要还是靠投资，市场依然以国内为主，出口还是"短腿"。虽然看不到危机，但还是要有所准备，一方面，我们随时都在监控重庆工业产品在市场当中的情况，尤其是出口产品的市场情况；另一方面，我们也在监控企业的成本情况。

其实，市委、市政府已经高瞻远瞩及早下手，启动了民生导向的经济发展之路，对抗击风险而言，这是一块最强大的"盾牌"。为什么这样讲？内需才是我们最大的"撒手锏"，党中央在十七大部署转变经济发展方式时，也重点提出把扩大内需作为发展的第一动力。其实，只要换个角度去思考、去观察，空间是非常大的，我们的二、三线市场都还没有完全启动。我想，在金融危机期间，启动内需，是非常重要的策略，各个行业都是如此。以重庆大力发展的笔电产品为例，我们做过调查分析，目前在城镇，100 户家庭中拥有 70 台电脑，但在农村，100 户家庭拥有的电脑数量只有 10 台左右，所以有非常大的提升空间。如果能缩短农村和城镇间差距，就能激活很大的一块电子消费市场。

如果能缩短农村和城镇间差距，就能激活很大的一块电子消费市场。

重庆目前差不多有 600 万户农村家庭，如果每 100 户家庭增加 20 台电脑，就能增加 120 万台，如果放在全国，市场蛋糕之大不可估量。因此，重庆现在的着力点不仅是出口和城市的需要，还正在谋划如何提高广大农村市场的覆盖率，农村市场的电子消费品一旦扩大以后，就能促进我们产业的发展。就在最近，惠普、宏碁、华硕等入渝的三大品牌将携手开展"缩短跨越城乡数字鸿沟"的相关活动，这也是我们扩大内需市场、提升产业发展竞争力的重要措施。

杨庆育：在渝的知名品牌笔电整机生产商，正在拓展创新。既有走高端科研路线，也有走低端普及路线。其中，面向西部农村地区孩子们的低端笔电正在研发中（具备上网、打字、学习等常规功能），预计零售价两三百元。其极高性价比优势和对农村教育工作的帮助普及，具有社会公益性和责任性。

问：您刚才讲到政府和企业在扩大内需方面所做的诸多努力。按照重庆笔记本电脑基地建设的规划，笔电产品的出口依然是最重要的一部分，笔记本电脑基地建设也取得重大阶段性胜利，扩大内需市场应该也不会改变这一格局。

沐华平：对，这种格局不会改变。扩大内需市场不等于放弃出口，而且重庆还要加大出口工作的步伐和力度。出口还要分不同的国别，有美国、欧洲，还有东南亚。从我们的分析来看，现在即使美国和欧洲的市场出现了需求萎缩，亚太地区潜力还是非常大的，我们的出口市场将走多元化的路径。重庆会通过降低物流成本、融资成本以及企业的税负成本，使它们有一个比较大的成本竞争优势，生产出相对物美价廉的产品。

重庆打造全球最大的笔记本电脑基地已经指日可待，但我们不仅只生产笔记本电脑，还

扩大内需市场不等于放弃出口，而且重庆还要加大出口工作的步伐和力度。

要在终端设备上发力，还要推动智能手机、平板电脑、成像设备、路由器等产品的发展，这就是产业集群的发展模式。

杨庆育：重庆市由于笔电的放量，出口仍然能成为推动经济的动力，要深入实施以质取胜和市场多元化战略。全市将结合产业结构调整，扩大先进技术、设备和关键零部件进口。在稳定外资规模的同时，努力提升质量和水平。积极支持有条件的企业"走出去"收资源、买设备、拿品牌，并带动出口。要抓住沿海产业结构调整的机遇，理性承接产业转移，加快建设沿江产业示范区。同时，要加大各级开发区的功能性设施建设投入，完善对外物流通道，支持部分市级开发区升级。

积极支持有条件的企业"走出去"收资源、买设备、拿品牌，并带动出口。

调研访谈四：

"渝新欧"——打造"一带一路"新支撑

问：随着重庆打造内陆开放高地，物流业的地位和重要性日渐突出。特别是"渝新欧"国际铁路的运行，重庆也因此被誉为中国的"芝加哥"。请您简单介绍一下重庆的区位优势如何促成"渝新欧"的建成。

沐华平：美国的发展是由东向西，其支撑轴点城市就是芝加哥，而在中国的西部大开发中，重庆就是中国的"芝加哥"。重庆的区位优势为重庆的物流发展带来了很大的机遇和空间。物流是经济产业中必不可少的一部分，没有物流，经济发展就无从说起。基于"渝新欧"这个平台，亚太地区的经济迅速增长，开拓欧洲市场势在必行。而欧盟为谋求发展需要在亚太地区寻求贸易伙伴，选择投资对象，亚太与欧洲的双向辐射越来越明显。同时，重庆的铁海联运优势，使得重庆经深圳再到欧洲也只要 27 天，并且是一次报关一次放行。

"渝新欧"从重庆沙坪坝团结村出发，途经新疆进入哈萨克斯坦、俄罗斯、白俄罗斯、

重庆的区位优势为重庆的物流发展带来了很大的机遇和空间。

波兰，至德国杜伊斯堡，全程 11000 多千米，连接了丝绸之路经济带的起点与终点。"渝新欧"作为一条国际联运大通道，正是"一带一路"战略有力的实践者。

问：您刚刚提到了丝绸之路经济带。如果我没有记错的话，您曾经在"构建现代丝绸之路，打造对欧贸易中心"两江分论坛上对"渝新欧"曾面临的挑战进行了专门的阐述，虽然这些问题现在大多已经解决了，可不可以请您做一个回顾总结。

沐华平：可以。我当时是分析了"渝新欧"面临的七个最大的挑战。

挑战一是运价过高。"渝新欧"铁路面临的第一个挑战就是运价过高。一般来讲，大宗电子产品原本是走航空运输的，而目前内陆地区生产出来的电子产品，考虑到人工相对低廉的原因才走铁海联运，或者铁路大通道。把"渝新欧"的运输价格降下来，是需要克服的第一大问题。

挑战二是通关能否便利。2009 年的时候大家在讨论，"渝新欧"能否打通，最关键是俄哈之间的通关效率。曾经有个代工企业走这条线，在俄哈这个地方，因为通关原因，耽误了非常长的时间。现在经过多方谈判，又由于多方组建了"渝新欧"平台公司，目前这个难题完全解决。

"渝新欧"作为一条国际联运大通道，正是"一带一路"战略有力的实践者。

挑战三是开行频率较低。"渝新欧"列车班次的开行频率不同，价格完全是不一样的。固定开启的话，价格要便宜很多。2012 年上半年从每月两列提高到每天一班，2012 年年底预计实现每周三班，2013 年每天一班。

挑战四是不能常态化运行。由于阿拉山口附近气候恶劣，冬天温度达到零下 40℃，而一般电子产品只能承受零下 20℃ 以上的天气，这导致"渝新欧"不能常态化运行。这一问题如何解决？重庆已经研发出保温材料，届时装在集装箱内，即使室外温度低至零下 40℃，但是集装箱内也可在零下 10℃ 左右。冬季运输就实现了。

挑战五是货物安全。"渝新欧"大通道全长共 1 万多千米，如何保证沿途安全也是问题，不过已经有了电子锁的保障。给每个集装箱装上电子锁，发现问题后，电子锁能马上发出信号。去年曾经有货物走到某个国家时，箱子被打开了，电子锁立即发出信号，我们马上就找到了。

给每个集装箱装上电子锁，发现问题后，电子锁能马上发出信号。

挑战六是回程货物组织问题。一直以来，"渝新欧"通道的回程货物组织问题也是一大难题。目前国家相关部委正在研究，考虑把重庆作为进口欧洲汽车的口岸城市，一旦确定，从欧洲进口的汽车整车、零部件等就能从"渝新欧"国际大通道运到重庆，再运往全国。届时，除了汽车、仪器、仪表，甚至奢侈品等也可能在渝周转，这也就解决了回程货物组织的问题。

挑战七是车板紧俏。之前由于转轨问题，运送出去的货车面临车板不足的问题，如今，哈萨克斯坦参与到"渝新欧"的组织当中，并相应增加了宽轨和窄轨的数量，令上述问题得到解决。

问：这些问题的有效解决确实让人感到激动和欣喜。重庆市政府有没有提出优化"渝新欧"运行平台和通关流程的项目，以切实降低物流成本，进而开辟面向国际市场的贸易大通道和推动"渝新欧"国际贸易大通道渐入佳境。

沐华平：有，就是为解决"渝新欧"通道运转、便捷通关、组织回程货等问题，中国铁道部与哈铁、俄铁、德铁、波铁将合资筹建渝新欧国际物流公司。"渝新欧"沿线国家曾于去年在重庆召开"五国六方联席会议"，确定了"渝新欧"铁路各段承运人和代理人。同时，重庆与沿线各国的铁路部门共同约定提速降价，拟将"渝新欧"打造成为"世界铁路发展史上最具品牌意义的班列"。

该会议与会机构决定成立一家平台公司，来协调、组织"渝新欧"通道的运输管理。

> 重庆与沿线各国的铁路部门共同约定提速降价，拟将"渝新欧"打造成为"世界铁路发展史上最具品牌意义的班列"。

而这家"渝新欧"平台公司计划于 4 月中旬挂牌,它的成立意味着以往缺乏相对统一规则和统一信息平台的南线欧亚大陆桥的货物运输有了全新的协调平台。五个国家铁道部直属公司合资组建"渝新欧"物流公司,该公司在重庆注册,专门负责这条铁路物流运转。目前"渝新欧"回程货敲定为电子产品、机电产品、汽车零部件、工业原材料等。"渝新欧"开行之初,通过该信道运输的货物均由企业自行寻找物流商运输、配送。为解决更快捷通关、从欧洲回渝揽货等问题,正在筹建的渝新欧国际物流公司中方相对控股。

问:您曾呼吁将"渝新欧"纳入国家战略予以扶持建设,为推进中国西部大开发、促进中欧经贸合作开辟一条战略通道。要让"渝新欧"大通道成为丝绸之路经济带建设的强力支撑,关键是要把"渝新欧"大通道的建设上升为国家战略,确定突破各种问题的路径图、明确各类政策措施。

沐华平:我同意你的观点。"渝新欧"国际班列虽开行不久,但已解决了包括启动"安智贸"快速通关、沿途两次吊装、货物安全运输、缩短运行周期等一系列重大问题,并与沿途国家建立了良好的合作关系。目前,这一班列已在中欧之间有了一定知名度,为许多政商人士看好。这是一条具有重要经济、社会

"渝新欧"是一条具有重要经济、社会价值的国际大通道。

价值的国际大通道，它的常态化开通，不仅有利于发展重庆笔电产业和扩大开放，更有利于促进中国西部大开发和推进中欧贸易大发展。鉴于"渝新欧"的重大战略意义，建议将其纳入国家战略予以扶持建设。特别在开行初期，中央和地方政府应加强培育，要在组织回程货源和营运补贴等方面，给予适当的扶持。

问："渝新欧"的确战略意义重大。从重庆方面来讲，开通"渝新欧"带来的物流成本优势，对吸引跨国资本来渝投资有显著的拉动作用。"渝新欧"线不仅把重庆外出物流通道给解决了，对整个西部地区的拉动效果也是显然的。从国家层面讲，"渝新欧"陆上通道，对国家战略安全构成了重要支撑，带来的不仅仅是重庆或西部地区的局部利益，而是有利于国家安全的全局利益。请问"渝新欧"如何建立和海运相媲美甚至超越海运竞争优势。现在有哪些降低运价的途径。

降低运价是实现"渝新欧"常态化运行的核心。

沐华平：我同意你的观点。降低运价是实现"渝新欧"常态化运行的核心，2015年年内实现了运价比3年前下降30%，从而建立起超越海运的竞争优势。2012年"渝新欧"国际班列的运价为每箱9000美元多一点，最低时为8900美元。用每箱的运价除以全程千米数，就是箱千米运价，也是物流行业通常使用的概念。经过 1 年多的努力，"渝新欧"箱千米运价已经从 1 美元以上降到 0.86 美元，如果能下降到 0.6 美元，就与海运价格基本持平了。按照箱千米运价 0.6 美元计算，全程 11000 多千米，"渝新欧"每箱的运价是 6600 美元，而目前海运每箱运价大致为 4000 美元，两者之间如何持平？由于现在"渝新欧"班列运送的大多为电子产品，每箱的货值大致为 80 万—100 万美元，"渝新欧"的运行时间比海运节省 20 天，而 80 万美元，20 天的财务成本正好为 2600 美元，6600 美元扣除 2600 美元，就是海运的价格。

优化方案能使运价降低 10%。"渝新欧"在我国境内和哈萨克斯坦境内的运行里程相对长，都有 3000 多千米，从调研组的调查结果看，中国段的箱公里运价在 0.7—0.8 美元，哈萨克斯坦段为 0.5 美元，俄罗斯段则比较高，达到 1.2—1.3 美元。下一步，我们打算在俄罗斯境内建立分拨点，将"渝新欧"的辐射和带动性进一步放大。这样一来，俄罗斯段的运价会降下来；另一方面，通过铁道部和海关总署等国家部委的指导和我们自身的努力，国内段的运价也会有所下降，总体来讲，这两段的价格下降有望将总运价降低 10%。

增开频次能使运价降低 10%。"渝新欧"常态化运行的另一个重要标志，是增开班列频

优化方案能使运价降低 10%，增开频次能使运价降低 10%。

次，实现定期开行。2012 年的时候"渝新欧"班列并没有实现定期开行，企业有货物出口到欧洲，也需要提前两周报运输计划，这对于"渝新欧"和企业而言都有诸多不便——企业不清楚具体开行时间，不便组织出口货物的生产；而"渝新欧"货源不稳定，也无法定期开行。如果制度上做一些调整，或许能带来一些改观，比如将报运输计划的时间改为"提前一周"，此外，随着重庆电脑产量和打印机产量的不断增加，货源会越来越稳定。当重庆电脑产量达到每年 1 亿台的时候，有 40% 是出口到欧洲的，如果其中一半选择"渝新欧"运输，每年就有 2000 万台电脑的货源，加上 3000 万台打印机达产后也有 600 万台通过"渝新欧"运到欧洲，3 年后，也就是 2015 年时就能形成常态，运价会再降低 10%。只是没有达产之前，还需要政府的扶持，这条国际铁路联运通道才能慢慢成长起来。

凭借"渝新欧"，重庆将打造成为中国内陆的对欧贸易中心。

组织回程货能使运价降低 10%。在 2012 年 5 月举行的"2012 年中国企业家年会暨两江论坛"上，美国安博的两江新区国际贸易集散中心等 4 个项目一起落户两江新区，凭借"渝新欧"，重庆将打造中国内陆的对欧贸易中心。重庆目前正在争取相关政策，在两江新区内的保税港区建立欧洲商品的集散中心，欧洲的货物通过"渝新欧"运到重庆后，通过展示和销售，再分拨到全国各地，同时重庆还争取定期发布国内欧洲商品交易指数，成为名副其实的对欧交易前沿。关于"渝新欧"回程货的组织，还有一个有利消息，目前重庆海关正在向国家相关部委申请在重庆设立整车进口口岸。汽车这种附加值高、对交货期没有严格要求的欧洲商品也将成为重要的回程货。有了回程货，就能实现双向对开常态化，运价还会下降10%。

问：重庆是一个典型的内陆城市，外向型经济发展需要依靠通道经济。直辖以来，重庆在外向型经济方面取得了长足的进步，但与其他经济开放程度较高的城市相比，还是存在一定差距的。那么重庆与其他省市相比，国际物流通道优势在哪里？是否具有核心竞争力的通道优势？

沐华平：有。正如大家都知晓的"渝新欧"，已成为重庆与欧洲双向货物贸易的战略通道。但不对这些通道资源进行整合，就可以说不具备优势。国际外向物流通道的建设直接影响到重庆工业竞争力，如果不把"铁空"连接在一起，"渝新欧"将失去它的竞争优势。

众所周知，"渝新欧"虽然节省了交货期，但其运输费用比海运高，是航空货运费用

国际外向物流通道的建设直接影响到重庆工业竞争力，如果不把"铁空"连接在一起，"渝新欧"将失去它的竞争优势。

的 1/3。如果把铁路和航空联动整合起来，形成铁空联运。既发挥"渝新欧"的优势又满足国内电商消费者交货期的要求，可以提高重庆外向通道竞争力。由此，可以培育发展基于"中国人买国外货"的电子商务产业。

问："渝新欧"作为一条连接中欧之间的联运大通道，不仅有着物流贸易作用，还具备辐射带动作用，其重要性不言而喻。它是转口贸易的一种重要载体，这对"一带一路"沿线各国而言都是有利的。"渝新欧"是"一带一路"战略的实践者。"渝新欧"将为"一带一路"发展起到促进作用。

杨丽琼：我也赞成你的观点。重庆市政府引导市场化来运作，成立了一个"渝新欧"营运公司，把德铁、俄铁、哈铁、中国铁路总公司以及重庆一个国有交运集团，组成了四国五方的"渝新欧"的运输公司。这样使沿线各国铁路部门以资产为纽带的方式捆绑在一块，形成了一个利益共享的方式，而且明确了各自股东的责任、权利。这不仅仅是像以前一样，把它看成是政府行为，政府说怎么定就怎么定。而这些人把政府引导、市场化运作这个机制建立起来，这也是我们当初做的探索。

同时，我们在沿线进行了包括提速以及如何进一步使其更加简便，包括在运输价格

杨丽琼，土家族，研究生，高级经济师、工程师，现任重庆市经济和信息化委员会副主任、党组成员（正厅局长级）。

方面为进一步降低做了大量的工作。降低价格的最终结果就是今天黄市长上午在会上说的，我这里就不再重复了。因为有了这样的创新，再加上我们做了"渝新欧"统一电子运单的情况。

现在开往欧洲的班列出现了各种"新欧"，像雨后春笋一样开通了，这也算是我们对全国的一个小小的贡献。这证明当初我们开通这个通道是有需求、有作用而且确确实实是可以对我们中国的经济发展起到重要推动作用的一个通道，不然大家都不会这么积极地去响应、积极地去效仿。在这个方面，市委、市政府就是这么来认识这个问题的。

从"渝新欧"的角度来讲，不仅仅是一个通道，而是要实现五大联通。按照国家"一带一路"的联通，"渝新欧"在里面应该起到非常重要的作用，尤其是在经贸的一个交流的方面。我们现在在沿线已经布局了"1 + N"的布局模式。所谓的"1"是一条主线，从重庆到德国这样一条主线；"N"就是建立N个集结点、分拨点。我们在哈萨克斯坦、俄罗斯、波兰以及德国，除了杜伊斯堡在法兰克福也有分拨点，在比利时、荷兰的鹿特丹，以及之后在法国、意大利等都会有相应的分拨点来做好相关的工作。

值得一提的是，铁路总公司也特别支持共

从"渝新欧"的角度来讲，不仅仅是一个通道，而是要实现五大联通。

同联合。通过这两年的努力，我们的速度已经从当初的 16 天开到了 13 天，最快的时候开到 12 天。很多欧洲的朋友在那边给我发短信说，杨主任我们太激动了，12 天就能到欧洲。他们说，我们建议以这样一条广告语来推广，"啊，原来重庆离欧洲这么近"，这是他们给我的建议。再加上价格降下来，铁路也上升为国家战略来推进，所以"渝新欧"这条通道不仅仅是一个通道，而且会为整个"一带一路"发展起到促进的作用。

"渝新欧"大通道是"一带一路"节点的重要支撑。

"渝新欧"这一块，实际上童小平副市长是付出了很多心血在打造这一条线路。特别是她分管工业以来，一直强调"渝新欧"的这种重要性。一方面作为我们这个打造亚洲最大的笔电基地的一个重要支撑，另一方面也是未来上升为国家战略以后的西部大开发和重庆作为整个新经济带的这个起点的支撑和"一带一路"节点的支撑。所以她一直把"渝新欧"这条通道的建设看得很重，因此在具体推进的过程当中，实际上她也是发挥了至关重要的作用。比方说我们当初在北京以她发起召开了一个三方高层领导人的会议。这个三方高层领导人就是有俄铁的副总裁，有中铁的原铁道部副部长以及董事长，童小平副市长是发起召集会议的这方的领导。当时为了照顾北京和俄罗斯的领导，就是在北

京召开的。在这个会上，她首次提出来要组建
"渝新欧"这个平台公司，并且邀请中铁和俄
铁作为股东。所以这一次会议奠定了我们后续
"渝新欧"平台公司组建的基础。

问："渝新欧"也被誉为"新丝绸之旅"。
稳定运行多年来，"渝新欧"不仅使重庆从中
国的内陆城市变为开放前沿，还串起沿途各国
流金淌银的商贸往来，赋予了古代"丝绸之
路"新的时代内涵。在您看来，新老"丝绸
之路"的共同点和不同点在哪里；"渝新欧"
对重庆最大的意义在哪里。

杨丽琼：古代"丝绸之路"是汉武帝在
击溃匈奴以后，扬我国威、向西开放的一条国
际贸易古道。"渝新欧"是重庆市政府在国家
西部大开发和向西开放这两大国家战略下，在
国家铁路部门和海关总署大力支持下，精心打
造的一条新"丝绸之路"——全称"渝新欧"
国际铁路联运大通道。

新老"丝绸之路"的相同之处在于，都
只能发生在国家繁荣昌盛、百姓安居乐业的时
代。现在，经济发展带动了国际贸易需求的增
加，从而推动了"渝新欧"等新兴国际物流
通道的建设。

就重庆而言，重庆在积极打造面向全球的
IT制造基地的基础上，也积极拓展汽车、装
备、化工、材料、能源、轻纺及消费品等传统

经济发展带动了国际贸易需求的增加，从而推动了"渝新欧"等新兴国际物流通道的建设。

工业，利用国际物流通道拉近与世界的距离。"渝新欧"拉近了重庆企业与欧洲先进制造业之间的距离，有助于重庆工业转型升级，进而推动重庆外向型经济的发展。

问：继"渝新欧"之后，国内其他一些城市和地区也推出"新欧"线路，比如河南的"郑新欧"、湖北的"汉新欧"、四川的"蓉欧快铁"和西安的"长安号"。相对而言，"渝新欧"的优势在哪里；它对同类别物流通道的带动作用在哪里。

重庆开通"渝新欧"班列的决定是明智的，打造向西开放的桥头堡的方向是正确的。

杨丽琼："渝新欧"得名于原铁道并非重庆自吹自擂、自弹自唱。因货物始发地为重庆，出境口岸在新疆，目标市场为欧洲，故而得名。自2011年1月开通至今，已运载了80趟火车，且每趟火车均是满载运行。

其余城市跟风开行，正好印证了我们开通"渝新欧"班列的决定是明智的，打造向西开放的桥头堡的方向是正确的。不过，各地在对欧班列开行之初，普遍会面临货量不足的问题，欢迎各地将货物向"渝新欧"通道沿线的各节点集结，这样将更有效率地为客户提供更优质的服务保障。我们成立了五国六方的"渝新欧"平台公司，也正可服务于国内对欧洲有物流需求的广大客户。

"渝新欧"的优势很多，但与其他城市相比不可复制的优势在于：一是货量有保障，重庆的工业基础以及现在的全球笔电基地，可为大通道的发展提供持续支撑。现"渝新欧"拥有最稳定的开行频率、最高的开行密度，重庆开往深圳的打印机货源、重庆运往俄罗斯、欧洲的汽车零配件货源，均可作为潜在的货源基础，依托基础货源可吸纳更多散货资源。

二是重庆是中国距离欧洲最近的水港，"渝新欧"与长江的水铁联运结合，将使亚欧铁路竞争力发展到最佳。且重庆是西部唯一具有水陆空多元运输格局的节点，能为更多客户提供多样的物流模型选择。

三是重庆海关与沿线海关建立的快速通关机制、"安智贸"机制，使由重庆出发的班列享受一次报关、一次查验、一次放行的最高待遇。

四是重庆有对接亚欧大陆桥沿线各国铁路的窗口——"渝新欧"（重庆）物流有限公司。

五是"渝新欧"有先发优势，历经三年的磨合，重庆人对亚欧大陆桥运行的问题有深入认知，在亚欧大陆桥运输中，开创了多个先河，积累了大量经验，吹响了我国向西开放的集结号。

问：国内其他一些城市和地区也推出"新欧"线路，中西部企业在利用"渝新欧"铁路资源过程中是否会出现无序竞争？比方

"渝新欧"与长江的水铁联运结合，将使得亚欧铁路竞争力发展到最佳。

说，郑州、武汉距离比较近，揽货时就有可能争夺客户。会不会形成过度竞争，虽然两者的服务半径还是相对固定的。

李勇：你的担心不无道理，但是河南的"郑新欧"、湖北的"汉新欧"，它们都是通过这个铁路的延伸把内陆、把中西部很好地通过亚欧大陆桥连接在一起，我觉得这是一件好事情。这样就是把中西部资源集合了，我倒觉得这不是无序竞争，反而有利于中西部展开竞争。现在还是通过市场来配置，如果货物不固定的话，班列开得就不会这么密集。我们现在也是试探性的，以前一周开行一个专列，后来由于货物量大，一周就三次，现在一周已经到五次了。反过来说，其他到欧洲的班列，货物量小的话，就算一周开五次、三次，最后会把它减下来，最终还是市场在说话。

问：今年3月29日，习近平到杜伊斯堡观看"渝新欧"货运列车到站，释放了他支持"渝新欧"铁路成为"丝绸之路经济带"重要载体的信号。习近平当时说，中德位于"丝绸之路经济带"两端，是亚欧两大经济体和增长极，也是"渝新欧"铁路的起点和终点，两国应该加强合作，推进"丝绸之路经济带"建设。这意味着重庆在这场"丝绸之路经济带"桥头堡争夺战中领先其他省份。

李勇，重庆社会科学院区域经济研究中心主任、研究员、教授。研究方向为区域经济、产业经济。

请问除了领先优势，"渝新欧"还将为重庆带来什么。

李勇：从整合资源的角度看，珠三角和长三角的企业可能会被重庆"渝新欧"起点的这一地位所吸引，选择将货物运送到重庆分拨。但从成本因素考虑，也不排除以欧洲为主要市场的沿海制造业企业来重庆投资建厂的可能。这些企业的到来，会为重庆实施五大功能区域发展战略注入新的活力。

此外，"渝新欧"带来的发达物流网络，会大大降低重庆本地单件产品的运输成本。这样，重庆的传统产品在海外市场的竞争力会增强。另一方面，"渝新欧"作为高效低成本的出海方式，也能让重庆与沿海站在同一起跑线上，承接各类技术密集、资本密集的高端加工贸易产业。

随着"渝新欧"回程班列的持续常态开行，重庆有望成为欧洲对华贸易的分拨中心。

随着"渝新欧"回程班列的持续常态开行，重庆还有望成为欧洲对华贸易的分拨中心，并由此在新一轮产业引进中占据"有利地形"。欧洲一直是世界高端装备和电工电器产品的行业领导者。重庆在产业转型升级过程中，也可以将欧洲的高端装备和电工电器产品作为引进目标，如高档精密数控机床、西门子的电器、智能工业机器人等。

"渝新欧"开行以来，一大批国际物流巨头，像马士基、中远、TNT、日本近铁等纷纷在重庆设立办事处和独立法人公司。这些跨国物流企业的到来，对重庆的生产性服务业的发展将起到提档升级的作用。

调研访谈五：

福特落户——推动重庆制造新升级

问：随着长安福特投资5亿美元的发动机工厂正式投产，重庆离福特全球第二大基地这个目标越来越近。这充分体现了"重庆速度"。重庆不仅将成为福特全球第二大基地，也是长安福特在中国"不可动摇的大本营"。

马瑞麟：你分析得很对，长安福特就是以重庆为中心制定发展战略的。当发动机工厂开工建设时，我们完全没有料到，从开工到投产，仅仅用了2年时间，就建成了一座高水平的现代化的发动机工厂。这是福特汽车110年历史上建成速度最快的工厂，这样的"重庆速度"，充分证明了重庆相关政府部门高效的工作和良好的投资环境。

陈乃文：童小平副市长当时分管北部新区后，她有点急。为什么呢？她分管以后了解到的情况是，新区建设离当时领导的要求差距比较大。当时北部新区整个统不起来，谁也不听谁的，各管各的。我讲的第一件事情是她到处跑调查，听取各方面的意见，也包括跟我商量。后来，她就提出来北部新区

马瑞麟，曾任长安福特马自达汽车有限公司总裁。

的建设要"上档提速",这个当时叫得非常响,这个档可以有很多理解。可以是档次,也可以理解为汽车挂挡,但实际上她讲的是要调质量。提速也就是加快。

那个时候更令人着急的是什么?产业发展。长安福特开始生产了,但产量很小,刚开始一年才五万多辆。就想怎么把量做上去,另外就是配套,配套怎么给做上去。因为你完全只是出整车,配套没有,产业无法做大,而且也很难做到完全的自主。因为配套很多都是我们自己的,怎么样做到自给产品占绝对优势。所以,当时就在琢磨统一招商,就是高新区、经开区和北部新区一起招商。到2008年就合起来了。合起来以后就有了四个招商局:第一个管汽车制造业,第二个管电子,第三个管商务,就是第三产业,第四个管高科技。这种编制就不一样了,第一专业化了,第二人强马壮了。另外,就是配备了委领导的力量,招商工作不是一个委领导来管了,而是一个委领导管一个局。你这个领导就管一个局,就是管汽车配套招商,那个领导就管商务的,力度就不一样了,效果就不一样了。这个下了很大决心。所以说,这才有后来北部新区的汽车数量上去了,品种齐全了,关键是我们生产的车质量也很好,像长安福特的车、翻斗车,包括力帆自主自

陈乃文,时任重庆北部新区党工委副书记、管委会常务副主任。现已退休。

产的车。配套企业从最初十几家，现在已经数
不清了，具体有多少我不知道，可能有个一百
多家，两百来家。现在配套的产值已经占到了
整个汽车产业产值可能超过40%，以前很少，
只有百分之十几。

问：政府效率高是一方面，但福特追加在
渝投资，得益于重庆近年来日益改善的投资环
境和亲商氛围，这更加坚定了长安福特在渝发
展的信心。长安福特凭借着不断引进的新车
型，驶入了一个发展的快车道，有数据显示其
销量远超全国乘用车市场的平均增幅。

马瑞麟：您言之有理。但也还是有一些其
他原因的。重庆在中国地图上位于几何中心，
这样的地理位置非常优越，不但涵盖了广袤的
西部市场，还方便向东西南北发展。近年来，
中国正在加速开发西部，重庆是西部的门户和
窗口，长安福特在这里可以把握住更多的发展
机遇。

同时，重庆还有非常多的大学，可以给长
安福特提供人才。目前，长安福特职工平均年
龄为28岁，生产一线工人平均年龄为21岁，
是一个非常年轻的团队，有着较高的学历和创
新意识。他们能像海绵一样飞快吸收公司从美
国引进的先进技术、先进理念，让长安福特成
为福特旗下技术最领先的全球工厂之一。

另外，福特非常紧密的合作伙伴长安汽车

> 重庆是西部
> 的门户和窗口，
> 长安福特在这里
> 可以把握住更多
> 的发展机遇。

总部也在重庆。考虑以上的方方面面，重庆是长安福特的战略中心。也就是说，长安福特制定任何战略，都将优先围绕重庆开展。

问：长安福特成为增长最快品牌。在抢占市场的车企中，长安福特或将成为增长速度最快的整车企业，被誉为中国车市的"黑马"。长安是如何成为中国增长速度最快的合资汽车品牌，同时也是福特增长最快的全球工厂的？

马瑞麟：长安福特能实现高速增长，与福特高层频频来渝，支持长安福特的发展策略不无关系。更为重要的是，重庆市政府为企业发展提升改善了综合环境。

长安福特虽然将工厂设在重庆，但产品却是面向全国市场。近年来，重庆修建了大量的高速公路、铁路、港口，让长安福特生产的汽车，能快速、高效地运往各地。

与此同时，重庆便利、齐全的生产要素，也成为确保长安福特实现高速增长的后盾。无论是人才、土地，还是水、电、气、讯，重庆都表现出极高的供应、服务水平。目前，长安福特在重庆的工厂均能开足马力生产，所需资源供应均能得到保障。

沐华平：单从汽车产业来看，"渝新欧"回程货班列的开行，有利于重庆汽车工业依托欧洲汽车工业做大做强。走海运，汽车零

"渝新欧"回程班列的开行，有利于重庆汽车工业依托欧洲汽车工业做大做强。

部件从欧洲到重庆需要 45 天左右，而通过"渝新欧"班列只需 18 天左右。调查显示，国内知名汽车品牌高档零部件供应链，国外占 90%—95%。由于铁路运输具备时效稳定等特性，汽车零部件进入"渝新欧"通道后，可以优化汽车品牌厂商目前以水运为主的供应链结构，提高零部件到货效率。从产业的情况看，目前，重庆汽车产业是重庆工业重要支柱产业，但整体发展水平仍待提升。而"渝新欧"与长安福特合作成功的范例，可极大地加快欧洲汽车工业东进重庆的步伐，推动重庆汽车工业依托欧洲汽车产业进一步做大做强。鉴于汽车物流的全球采购特点，欧洲汽车零配件供应商仍会坚守海外。这意味着，汽车零配件将成为"渝新欧"回程货的重要组成部分。市政府专门成立了"渝新欧"回程货攻关领导小组。经过领导小组半年多的积极努力，并进行了多轮货源的慎重筛选，经与欧洲福特及重庆长安福特汽车有限公司反复研究，才最终确定了将重庆长安福特进口汽车零部件作为首次回程班列试运行的最佳货源。

　　问：长安福特在重庆造车有 10 多年历史了，从最初的嘉年华到之后的福克斯，其产品以中低档轿车为主。这些车型的绝大部分零部件都实现了本地配套，造车的进项物流成本较低。但如果进口零部件的成本也能降下来，福

"渝新欧"与长安福特合作成功的范例，可极大地加快欧洲汽车工业东进重庆的步伐。

特公司就乐于将价值较高的车型放到重庆组装。

陈伟："渝新欧"回程班列，为长安福特提供了除铁海联运和空运之外另一种全新的物流解决方案，而且快捷、准时、安全。物流体系的完善和支撑可以大大降低成本，提升效益。正是基于这样的"降本增效"，长安福特已打算将价值更高的整车放到重庆生产，在重庆形成集整车、发动机和变速器为一体的制造基地。

问：长安福特之前更多的是在走量上，汽车的销量达到一个什么样的水平就算成功了，我们唯一要做到的就是持续地向中国消费者与中国市场提供他们真正所需要的科技、配置与车型。这样长安福特就可以取得品牌和销量的双重提升。记得您曾经接受采访说到了这几年长安福特的发展是因为团结，所以才有这样的成功。

马瑞麟：确实是这样的。"进无止境"这个口号可以说是最贴切地表达了福特品牌所要强调的，无论是在公司内部还是这个社会当中，这一点都非常重要。因为它能够同时满足无论是社会还是消费者的需求。如果我们能够真正地做到倾听消费者的心声，不断地履行福特对消费者的承诺，永远不让客户失望的话，那么销量就不会是问题。

陈伟，现任长安福特汽车有限公司副总裁。

简单来讲，福特优先考虑的问题就是消费者的心声，以及我们对福特品牌的承诺。在我们做到了这些之后销量就是一个非常自然而然的结果了。我们是一个非常谦逊，但同时也是非常自豪的公司。所以在长安福特以及福特品牌进入中国之后，我们一直都是不遗余力地来回馈社会以及不断地去履行我们所做出的承诺。永远都不能够让中国消费者失望，永远都要去回馈你所生活与工作的社会。作为一个好的企业，不断地给你周围的人们以及这个社会提供服务。这样的话你的消费者就能够给你带来反馈，因为他们信任你，他们相信你，他们对你有信心，他们知道你永远都不会让他们失望。

在企业中，你永远都不可能成为一个孤岛，因为孤岛不会给你带来成功。在这个社会当中你永远都要意识到你的职责就是不断地给你周围的人提供支持和服务。我想说的是，事实上我做的并不多，我所做到的就是把福特优秀的员工凝聚在一起，不断打造他们的信心，使他们的能力能够发挥出来，更多地给这个社会提供服务。

五年前长安福特的员工数量大概只有2500人，当时在重庆只有一家整装厂。现在的员工数量已经超过25000人，在全国很多地方总共有7家集合高科技智能的制造工厂，产

福特优先考虑的问题就是消费者的心声，以及我们对福特品牌的承诺。

品谱系已经非常强大。无论是轿车还是 SUV，长安福特都能够真正地满足中国消费者的需求。

问：2015 年长安福特首次提出百万辆目标，但由于中国车市整体遇冷，最终以 83.64 万辆收官。2016 年长安福特希望再次"冲击年销百万的目标"。目前，加入百万俱乐部的会员依然寥寥无几，这也被车企视为是一种"殊荣"。

马瑞麟：你说得很对，成为百万俱乐部的会员确实是不容易的。如何实现目标，获得市场的肯定？我们有六个核心点：第一点必须要有能够满足中国消费者需求的出色的车。第二点必须要有优秀的经销商网络，无论是在销售方面还是在售后方面。第三点必须要有非常好的沟通策略，市场营销的方式能够让更多的人了解。第四点必须要有强有力的母公司无论是在市场上，还是在产品上提供各种支持。第五点必须要在正确的时间有充足的产能去服务于中国消费者。最后一点必须要有非常优秀的团队，每天坚持不懈地做到"进无止境"，不断地给消费者和经销商提供优质的服务和优质的汽车。

长安福特存在的理由就是要不断的服务于我们的消费者，不断造福于社会。

未来是光明的，我们对于中国市场是非常有信心的。所以，我们存在的理由就是要不断地服务于我们的消费者，不断地造福于社会。

问：金牛座是福特 2015 年推向市场的重点车型。它的到来，会让长安福特整个产品谱系，特别是乘用车的产品谱系得到一个完整的发展。除此之外，福特金牛座还是运用福特全球资源，包括质量、产品设计、开发、生产制造、最一流的科技、用我们最新最好的工厂，为中国量身打造的产品。金牛座的研发和上市说明长安福特在积极打造产品谱系最全的全球工厂。

罗明刚：你的分析很有道理。长安福特成立于 2001 年。从产品来看，当时只有一款嘉年华；现在是嘉年华、福克斯、蒙迪欧、麦柯斯，还有翼虎、翼搏，产品谱系日益完善。

从产能看，当初长安福特只有一个整车工厂；现在长安福特在重庆已经有两个整车工厂投产，又投产了发动机工厂，职工从原来的 1000 多人增加到 15000 人。

长安福特在重庆的项目，还有一个整车工厂、一个变速箱工厂，还将追加在研发方面的投入。今后长安福特在重庆将真正形成整车、发动机、变速器"三位一体"的制造基地格局。

问：作为福特汽车在亚太地区的首家变速箱工厂，是长安福特继去年发动机工厂投

罗明刚，研究生，研究员级高级工程师，曾任长安福特执行副总裁。

产之后的又一重大战略举措，这也标志着长安福特历史性的工业扩张又迈出了全新的一步。变速箱工厂的正式投产，标志着长安福特集整车、发动机、变速箱三位一体的产业布局已正式形成。该工厂将随同重庆现有的两个整车工厂和即将落成的重庆第三工厂及杭州工厂，助推长安福特进一步的市场扩张。

罗明刚：言之有理。产能这一部分，我们现在变速箱工厂投产。现在从整体的结构来看，我们就是整车、发动机、变速器，这里面包括我们在重庆的整车一、二工厂现在已经在生产的，加上整车三工厂以及杭州整车工厂，长安福特的整体产能可突破120万辆。发动机工厂我们现在是有75万的产能。我们的变速器工厂由于投产不久，初期设计年产能达40万台。这些工厂的全部建成投产，使重庆成为福特品牌除密歇根之外最大的生产基地，这个完全是名副其实的。因为与福特品牌密歇根那边，还有欧洲那边相比较一下，就知道重庆是发展最大的一块，而且也是我们整体产能布局，包括产品布局最多的。

问：中国市场越来越重要，没有人敢忽略中国市场的重要性。成立研发中心的初衷是把中国的零部件向海外出口，但现在功能逐渐转变到为中国市场设计最需要的车型。

> 这些工厂的全部建成投产，使重庆成为福特品牌除密歇根之外最大的生产基地。

因为只有中国人才能最懂中国市场、最懂中国人的消费心理。福特所有的好车型、好产品今后都将引进中国。

罗明刚：企业最大的优势就是两家母公司（长安与福特）都在行业里具有相当的实力。而企业的劣势恰恰也在于与此的比较，长安福特马自达的发展与两家母公司的实力、地位相比，还有很大的差距。合资公司无论是规模还是核心竞争力，都远未达到两个母公司的水平。长安福特马自达的短板首要就在产品实在还是少了一点。与大众、通用、日产等品牌在国内的合资企业相比，长安福特马自达的产品线捉襟见肘，而且新品的引进速度也慢了不少。

长安福特马自达目前正在详细制定一个涵盖 5 年乃至 10 年的战略规划，不久我们就会将这些规划进行公布，这里面将包括产品、企业规模、盈利能力、核心竞争力等多个方面。之后的所有车型都将是真正的全球同步。福特的产品理念是"一个福特"，作为福特最重要的汽车市场，今后福特的所有重要产品都会引进中国市场。

品牌培育的本质仍是产品和服务。

品牌培育的本质仍是产品和服务。所有品牌的工作核心还是围绕消费者，一是给消费者提供最适合他们的车；二是提供快捷、高效、高质量的服务，并回馈社会，所有的工作就是围绕着这两个核心来进行的。

我们的目标是进入第一阵营，什么是第一阵营，至少要在乘用车企业里排名前四。按照目前的战略规划以及未来双方母公司的通力合作，只要一步一步扎实去做，在未来5年到10年内走向第一阵营，我们很有信心。

问：针对合资公司的特点，您带领公司班子成员创建了有长安福特特色的合资企业文化。您在企业文化中塑造了"成为中国汽车行业的领跑者"愿景，同时也明确了长安福特的使命、价值观、形象用语和企业精神。通过企业文化建设，让企业团队对公司的目标和任务高度认同，提升团队的凝聚力、向心力和战斗力，以此来推动打造团结高效管理团队。

罗明刚：是这样的。为公司长远发展提供智力支持和人才保证，此项育人、树人的政策得到外方管理层的理解和支持，更得到员工的拥戴和社会的赞同。目前，长安福特公司在全体员工的共同努力下，各项工作稳中有进，发展势头迅猛。面对发展机遇和时代挑战，公司全体员工上下一心，以饱满的工作热情和昂扬的工作干劲向"成为中国汽车行业的领跑者"努力前进！

问：长安、福特、力帆、宗申、东风小康等多家国内外著名汽车、摩托车品牌聚集

长安福特公司在全体员工的共同努力下，各项工作稳中有进，发展势头迅猛。

重庆；国际先进的汽车研发总部、国内最好的测评中心正快速推进；全球汽车业高端人才正涌向重庆……按照"十二五"规划，汽车行业实现年销售收入 6000 亿元，年汽车产能达到 320 万辆，其中乘用车占比提高到 80% 以上，建成"中国汽车名城"。请您和我们总结一下长安福特的发展经验。

罗明刚：作为长安福特来说，我认为有以下几个方面的经验可以总结。一是过硬的技术和好的产品是基础。要成为汽车名城，必须以过硬的技术和好的产品打造自己的品牌。如果是自主品牌车企，就应该立足于自主研发，做出属于自己的经典产品；如果是合资品牌企业，就应该积极地引入全球知名的汽车企业，吸取他们好的经验和技术。二是要建设"中国汽车名城"，把重庆建设成为大规模的制造基地也是非常关键的。重庆要发展实体经济，就必须发展制造业。怎么样发展制造业呢，就应该把汽车的核心制造企业包括整车、发动机、变速箱等核心技术放在重庆，同时引入技术含量高的汽车零部件企业。同时，这些企业的产品应该不仅仅是面向重庆，而是需要"推出去"进而面向全球。三是要建设"中国汽车名城"也需要创造一个能够吸引人才的环境。因为汽车行业属于一个既是传统又集成高技术的产业，这就需要大量优秀人才填充进

要成为汽车名城，必须以过硬的技术和好的产品打造自己的品牌。

来。四是提升重庆本地的经济实力，因为只有重庆本地居民的收入提高了，他们才会有相当的实力购买本地的汽车。

问：从福睿斯、锐界到旗舰车型金牛座的隆重推出，满足不同消费者的出行需求，到启动推动中国足球发展的重要项目——赞助中超联赛、超级杯、中国足协中国之队、青少年足球选拔赛等，连续十年支持中国高校汽车辩论赛以及安全节能驾驶训练营等一系列企业社会责任项目，长安福特得到了社会各界的广泛认可。

陈伟：是这样的。长安福特荣获"2015年度中国社会责任特别贡献奖"，感谢所有消费者和社会各界对长安福特的鼓励和认可。能获得这样一个奖项的确心潮澎湃。我们也一直致力于打造系统、立体的社会责任体系。

从长安福特的成立之日起，就一直致力于践行社会责任和公益。

我们不仅仅是用我们优秀的产品和服务去满足消费者的需求，从长安福特的成立之日起，我们就一直致力于践行社会责任和公益。比如说我们助力中国足球，因为这是承载着全国人民希望和期盼的一个项目。长安福特赞助超级杯、中国足协中国之队、青少年足球发展等一系列举措，都是为实现中国足球事业发展做出的努力。在项目落实上，长安福特特别重视中国青少年足球的基础培养，从根基抓好，培养未来的中国足球接班人。通过我们近年来在足球公益的开展，希望带动更多企业参与开展支持中国足球事业的各项公益活动和内容。所以不管是身披战袍的国家队还是青少年足球员的选拔，我们都尽最大的努力。同时，在工作和生活的社区，我们也发动员工、家属、供应商、经销商，一起做这个社会责任，尽我们最大的努力来回馈社区，回报社会。

针对大学生我们也有一个项目。"长安福特杯"中国高校汽车辩论赛已经开展多年，目前已经在 20 多所国内重点大学开展了赛事活动，鼓励更多的高校青年学子通过参与辩论提升思维创新能力和口才表达能力。同时，以汽车为主题的辩论赛也促使更多优秀才子，参与到智慧交通、汽车科技环保、节能减排等相关的社会关注的汽车出行问题。这个活动本身吸引了全国高校众多学子参与到辩论赛事中，其间还结合长安福特自身的相关项目内容，长安福特曾带领大学生代表到重庆生产工厂进行参观，让他们在毕业前就开始熟悉了解企业的工作流程、管理模式。一方面有利于他们的未来就业，另一方面也为我们后期储备人才打好基础。值得一提的是，长安福特赞助的这一高校汽车辩论赛事，一直秉承公正、公平的原则开展。从赛事流程到最终胜负评判，都是对外公开，让学生们认可这个赛事，从而形成更好

"长安福特杯"中国高校汽车辩论赛已经开展多年。

的口碑与影响力。所以，我们也更有信心将这项活动继续延展下去。

我们还有一个项目，是长安福特的公益品牌，针对儿童。2015 年 12 月，长安福特在家庭日开展了以"爱无境·行致远"为主题的"健康走"公益活动，长安福特员工及家属、供应商以及社会各界人士共约 15000 多人，参加了此次"健康走"的活动，一起关注长安福特在重庆进行的爱心庄园项目建设。爱心庄园收留了一部分儿童，包含被人遗弃的孩子、患有自闭症的儿童等。我们在活动当天开幕仪式的时候，这些孩子给我们奉献了一个节目，让我印象深刻，很受感动。我们也意识到，这些孩子在社会上处于弱势群体，更需要社会各界的关爱与支持。

从工作到社区支持中国足球，形成长安福特系统的、立体的社会责任体系。

这样我们就可以从儿童教育到高校大学生方面都涉及，从工作到社区支持中国足球，形成长安福特系统的、立体的社会责任体系。今天我们能够获得这样一个荣誉和鼓励，我相信长安福特在社会责任这块会做得更好。

 **重庆建设**

调研访谈六：

铁路入渝——造就西部开发新支点

问：我们在采访国土局用地处了解铁路
建设用地问题时，他们也强烈推荐说"于主
席您对铁路建设的历程了如指掌"，能否请于
主席就入渝铁路中的某一条线路，给我们介
绍一下这条线路建设规划初期是怎样一个艰
难的推动过程。

于学信：我说说兰渝线的情况吧。也是
大约在 2004 年、2005 年，也是在"两会"期
间，3 月在北京开"两会"。当时兰渝线规划
了很久，但是铁道部始终没有摆上议事日程，
始终没有开始设计、勘探，更不要说建设了。
兰渝线涉及甘肃、四川和重庆三个省（市）。
当时大家都很着急，因此我们三个发改委主
任，甘肃的发改委主任、四川的发改委主任
还有我当时在商议，是不是在"两会"期间，
我们请三个省的领导去约见铁道部的领导推
动一下。策划好了以后，当时三个省委书记和

于学信，曾任重庆
市发展计划委员会
主任、党组书记，
重庆市建设委员会
主任、党组书记，
重庆市政协副主席，
现已退休。

市长也同意，会见中国铁道部提出要求。当然有三个省（市）委书记，三个省（市）长在，他们也不好完全拒绝这个事情。因此跟铁道部衔接后，就在"两会"快结束的一个下午，在铁道部开了一个专题座谈会。当时甘肃、四川和重庆的书记和省（市）长都参加了，另外还有三个发改委主任，铁道部的领导参加了这次会议。在开会的时候，铁道部的领导一开始就说，兰渝线非常重要，是我们国家西部大开发，是扶贫的一条重要线路，我们铁道部非常支持。然后，话锋一转，但是目前确实没有资金，干不了。结论是兰渝线要排上计划不得行，只有等有条件的时候再说。这个话就来了个一百八十度大转弯。既然今天三个省市都非常迫切，省委书记、省长都来了，如果要马上干也可以，那铁道部提一个建议，就我们合作来干。怎么合作？就是我们各出一半的钱，铁道部出一半的钱，各省市出一半的钱。不是讲改革嘛，我们这个就可以提前来实施。这句话一说出来，这三个省市哪里接受得了，尤其是甘肃和四川接受不了，因为兰渝线在重庆只有几十千米，占的比例很小。而那两个省占的比例很大，他们的经济更恼火。铁道部的领导很聪明，实际上就是拒绝了。当然，这些省长们、书记们就开始说了，当着他的面也不能说不行，

兰渝线非常重要，是我们国家西部大开发的一条重要线路。

就说国家现在扶持西部大开发什么的，这条线非常重要，这条线还是要上的。弄得铁道部的领导非常难受，反正上也不行下也不行。最后还是说，这样吧，还是我们合作，但是我们铁道部帮助你们一起向国务院申请，至于争取国家国债单独安排一次，这一部分算你们的。至于争取 20% 也好，30% 也好，算你们的。当时大家僵持下去也不行，说到这个地方只能如此了。提到三个省的议事日程，争取安排预算。如果国债承担 30%，各省出 20% 就行了。仔细想一下，各省市一分钱不出也不行。但是实话实说，三省市就是 20% 也拿不出来。但是反正先上了再说，反正你还要做设计啊、地质勘探啊，起码还要一两年的时间，最后各个省市省委书记和市长就同意了，当场就签了一个意向性协议，送呈到发改委去。三个省市和铁道部签了一个协议，就是说正式启动勘测设计，最后总算是推动了。

铁路入渝确实是非常重要的。

当时重庆有支铁办，由马述林负责，但是这个事情他没有参加。刚才我说铁道部领导的这个座谈，当时重庆方面只有黄镇东、黄奇帆、我，还有吴刚参加，其他人没有参加，当时吴刚，现在的吴市长，因为在铁道部挂过职，很多事情是由他来联系的。

问：铁路入渝确实是非常重要的。因为铁路建设这一块，是马主任你一手经办的，而重庆的铁路建设其实从直辖以来对重庆经济的贡献非常之大。从我们只有很短的一段铁路，到后来的对外三条铁路线，到现在为止我们高铁、动车，已经形成了一个完整的铁路网了。

马述林：原来主城区只有三条，现在增加了几条，都是属于高铁性质的。渝怀线现在正在建双线，另外正在建的还有重庆到兰州的双线、重庆到贵阳的双线，还有成都到重庆的高铁，今年应该通车了，所以整个现在重庆铁路的通车翻了一番了。

问：您刚刚提到渝怀线。马主任这个事情你基本上属于操盘的了。因为有人说渝怀铁路是"头枕乌江波涛，耳听武陵山风呼啸，眼观世界奇观武隆天坑地缝，脚踏三省边城……"作为旅游景观，堪称风景这边独好。然而，在养路人的心目中，抬头皆是悬崖峭壁，危石如累卵，这里的江流，低头尽乃险滩恶水，桀骜不驯。这也同时说明了修建渝怀线时，其沿线的自然环境极其恶劣。

马述林，曾任重庆市发改委副主任、党组成员，重庆市开发投资公司董事长、党委书记。现已退休，任重庆市发展和改革学会会长。

马述林：这个铁路，首先还是从规划抓起，因为在这个之前，铁路是跟公路和其他不一样的，铁路它是高度垄断的。重庆市地方介入这个事，是从渝怀铁路开始的，是80年代后期，当时开始在做这个事。后来因为在铁路高度垄断的情况下，重庆市希望能够进规划，提出要进规划，因为这条线，国家任何规划都没有列上。第二就是争取抢时间。重庆市自己出钱，安排设计部门做了初步的勘测设计，不仅仅是在图上做的，而且通过实际的选项。重庆断断续续花了上千万元的钱，这个事重庆牵头，当时像涪陵、万州、湖南他们都没有花钱。因为重庆到涪陵这一段路实际上在直辖市以前已经就完成了初步设计，所以涪陵的工作走在前面了。最后定下来过后，当时公认最好的一个是青藏铁路，准备了几十年；第二就是我们渝怀铁路做得最好，在第一批西部大开发十大项目上明确了。在这个之后，发改委对于铁路规划一直都比较重视，现在的这些铁路早就规划了，而且有很多工作是超前做了。所以我们想在了国家的前面，我们给国家提了意见，铁道部这个体制，铁道部它做得很死，他有钱就做，没有钱就不做，这个事情我们曾经说过。如果是把规划做了，实际上做规划的时候花不了多少钱。因为现在经济发展比较快，就是城镇发展、交通各个发展。铁路是限行的，铁路如果不先做勘测，也有在你铁路上建其他的，建成了工厂这些，比如说被公路占了，铁路也没有办法。我们可以先规划了，以后有了钱就可以来弄，从历史经验来看，在劳动比较便宜的时候，来修铁路就非常划算，现在来修 640 亿元都修不起，我们修渝怀铁路

渝怀铁路在第一批西部大开发十大项目上明确了。

的时候，都已经到 21 世纪了，是 614 千米，整个投资是 198 亿元，现在修复线，翻一番都不够，而且修一线的时候，就预留了二线的，有些洞口，都预留了的，已经都尽了成本的，现在再来做，估计全线下来复线可能要 500 多亿元。所以在这种情况下，发展中国家在劳动力比较便宜，生产要素比较便宜的情况下是比较划算的。我们去汇报城口到张家界那个铁路的时候，当时铁道部说这个地方这么差，需要什么铁路，我们觉得还是需要的。他说很多时候地方的同志多站在全国的立场上。**国土开发在区级的线路都有积极性**，你们国家的部门为什么还没有这种眼光，实际上这个说法是很对的。但是从实际上来说，铁道部是吃了亏的。所以后来铁道部就吸取了这个教训，我讲过这个观点，规划超前，超前意识要先拿点钱做一些重大的研究，机会是给有准备的人，你做好了过后，政策来了，就上去了，而且早点做规划，有很多的好处。后来铁道部搞了两次项目规划，又搞超前发展。这个事因为发改委的几任领导，当然这个事童小平副市长在发改委做过领导，在市里面分管发改委，这方面也抓得比较紧，框架思路跟大家一起研究，还有就是各种重要的研讨会、咨询会她都参加。

问：您刚刚也说了，渝怀铁路做得最好。

渝怀铁路是我国西部大开发的标志性工程之一，跨重庆、贵州、湖南三省市，其中重庆境内工程和投资占渝怀铁路全线70%以上。渝怀铁路也是当时自新中国成立以来重庆市最大的基础建设工程。您长期在重庆市发展改革系统从事国民经济管理工作，是市铁路建设领导小组办公室主任，亲自见证了渝怀铁路从酝酿到建成的全过程。请问您为渝怀铁路的建设主要做了那些事情？

马述林：主要是三个方面的事：

一是明确提出了渝怀铁路的主要去向是东南沿海，去往两广，为达到这个目的，渝怀铁路东端的接点应是怀化。这是以前包括孙中山川湘铁路方案和川汉铁路南线方案都没有提到过的。东端接点是怀化，主要解决重庆往东南沿海去的客货运输问题。

二是明确提出了渝怀铁路西端在重庆境内的出线应走北岸。过去研究的方案都是从重庆南边走，从九龙坡，经鹅公岩大桥，往南坪，再往东。另一个方案是走珞璜，一直顺着江南走。当时争论得比较厉害，铁路部门坚持主张从南边走。我主张走北岸，从江北走，江北设新客站，然后往鱼嘴方向走。因为重庆主城北边用地开阔，城市发展空间大。鱼嘴和长寿都是规划的重要工业区，渝怀铁路经过那里有利于布置大型工业项目。因此，渝怀铁路西端在

渝怀铁路的主要去向是东南沿海，渝怀铁路西端在重庆境内的出线应走北岸。

重庆境内的出线只能走北岸。历史证明，这种选择也是对的。

三是在全国理论界和实际工作部门中第一个明确喊出中国需要修建沿江铁路。当时反对修建渝怀铁路最强烈的，就是认为渝怀铁路有很长一段要沿江走，特别是重庆到涪陵段。一些人认为，沿江铁路会跟水运争饭吃，会导致水运衰落。事实证明，长江水运不但不会因为修建沿江铁路而衰竭，反而能够弥补不足，"黄金水道"不会因为沿江铁路的修建而失去光泽。

问：近年来，高铁的飞速发展更是有目共睹，但落后体制所导致的弊端也日益为人所质疑。您刚刚也提到了铁道部的体制。社会各界对铁路体制改革的关注度越来越高。铁道部成为仅存的一个政企不分的单位，其庞大的运管体系正为社会各界所诟病。

马述林：你说的确实代表了一部分人的看法。首先公众应该对中国铁路有一个客观公正的认识，中国铁路从新中国成立初期的2万多千米，发展到现在的7万多千米，铁路运输对中国经济的发展贡献了很多力量，如果没有铁路，中国经济的发展状况真的难以想象。中国铁路是半军事化管理，承担了许多非市场的劳务服务，比如军运、农资运输、抢险救灾等，这些服务，使其他部门降低了

> 长江水运不但不会因为修建沿江铁路而衰竭，反而能够弥补不足。

成本支出。铁路系统功劳肯定是有的，但是存在的弊端也非常严重，那就是建设速度太慢。目前 7 万多千米的通车总里程，只相当于美国的 1/3。50 多年来，中国铁路建设的速度一直很慢，"八五"期间是铁路建设的最低谷，五年全国新建铁路才几百千米。

正因为出现这种情况，跟过去的计划经济时代的管理体制是分不开的：铁道部一家独大，垄断了国家整个铁路系统。1999 年以前，中国铁路年年亏损，虽然保持着低廉的运输价格，却也丧失了自我发展的能力，建设投入不足，铁路常年高负荷运转，造成中国铁路已丧失自建功能。火车靠国家补贴维持低价格对其他交通运输方式也是不公平的，对其他交通运输方式来说是一个不正当竞争。应该是各种交通运输方式通过竞争各得其所，能够反映出市场的稀缺性，市场经济应该发挥价格机制来分配我们的交通资源。价格太低不利于自身发展，反过来也制约着其他行业的发展。

各种交通运输方式通过竞争各得其所。

铁路体制改革已经酝酿五六年了，各方面都在探讨这个事情，铁道部也在研究，国家计委也在研究，中央也举行了一些研讨会。2004 年国家发改委也组织国内以及国外的一些专家进行过探讨，我参加了全国性的一些讨论，一直没有结果。

问：有人说我国客专里程太短、不成网，

严重阻碍了人们的出行和经济发展，很多地方等几十年也等不到建铁路。网上也有太多呼吁铁路建设加速的声音。请您跟我们分享一下您关于有效改善铁路低速建设状况的观点。

马述林：其实问题的关键就在票价上。现在的票价太低，价格和铁路提供的服务价值严重背离，"一只蛋坐一站，一只老母鸡坐一天"的时代应该过去了。

还有就是大量的学生票。低价优惠应该是市场的行为，但是在中国成了行政命令。如果政府规定某些特殊群体享受一些特价优惠，就应该政府自己埋单，而不是转嫁到铁道部头上。现实的情况是，铁道部是国家的，财政部也是国家的，谁补都一样；另一方面，现在经济已经市场化了，所以带有福利性质的行政行为都应该改变。现在的票价太低，使铁路丧失了自我发展的一个动力，价格不能正常地反映价值。渝怀铁路通车后，重庆坐汽车到秀山要 160 元，而坐火车只要 27 元钱。

票价太低使铁路丧失了自我发展的动力，价格不能正常的反映价值。

国家定价太低了后，铁路物资的消耗都无法抵消，再加上现在铁路建设的成本增加，铁路维持正常运转都成问题，哪里还有积累来修铁路，那是不可想象的事情。1978 年修 1000 多千米的襄渝铁路才用了 34 亿元，现在花 340 亿元也修不了和襄渝线同样规模的铁路，原来的钢轨是 43 千克的，现在最一般都要 70 千克，最重的要 80 千克，烧煤的蒸汽机车换成了现在的电力机车还有高速的动车组。

火车靠国家补贴维持低价格对其他交通运输方式也是不公平的。比如重庆到秀山的铁路修通过后，有几十班长途汽车差不多全部停了。对其他交通运输方式来说是一个不正当竞争，因为铁路有国家补贴，汽车运输什么都没有，应该是各种交通运输方式通过竞争各得其所，能够反映出市场的稀缺性，市场经济应该发挥价格机制来分配我们的交通资源。价格太低不利于自身发展；反过来也制约着其他行业的发展。

市场经济应该发挥价格机制来分配交通资源。

问：铁路改革一次次被提起，又一次次被搁置。要改革还是要发展？这个哈姆雷特式难题 30 年来一直困扰着中国铁路。尤其是"7·23"动车追尾脱轨事故，再度引发了社会各方对铁路管理体制的严重质疑，督促改革重启、要求政企分开、分拆铁道部职能的呼声日隆，成为难以辩驳的主流意见。

马述林：我同意你的判断。目前，中国铁路通车总里程仅为 7 万多千米，用有限的铁路承载着巨大客货运量，中国铁路的利用率在世界创造了一个奇迹。高利用率背后，是铁路建设资金缺口巨大、建设速度严重滞后的无奈。

其实铁路建设速度慢是因为铁道部的垄断，造成了铁路建设资金不足。看到了现在的高速公路就看到了未来的铁路。

高速公路在 80 年代后期才起步，在十多年的时间里，高速公路就实现了从零到世界第二的转变。高速公路的迅猛发展应该归功于实行了开放的政策。建设模式是地方政府为主，交通部钊对不同的地区给予补助，沿海大概在 10%，内地在 20% 左右，而西部则更多一点。有了资本金，企业就可以贷款跟进，以地方为主的投资模式让各地的高速公路建设大幅增加，交通部只制定规划、政策。如果能开放政策，铁路就能像高速公路一样，不怕资金不到位。

如果能开放政策，铁路就能像高速公路一样，不怕资金不到位。

调研访谈七：

轨道交通——形成城市通达新网络

问：轨道交通工程本身作为一个民生工程，它就是为广大市民的居住环境和出行环境改进创造条件的，这一点非常重要，因此才把它称为民生工程。而保障和改善民生是全社会十分关心的问题，这确确实实关乎每一个百姓的利益。

沈晓阳：我赞成你的观点。所以我们任何一个行动，包括我们的规划、运营、建设，都是时时处处围绕着我们的市民着想的，这就体现了我们党和政府为民服务的宗旨，共产党人为人民服务是我们的根本宗旨，也体现了市委、市政府为老百姓办实事、求实效这样一个精神，因此我们所做的一切工作都是紧紧围绕我们的民生建设和科学发展这个主题和主线开展的。

沈晓阳，研究生，时任重庆市轨道交通（集团）有限公司党委书记、董事长。享受国务院政府特殊津贴专家。现为重庆市轨道交通集团高级顾问。

经过了我们轨道交通几万参建的劳动者20年的艰苦努力，早在2012年，我们已经建成和运营了三条轨道交通线路，日运量是70万人次；到2013年，就已开通四条，分别是轨道交通1号、2号、3号、6号线，日均客运量 110 万到 120 万乘次；到 2015 年，重庆将建成 208 千米轨道交通线路；2020 年，规划 9 条线路，将建成轨道交通网 300 多千米，日均客运量达到 600 万人次。为我们主城区、轨道沿线的市民的出行提供了便捷的交通出行条件，也间接地提升了我们市民的生活质量水平。轨道集团的员工就是在践行为民服务的宗旨。

轨道交通是资金密集、技术密集、劳动密集的行业。

我们在推动和执行市委、市政府科学发展和关注民生的工作中，这些工作成绩的取得得益于我们全体 7000 名员工，得益于全体员工的辛勤努力，还有几万战斗在工程建设第一线的劳动者，从这一点来说，这些劳动者是最光荣的，没有他们在一线的奋斗努力就不会有我们的民生工程和老百姓享受的便捷服务。

问：就像您说的，要是没有轨道交通几万参建的劳动者数十年的艰苦努力，就不会有老百姓享受的便捷服务。可见，轨道交通劳动者在这项民生工程中有不可替代的重要性。请问重庆轨道集团是如何保障职工劳动权益、构建和谐劳动关系的？成效如何？

沈晓阳：在职工劳动权益方面，我们轨道集团从两个方面来保障。

第一个方面，由于轨道交通是资金密集、技术密集、劳动密集的行业，它体现了交通科技进步的现代化，因此它对劳动者的素质要求非常高。轨道交通的建设，每一千米的运营需要 70 名高素质的劳动者，因此我们每年通车的交通线路都要招收大量高素质的人才。职工的劳动权益，在没有进入公司之前，他是作为一个公民、一个市民，他有就业的权利。我们通过轨道交通建设，实际上每年创造了上千个劳动岗位，还不说轨道交通带动的产业发展产生的就业。

第二个方面，凡是进入轨道集团的职工我们都要保障他们更好的劳动权益。我们严格按照工会、国家关于劳动生产和劳动保护以及职工的权益的要求来开展我们的各项活动。新来的员工我们都是对他们进行了无微不至的关怀。清明节的时候我们还到各部门进行了调查，新来的员工我们都进行培训，上岗之后会有几个基本的要求：一是新员工来了之后，首先他要有一个师父，这个师父是一对一的，还要签师徒合同，手把手地教他，关心他们的成长。二是要与班组长建立工作关系，班组长要指导他、帮助他。三是在基层我们有一个辅导员的网络，每一个班组、车间都有我们的辅导员，辅导员是党员或者入党积极分子，或者是思想政治工作者，他就要负责关心我们新来的员工，他在开始参加工作的时候，有什么问题都可以和辅导员交流，所以思想工作我们是做

通过轨道交通建设，每年创造了上千个劳动岗位。

到每一个员工，特别是新来的员工身上。通过让大家处在一个和谐的家庭式的氛围中，这也是关心他的劳动权益。四是我们在基层还有工会，工会的主席和工作人员负责员工劳动权益方面的问题。另外，单位还鼓励和帮助员工申请公租房，我们有 1/3 的员工申请了公租房，有近千名员工都得到了公租房。特别是新来的员工，所以大家都认为公司对他们无微不至的关怀，特别是让他们的家长放心。

我们为员工的成长创造条件，因此建立了各种员工成长的通道。

在构建和谐劳动关系方面，我们把公司作为一个家庭来对待，家庭里面的长辈都要负责关心新来的员工，形成一种和谐的关系，这也是体现保障职工的劳动权益。在夏季，我们职工的站台上站岗不能超过半小时，大家要轮岗，这都是基本的。我们总工会、交通建设工会和我们自己的工会在这方面是做了很多工作，所有新来的员工都要签集体劳动合同，同时，更重要的是我们的企业是现代化的企业，我们要为员工的成长创造条件，因此我们建立了各种员工成长的通道。我们企业要创造劳动是光荣的、劳动者是平等的这样一种良好氛围，通过考核定期进行打分，创造一个不断成长的环境。我们公司的岗位是流动的，这样就创造了一个条件，每个人不管你在什么样的岗位上，只要你努力工作，你都会得到相应的回报，同时你的劳动也得到了公司的尊重，得到了我们各个方面的认可。我们办有学习班，包括大专班、本科班、研究生班，新来的大学生都要进班学习，不能让年轻人去做一些消磨意志的事情，我们企业从来都是业余学习、安全学习。我们和西南交通大学、成渝交通大学合作办了本科班、研究生班，还有网络学校，毕业之后颁发文凭，员工可以不断地提升自己。通过这些让他们能够看得到企业在发展，员工个人的命运和企业是联系在一起的。这样一来就不是一种雇佣和被雇佣的关系，不是一个金钱的关系。不断地给员工增加知识，灌输和树立知识是崇高的，让各类人才在不同的岗位上都能够得到成长，灌输和树立这样一个理念，就是人才是宝贵的，我们鼓励创新、鼓励创造。科技进步、管理创新是重要的两个车轮，体现了劳动是光荣的、知识是崇高的、人才是宝贵的、创新是伟大的，按照这样一种时代先锋来推动我们的工作，来体现我们和谐的劳动关系。

有了这些理念，在推进这些工作的同时，我们现在有好多劳动模范，有两个全国劳动模范，还有一个是重庆市的劳动模范，还有全国三八红旗手，也是获得五一劳动奖章的单位。这样就形成了劳动模范的团队，没有和谐的劳动关系，员工不会把公司当作家。今年3月，

> 不断地给员工增加知识，灌输和树立知识是崇高的，让各类人才在不同的岗位上都能够得到成长。

由 35 个国家级的专家在 150 个行业评出的 1000 名专家中，我们占了 35 个，1000 名中有 300 个是国家级专家委员会的候补委员，我们占了 3 个。

"十二五"期间，我们员工的成长通道要继续优化创新，我们轨道员工的成长通道还获得了全国劳工部的高度评价。另外是加强员工的培训，培训是企业最大的福利，特别是国有企业。我们所有的老员工和新员工，每一年都要进行培训，我们有自己的培训机构，员工的能力提升了，就体现员工的价值，最后的结果就是提高了他的收入。

第三就是团队建设，我们的企业文化就是员工要像一颗螺丝钉一样紧紧地钉在轨道交通的岗位上。一要牢记岗位责任，二要做一个闪闪发亮的螺丝钉，追求卓越，不断提高自己的能力和水平，提高团队合作的水平。所以要强调我们的团队精神，最后的目标就是，要创造一个使所有员工都心情愉快的，目标明确的学习氛围，要尽心尽责地努力奉献，强调雷锋精神，努力奋发有为。对于员工还要创造一个文明生活、健康生活的环境，所以要增加员工的收入，使其体面地生活。要让员工住上公租房，让员工感觉到幸福。收入分配要向生产一线，向安全保障一线，向科技管理创新的同志倾斜。

> 我们的企业文化就是员工要像一颗螺丝钉一样紧紧地钉在轨道交通的岗位上。

问：紧密团结、追求卓越的团队是轨道交通获得快速发展的保证。现如今便捷的轨道交通已成为越来越多市民的出行首选。这是所有轨道交通人的轨道梦，也是重庆承载了整整70年的梦，重庆轨道集团仅用了9年的时间就实现了。这9年来，您见证了重庆轨道从无到有的全过程，也让重庆建轻轨从国外专家嘴里的不可能变成了佩服，也让重庆造轨道交通走出了国门。请您简单介绍重庆轨道的发展历程。

沈晓阳：重庆在20世纪40年代就有发展城市轨道交通的计划了。当时有一个陪都建设计划，打算在重庆建地铁。50年代末期，重庆地铁建设开始有所行动，但60年代受大环境影响停止。1988年，重庆首次提出要建地铁，线路从解放碑到重钢，并成立了一个轨道交通规划研究机构。

1992—1998年，我主要负责全市轨道交通规划、筹建、工程预可研、工程可研和国产化研究、设计等重大工程项目。在这个阶段，轨道2号线蓝图首次出炉。重庆地域环境特殊，弯多、坡陡、路窄，国内很少有相关资料供参考。国外对轨道建设采取技术封锁，能拿到的参考资料很少。经过长时间研究，我们终于研究出了一种爬坡能力强、成本相对较低的轨道交通，这也是我国首座跨座式单轨。单轨

重庆在20世纪40年代就有发展城市轨道交通的计划了。

交通从设计到着手建设，需要 10 年筹备期，在 20 世纪 90 年代中期国家宏观调控前，重庆轨道交通项目审批暂停，其他城市的轨道公司也纷纷转向，我们不得不在实验车站旁开了个洗车场筹集经费。轨道交通是我们重庆人的梦想，不能就这么放弃。

1993 年，日本国际协力事业团专家在重庆开展了较场口至新山村线工程可行性调查。为了建设轻轨 2 号线，重庆请来日本单轨顶级专家石川正和现场调研。一行人来到佛图关站、李子坝站，这是轨道交通调研指定地点，石川正和却连连摇头，直呼"NO"。原来，建设单轨需要公路，架桥机才能把轨道梁吊上去，而佛图关、李子坝附近是公园。因为必须破坏绿地，加之该地段无固定点、坡度高，石川正和认为在此建轻轨不可能。后面我们经过长时间研究，研发出了一种专用于无公路地带的架桥机和运梁车，硬是把几十吨重的轨道梁吊上了十几米的高空。轨道梁在大堰村造好后，要从袁家岗运到浮图关，因该段路中间有一个弯道，还没到浮图关，梁就偏心了。为此，我们组织轨道交通专家展开多次研讨，总算找到了出路。如今，这些技术成了轨道集团的核心机密和核心技术。2004 年年底，轻轨 2 号线开始载客试运营。今年 4 月在重庆举行的国际单轨论坛上，

> 轨道交通是重庆人的梦想，不能就这么放弃。

石川正和找到我说，重庆的轻轨建设很让人佩服。

目前，重庆轨道交通有 80 多千米是单轨线路，轻轨绝大部分设备都是本土产。本地化生产不仅为轨道建设节省了大量资金，还为本地企业带来了巨大经济效益。如今，韩国大邱、越南、巴西、印度都有重庆造轨道交通。2013 年，"重庆造"的单轨正式走出国门。跨度式单轨是全国首家走出国门的轨道交通。造价相比地铁低 1/3，环保性能也优于地铁，运营过程中噪声小，在类似重庆这样的山地城市运行时，能完成地铁无法做到转弯操作。

仲建华：我市目前 70% 的单轨设备已经实现本地化生产，在轨道集团搭建的平台上，重钢、机电控股、四联等国有企业和一大批民营企业，都参与其中，形成了一条新兴的轨道交通产业链。

就近生产、就近供应，产业支撑确保了我市轨道交通建设的快速推进。比如轻轨站台上的安全门和屏蔽门，过去只能购买国外产品。随着重庆四联集团通过与国外企业合作，掌握了技术标准，现在这些配套产品不仅实现了本地造，还卖到北京等国内其他城市。轻轨车辆过去也只能依赖进口。机电集团等本地装备制造企业通过与研究所合作，

仲建华，研究生，正高级工程师，曾任重庆市轨道交通（集团）有限公司董事长、党委书记。现为重庆市轨道交通集团高级顾问。

如今不仅掌握了轨道整车生产技术，还在鱼嘴建了重庆轨道交通生产基地，批量生产、组装轻轨、地铁车辆。其生产能力今年将达到 500 辆。

问：跨座式单轨在我市的轨道交通发展中意义重大，是符合我市特殊地形需要的重大创新。您作为我国第一条跨座式单轨交通系统的创造者，作为中国第一个"吃螃蟹"的人，您和您的团队是怎样克服复杂的地形以及重重技术障碍。

仲建华：20 世纪 90 年代初，我和我的团队先后两次赴日本，学习、考察跨座式单轨技术。经过大量的调查研究和对比，我们大胆提出，日本的跨座式单轨交通，因其占地少、爬坡能力强、投资省、噪声小等特点，较适合重庆这种山水城市。但由于跨座式单轨在国内尚属首次，无技术、无设备更无技术人员，其审批过程十分漫长，还曾 3 次被叫停。中间几年，对于我们来说，有时是痛苦和绝望的，但我们并没有泯灭心中的梦想，始终保持着必建的信心。我们一边办洗车场、开发网站、承接客流分析等业务，艰难地维持着单轨项目的存续，又再次东渡日本学习技术。为了不受制于日本，我们在引导消化吸收的基础上，开始了国产化和自主创新之路。

在引导消化吸收的基础上，重庆轨道交通开始了国产化和自主创新之路。

1997 年重庆直辖市设立，重庆轨道交通 2 号线跨座式单轨交通项目终于迎来了"春天"。在后来的建设中，我们攻克了日本人认为不可能的大跨度架桥机运梁车技术，顺利让轨道横跨了嘉陵江，横穿了居民楼等。在这个过程中我们创造了多项中国和世界第一。

这是一个庞大的系统工程，它需要信号、车辆制式的完全统一，还要制定非常严谨的列车运行图，更要强大的综合调度能力以及在线网规划之初的综合设计。要让老百姓出行更便捷、更舒适，必须通过技术来实现。因此制定了互联互通的地方标准，实现了轨道在不同线上跨线、越线和共线的网络化运营模式。目前，在重庆第二轮新线建设中，该模式已纳入建设中，预计在 2017 年，市民将享受到"一坐到家"的便利。国家发展改革委也将此作为示范性项目，并在全国推行。

重庆轨道交通制定了互联互通的地方标准，实现了轨道在不同线上跨线、越线和共线的网络化运营模式。

问：从北京到香港、从纽约到伦敦，综观全世界，发达的轨道交通几乎成为每个国际大都市的血脉。以香港为例，虽是世界上人口最密集的地区之一，但少有堵车现象，原因只有一个，轨道交通承担了一半以上的客运任务。

沈晓阳：你说得很对。因为有发达的轨道交通和合理的换乘点设置，在香港，市民坐公交比自己开车还方便。通过 10 年左右的规划建设，重庆的轨道交通将赶上今天的香港。到

2020 年，重庆一小时经济圈也能实现这个目标。届时，圈内的各组团和核心城区，将形成一个有机整体，市民通过轨道交通出行的比例可以达到 40%—50%。可以说，今天香港市民能够享受的，重庆市民以后也可以享受到。到时候机场、城际铁路、港口等对外交通枢纽，轨道线路、常规公交客运、私人汽车等方式间换乘距离，将不会超过 200 米，步行换乘不超过 3 分钟。

随着城市的发展和私家车的普及，解决城市交通拥堵成为当地政府首要解决的问题之一。

届时，常规公交、私家车等，都将不再承担主要市民出行任务，而只为换乘轨道交通服务。因为 10 年后，重庆一小时经济圈内所有行政中心、加工园区，或者达到 10 万人口的集中居住区，都会覆盖轻轨、地铁、高速铁路或城际铁路，有机衔接为一张便捷的交通网。

2011 年重庆完成了轨道交通 1 号、3 号线建设，与已开通运营的 2 号线形成"大字形"轨道交通骨架，紧密连接重庆市核心城区的行政、经济、文化中心、公共活动区、居住区等。除了已经建设好的轨道交通 1 号线到 6 号线外，正在和发改委一起研究新的轨道交通线网。

仲建华：随着城市的发展和私家车的普及，解决城市交通拥堵成为当地政府首要解决的问题之一。而城市轨道交通则以节能、环保、快捷、高效等优势，成为解决城市交通拥堵最有效的交通方式。

目前，中国已成为世界上城市轨道交通发展最迅速的国家。截至 2012 年年底，中国内地已有 17 座城市拥有 64 条运营线路，总运营里程达 2008 千米；运营、建设及规划发展城市轨道交通的城市总数已达到 53 个，总规划线路超过 400 条，总规划里程超过 13000 千米。截至 2012 年年底，重庆城市轨道交通运营里程合计约 131 千米，至 2014 年重庆城市轨道交通总运营里程达到 197 千米。

未来，轨道交通也将成为我市优先发展的交通方式。重庆城市轨道交通远景规划为 18 条线路合计 820 千米，约占我国运营、建设及规划的城市轨道总里程的 6.3%。根据我市轨道交通远景规划，未来我市轨道交通日客运量将达到 1738 万人次，预计城市轨道交通占全交通出行比例的 32%。

李秀敏：其实，低碳出行是最好的和轨道交通接轨的方式。应该结合重庆山城的特点，围绕轨道交通站点建设地下通道走廊，可采用自动扶梯、自动运行的步道系统，辐射更多的人群选择轻轨。

重庆是一座山城，轨道交通要么在山的一边，要么建在地下，而且经过的路段，大多数是已经规划和开发了的城区，因此设计

李秀敏，时任重庆市轨道集团常务副总经理。现为市轨道集团高级顾问。

地铁和轻轨出口时，就有了难度，客观上给乘坐轨道交通的乘客带来了不便。因此，可以向地下要空间，在地下建立完善的步行系统、停车系统，加大轨道交通的便捷度。这项工程耗资巨大，光是轨道交通建设集团难以承受，建议有条件的主城区可以率先行动起来，主动与轨道交通各站点搞好衔接。

问：有一种观点认为"从目前重庆每天的人流量来看，盈利问题不大，可能不需要政府太多的财政补贴"。这种观点为各地加快投资的地铁建设提供了一个模式。目前各地的地铁投资单位千米资金需求越来越大，建设轻轨的成本越来越高。而单纯依赖政府资金，则难以行得通。那重庆当时的投资问题是怎么解决的。

可以向地下要空间，在地下建立完善的步行系统、停车系统，加大轨道交通的便捷度。

李秀敏：资金平衡这个方面的话，当时童小平副市长提出过用土地，那个时候比较早了，2002 年以前，一直都在提这个事情，必须建设轨道交通。它不仅可以解决交通问题，还可以拉动沿线的经济发展。童小平副市长这方面意识是相当到位的。

2002 年，重庆比较落后，这经历了一个过程，后来真正提出来可能就是在 2002 年、2003 年。解决资金平衡问题一个就是用土地，另一个就是政府给的资本金。所以跑了很多次北京，一个是用贷款，因为重庆确实拿不出来钱，但是又要建设，当时建 2 号线是非常非常难的情况下建的。日元贷款转换为我们的资本金，然后还把我们建设早期的资金作为资本，银行贷款支持。我们那个时候比较穷，资本金的话就是 20%，向银行贷款，才逐步完成了 2 号线的建设。童小平副市长想了很多的办法，也是按期完成了政府的目标。

另一个就是土地。市委、市政府的政策是不能用所有的土地，使用的土地必须进行公开挂牌，土地储备必须是政府部门，当时就是国土局，后来成立了地产集团。这个观念和理念一直没有丢，就是童小平副市长提出的"有资源来储备"，这不是光说小概念上的，而是大概念上的。重庆市的储备土地，后来换来的挂牌销售，挂牌出让的收入拿来当资本金，这个也是平衡了的。地产集团、两江新区、城投公司出让用到了我们 1 号线、3 号线的建设资金。资金平衡这块真不容易，那个时候连温饱都达不到，当时大家都是持怀疑的态度，那个轨道交通投资这么大，能不能够解决问题，运输量能够占多大的比重？

所以资金平衡这个方面，童小平副市长是在管计划、管投资，而且敢于担当，敢于承担责任。在副市长当中，她坚持一贯干练的工作作风。而且她一贯重视进行深入的调查研究，到我们这里来视察，每来一回都要解决不同的

通过向银行贷款，才逐步完成了二号线的建设。

问题。2 号线建成过后就要运营，运营当中没有大修，没有维修这些，都是保修期内，所以现金流是可以平衡的。但是过了两三年后就出现了问题，就是票价的问题，我们从全市来说，是一个公益事业，为老百姓服务，但是企业如果要承担差价问题的话，企业是承担不起的，我们当时的票价是 2.6 元每千米，但实际上运行的是 3.3 元每千米，1 千米都差 7 毛钱。童小平副市长是实事求是的。她不会说这是你们轨道企业的事，她就认为这个事情该政府部门来承担。政府财政当时也是开了很多协调会，当时确实政府没有钱，就按照一年 2000 万元补贴给轨道公司。就像童小平副市长说的我们花钱把这个资源引导起来。政策出台过后，很快发改委、建委就给我们 2000 万元的补贴，支持轨道公司正常运营起来。

另外还有一个就是她提倡的一个思路，充分利用土地资源。配备给轨道的资源，或者是配备给政府其他土地的储备公司的资源，最后都是考虑到要有一些钱回流到轨道交通这块来。因为当时建轨道的时候有这个观念，有轨道的地方的土地必须增值。把土地的增长的幅度，增长的收益其中的 300 元钱一平方米，一定比例的资金回馈到地铁当中去。每个地级不一样，这个地方是核心地区，地

把土地增长收益一定比例的资金回馈到地铁当中去。

级就高，地价相应就高了。开发商来拿这块地的话，价格就不一样，因此把轨道沿线的楼盘提高了一级。当时我们也跟国土局讨论过的，也是土地用于轨道交通当中的一个变通的方法，把地价提了，土地的出让基金相对要增多，反哺给轨道交通建设的钱也就更多了。

调研访谈八：

航空枢纽——提升区域辐射新动能

问：2010 年重庆市和中国民用航空局举行的高层会晤，明确提出将重庆江北国际机场打造成为全球知名的国际机场、中国重要的大型复合枢纽机场，为重庆机场未来发展指明了方向，也把重庆机场打造成为大型复合型枢纽机场上升到国家战略的高度。

赵江平：你说得很对。在 2011 年的重庆江北国际机场枢纽建设研讨会上，民航局进一步表示重庆机场复合型枢纽建设，是重庆机场社会发展的需要，是民航强国战略的需要。我们将积极支持重庆江北国际机场枢纽建设战略，积极支持南航和重庆航空在重庆江北国际机场枢纽建设中地位和作用的发挥。这说明民航局已将重庆机场打造成为大型复合型枢纽机场上升到国家战略的高度。

赵江平，研究生，时任重庆机场集团公司党委书记、董事长。曾获全国优秀企业家等称号。现为重庆机场集团公司高级顾问。

要建设一家枢纽航空公司，必须有一家大型航空公司的网络航空公司要把这个地方作为基地，才能起到聚散作用。所以童小平副市长亲自出面和南航谈。因为要找一家公司比较困难，我们找哪一家航空公司呢？国航是把北京和成都作为枢纽，东航是把上海和昆明作为枢纽，所以说我国三大航空公司里唯一能够把西部作为基地、作为枢纽的，恐怕就只有南航了。所以童小平副市长亲自出面找南航谈。从选择角度讲，国航是我们国内规模最大的航空公司，它的吞吐量最大，国内网络最齐全；但南航飞机最多，国内网络最齐全，所以选择了南航。

问：目前宏伟的发展蓝图已经绘就，并正在抓紧组织实施，未来重庆机场的定位将由地区性枢纽机场向北京、上海、广州等复合型枢纽机场转变。请问围绕这一目标，重庆机场具体是怎样开展工作的。

赵江平：围绕这一目标，重庆机场已启动并完成江北机场开辟国际（地区）航线、增强全国干线辐射能力及区域支线航线网络布局三大战略研究，形成了"123"枢纽发展战略，即做强"一家基地航空公司"，优化"两大资源配置"，完善"三大航线网络"。

打造大型复合型枢纽机场，就必须要有强大的基地航空公司作为支撑。而在江北机场运营的四家基地航空公司，各自的市场份额均未超过20%。目前，重庆机场将与中国南方航空股份有限公司结成战略联盟，将南航打造成重庆机场的旗舰基地航空公司。南航在全国布局四大枢纽分别是：广州——核心枢纽，北

打造大型复合型枢纽机场，必须要有强大的基地航空公司作为支撑。

京——重要枢纽，乌鲁木齐——门户枢纽，将重庆定位为发展战略枢纽，并在战略布局、运力投放、航线开辟、高原中转及航空货运五大方面推进重庆枢纽建设。

实现枢纽建设，既要优化空中保障资源，又要优化地面保障资源。空中保障资源优化以空域结构为突破口。重庆机场将在南部空中分流的基础上，着力推进东北部空中交通分流。地面保障资源优化则主要围绕中转展开。以"超级中转"为形式，完成T2中转流程优化项目，进一步提升地面服务保障水平。加快推进江北机场四期扩建工程，提升机场硬件保障能力。东航站区及第三跑道项目在2015年建成并投入使用。完善中转设施，优化中转流程，提高中转效率；完善地服、机务、保税仓库等配套产业，完善机场综合保障功能。

此外，还要通过完善国际（地区）航线网络、完善国内中转网络、完善区域支线辐射网络来实现枢纽功能建设。以南航为依托，建立覆盖全国的轮辐式干线网络，加密主要干线航班，至三大枢纽每天达到30班、至全国重点省会城市每天20班、至重要经济城市和热点旅游地区每天10班。此外，以重庆为中心构建中、西部地区1小时空中支线网络、完善2小时高原航线网络和3小时地面运输

> 实现枢纽建设，既要优化空中保障资源，又要优化地面保障资源。

网络,并通过空空、空地网络的联动,提供便捷的中转服务,助推重庆综合交通枢纽发展。

问:为了实现对惠普的承诺,要求重庆机场第二跑道长从3200米延长至3600米。现在第二跑道PCN值为93,能满足波音747-400全货机满载情况下直飞欧美,对重庆打造全球最大笔记本电脑基地提供了物流保障。请问反过来,全球最大笔记本生产基地、保税港区、两江新区,重庆经济发展利好众多,重庆机场如何抓住其中的发展机遇?

赵江平:那就要重点发展综合性的航空物流产业,主要有以下具体工作:

一是大力发展国际货运。我们要以重庆内陆保税港区建设和HP、富士康等笔记本项目的全面投产为契机,加快国际货运航线拓展。目前,重庆机场已开通了至列日、达卡的国际货运航线,重庆至台北地区货运航线。以后还将开通重庆至俄罗斯国际货运航线,加上翡翠航空开通的飞阿姆斯特丹、迪拜航线,重庆机场开通了6条国际货运航线,位居西部第一。

二是积极拓展保税业务。将拓展IT产品保税仓储业务、升级保税仓储产品结构定为保税仓储业务发展的重要方向。

三是稳步推进与保税港区的深度合作。2010年我们与重庆保税港区签订了546亩土地的转让协议,为下一步航空物流发展奠定了

重点发展综合性的航空物流产业,应大力发展国际货运,积极拓展保税业务,稳步推进与保税港区的深度合作。

基础。

四是有序推进航空物流园项目建设。重庆机场航空物流园规划占地2700亩，分三期建设。航空物流园区（一期）335亩已全部建成，包括5万平方米的进出港货运站、1.2万平方米的物流分拨中心以及航空货运街、联检报关中心、海关监管中心、公共保税仓库等项目，能满足50万吨的货物处理能力。航空物流园区（三期）建设已启动，3万平方米的货运库房已经动工。

问：方便快捷的物流为经济的发展提供了保障；重庆经济快速增长又为重庆民航业的发展提供了支持。再加上重庆是中国西部最具有投资潜力的特大城市，重庆还是中国西部地区投资环境最好、商机最多的地区。看来将重庆机场规划建设成大型航空运输枢纽，目前就是最好的时机。

三大优势助推重庆江北国际机场形成大型门户枢纽。

赵江平：你分析得很有道理。目前，至少有三大优势助推重庆江北国际机场形成大型门户枢纽：一是政府的支持。国家将重庆定位为长江上游经济中心，重庆的经济发展带动和辐射西南乃至整个西部地区的经济发展。国家西部开发战略对重庆发展给予大力支持，为重庆的发展提供了坚实的保障。重庆市作为直辖市在政策和资金支持方面有更大的自由度，对航空运输的支持力度在西部地区排名第一。二是经济的支撑。重庆作为主导西部开发的经济龙头，近年来经济发展总量大幅度提升，发展速度较快，城市工业门类齐全，制造业发达，不但是全国重要的生产基地，还是长江上游的工商业重镇。三是日趋完善的立体交通网络的形成。重庆具备发展商业门户枢纽的交通优势，目前已拥有中国西部最完备的交通运输体系和西部唯一的长江黄金水道，水陆空立体交通网络已经形成。

重庆机场具有建设交通枢纽的先天优势，10万吨级寸滩港口、龙头寺火车站和机场三者形成"铁三角"，而且相互的距离都在10千米范围内，将公路、高速路、铁路、城市轻轨、城际列车、公交的客货流均集中到机场极为容易。建设机场直达长江港口、铁路港的专用高速通道，实现多种运输方式之间旅客的"零距离"换乘和货物的无缝衔接，打造以重庆江北国际机场为核心的多式联运立体大交通指日可待。一旦形成以重庆江北国际机场为核心的综合交通运输体系，机场将扮演作为地区经济增长发动机的角色，充分发挥战略作用，成为重庆市的商业经济次中心和大西南的航空经济中心，实现商贸、金融、交通、信息、技术、人才等流量要素的高度集中和快速流通。到那时，机场流量经济的巨大作用也将得以充分发挥。

重庆机场具有建设交通枢纽的先天优势。

问：重庆承东启西，南北传递，适合发展从重庆中转的国内航线，可以有效地保障旅客实现国内转国内、国内转国际、国际转国际。重庆江北国际机场的中转功能和门户功能已日益凸显并得到充分发挥，它蕴含的巨大潜力也日益显现。

赵江平：我同意你的观点。经统计，目前经过重庆江北国际机场的过站航班数超过该机场所有航班的40%。如充分发挥重庆的地域优势，找准战略定位，积极开发新兴市场，向西发展，开发欧盟和中东市场，大力发展跨印度洋、波斯湾和地中海的航线，届时重庆将成为欧盟和中东地区到我国内地甚至是东南亚地区的中转门户枢纽。

重庆机场具备发展成为国际门户枢纽的条件。

重庆机场也具备发展成为国际门户枢纽的条件：第一，地处黄金交叉点。重庆处在西北城市转东南沿海城市、东北地区到西南地区的黄金交叉点上，适合发展中转联程航班。第二，通达高原的中转枢纽已形成。重庆机场是民航总局最早批准的进藏机场，具备吸引东南沿海地区以及欧洲和东南亚地区的旅客经重庆中转至拉萨、九寨、丽江、林芝和昌都等高原机场的先发优势。第三，已形成大西南支线旅游航空枢纽的格局。重庆周边地区拥有丰富的旅游资源，结合"一小时航空运输圈"的打造，重庆与贵阳、长沙、宜昌、恩施、万州、铜仁等 12 个机场通过"成渝快巴"模式联系起来，这将有效提升重庆机场的中转能力和区域辐射能力。第四，初步形成水、陆、空、铁立体多式联运枢纽，逐步将铁路、公路、轻轨、公交多种运输方式引入机场，打通机场至水运码头的快速通道，全面提升机场运营效率和中转效率，完善地面交通网络，实现旅客零距离换乘和货物的无缝隙衔接。第五，具备大型门户枢纽特征，目前重庆已与韩国首尔、日本名古屋、泰国曼谷、新加坡、吉隆坡等国家和城市直接通航，并将开通经北京、广州、上海中转到世界各国的航线。近期正加大国际直航航线的开发力度，陆续完善国际航线网络，进一步将重庆江北国际机场建成西南地区连接东南亚、中东地区和欧洲的大型国际门户枢纽机场，并通过铁路、公路、水运等方式实现国际、国内客货的高效无缝隙衔接。

问：重庆航空潜力巨大，发展势头强劲。自 1990 年重庆江北国际机场建成投用以来，2007 年突破 1000 万人次大关，迈入全国十大机场行列。仅仅 5 年过后，2012 年重庆机场又突破了 2000 万人次的旅客吞吐量，实现了新的历史跨越。2015 年旅客吞吐量突破 3000 万人次达到了新量级，进入世界繁忙机场行列。重庆机场主要会把客运作为突破点，发展成为西部的枢纽性机场。我们要打造五重枢纽，促进跨越式发展。

赵江平：你说得很对。枢纽战略是重庆机场发展的核心。这正是重庆机场的"踏板"所在。我们的枢纽战略包括五个方面，即国际商业门户枢纽、黄金交叉枢纽、高原机场枢纽、支线旅游枢纽和综合交通枢纽。

枢纽战略包括五个方面，即国际商业门户枢纽、黄金交叉枢纽、高原机场枢纽、支线旅游枢纽和综合交通枢纽。

打造国际商业门户枢纽，主要是基于对重庆机场航程特点的考虑。无论从拉萨至上海，还是从新疆至中国东南沿海城市群，重庆都处在这些航线的中心点上。同时，重庆正好处于东南至西北中转，西南至东北中转的中心，这是一个黄金交叉，适合发展中转联程航班和枢纽机场建设。

枢纽战略的规划被我们形容为跨越式发展。如果重庆机场仍然按部就班地发展，可能赶不上周边城市群，特别是赶不上重庆建设长江上游经济中心的发展速度。这样的观点与中国机场的发展状况相符。事实上，在很大程度上机场的发展取决于所在城市的经济发展，以及周边城市群的经济发展。重庆机场的发展不仅仅是重庆本身经济的需要，还涉及区域经济的需要。重庆机场的跨越式发展在需要应对内部挑战的同时，还需要差异性地参与外部竞争——成都和昆明的两个国际级机场。

目前，机场已经完成了飞行区的扩建和第二航站楼的建设，机场的运营环境得到了改善。重庆机场已经完成了未来15年的战略规划设计，充分考虑到了大型航空公司的枢纽布局和枢纽建设，以及重庆市、周边区域、长江上游的未来开发与建设。尽管在发展的过程中，会适当地修订规划，但是总的目标不会改变。在发展国际航空枢纽港上，不会脱离重庆以及周边地区的经济现状。

与此同时，通过机场属地化改革和首都机场集团重组的改革，重庆机场已经初步完成了组织架构的搭建，以及专业公司的剥离，基本完成了管理型机场的要求。

机场还缺少高素质的经营管理人才，在观念上还需要学习。

问：刚刚也提到2015年重庆机场旅客吞吐量突破3000万人次，而目前全球3000万级的机场不超过50个，实现新量级跨越的重庆机场也由此迈入全球繁忙机场行列。成绩斐然的同时，重庆机场的发展有没有面临一些挑战？

赵江平：重庆机场的挑战主要来自两个方面。

一个是内部的，机场现在还缺少高素质的经营管理人才，在观念上还需要学习。在机场辅业的发展上，重庆机场尚未形成拳头产品和产业集群，资源利用率不高，辅业收入偏低。据了解，做大机场辅业已经成为业界共识。在今年机场收费改革之后，扩大非航空业务更是陆续被多家机场提上议程。

另一个是外部的，是航线网络问题。重庆航空枢纽港的建设，需要得到航空公司的支持。而且，干线网络覆盖率不高，没有形成成熟稳定的支线航线网络。基地公司对中转航班的设计与运力投入力度不大，导致网络不够完善，不能完全形成对重庆及周边旅客有力的吸引。

问：航空推动城市发展的速度经济时代已经来临，从美国的达拉斯、孟菲斯，欧洲的阿姆斯特丹，中东的迪拜，亚洲的仁川等代表性城市发展历程中，可以勾勒出一个清晰的航空引擎带动城市发展模型，即以机场为核心、以航空网络为支撑、航空指向性产业围绕机场高度集聚的新型都市形态。国际上的一流大都市，普遍呈现出这一发展规律，"十三五"时期可以借鉴这个模式用以指导我们未来的城市发展。

戴科：确实是这样。"十三五"是重庆大型复合枢纽建设、航空大都市建设与城市发展三者的机遇期，叠加在一起，交相呼应，相得益彰。枢纽建设是前提，重庆机场今年旅客吞吐量已接近3000万人次，航线网络四通八达，联通美、欧、澳、中东等世界主要经济板块。三跑道和T3建设也如火如荼，释

戴科，现任重庆机场集团公司总经理。

放产能在望，为航空大都市发展和外向型经济建设提供了核心承载平台。临空经济是抓手，研究报告提出，依托江北机场迅速增长的客货运量和大进大出的通道能力，在机场周边圈层布局电子信息、生物医药、通用航空、现代物流、跨境免税消费五大重点产业集群，铸造经济增长新动力。城市发展方式转型是预期，通过临空产业培育和集聚式发展，实现低效、低值、高能耗传统产业向高附加值、高技术、高端产业转型升级，进一步打破本地市场、内陆市场、国内市场束缚向全球产业链纵深延展，推动重庆市"十三五"乃至今后更长时期的健康持续发展。

> 应进一步强化江北机场的枢纽功能，客货并重，比翼齐飞。

　　为了实现这些目标，应进一步强化江北机场的枢纽功能，客货并重，比翼齐飞。一是加密天上这张网，进一步加开洲际远程航线，争取在通航点上早日领先，吸附一小时航程圈3.4亿人口市场；二是要打通地上这张网，实现寸滩水港、团结村铁路港与江北机场互联互通，打通连接江北机场的公、铁、水辐射要道深入周边7000万人口腹地；三是要网罗航空巨头和快件大鳄，开放第七航权，争取强有力国内外航空公司，以及FedEX、UPS、DHL、TNT、顺丰等国内外航空快件公司在江北机场设立区域总部。做航空客运枢纽，也做航空物流枢纽。童小平副市长在"重庆构建航空大政府应高度重视航空在经济建设中的重要性。

都市发展规划研究"课题结题审查会指出，政府应高度重视航空在经济建设中的重要性。政府支持是设想落地的关键，生产力发展中心将与机场集团一起，以研究成果为蓝本，共同向市委、市政府提出报告，为江北机场发展争取高层的进一步支持，在土地、财税、市场拓展等方面给予大力政策配套支持，并且"尽快而不要等待"。

 **重庆改革**

调研访谈九:

户籍改革——造福城乡居民新生活

问:50 多年来,附着于户籍上的城乡居民各类权利与福利反差甚大。改革户籍制度,最直接的办法就是取消城乡二元户籍制度,还原其社会治安管理和人口信息统计两大功能,实行一元化户籍管理,实现城乡自由迁徙。但是,如果不消除附着在户籍上的各种社会福利,这种"改革"不仅毫无意义,还会引发新的社会矛盾。因此,户籍改革必须推进综合改革。

户籍改革确实是一场综合改革。

杨庆育:我赞同你的看法,户籍改革确实是一场综合改革。就拿目前城乡之间低保待遇来说吧。现在农村里面的最基本养老,就是国务院为 55 元,重庆为 80 元,但城里的养老是五六百元,10 倍之差。差别这么明显,如何处理?又如,取消户籍迁移限制,必然会有大量农村家庭为追求更好的教育而迁往城市,城市学校可能"爆棚",怎么应对?农民进城后，农地承包经营权如何处置？集体经济组织成员身份如何认定？凡此种种，必须推进综合改革。

重庆户籍改革一开始就在科学设置户籍准入条件的同时，力求构建有效衔接的配套制度体系，形成了涵盖土地、社保、住房、教育、医疗等领域的综合改革格局，目标是利用户籍制度牵一发而动全身的特点，破除不利于统筹城乡发展的制度藩篱。

重庆户籍改革一开始就在科学设置户籍准入条件的同时，力求构建有效衔接的配套制度体系。

按综合改革的思路，重庆市首批转户的重点群体没有包括已纳入城市规划的近郊农民，他们将随着城市化进程在现有政策下自动转变为城市居民；在农村继续从事农业生产的居民也不是此次户改的重点。对这个庞大的群体，重点是加大惠农政策力度，加快农村经济发展。重庆此次户改，重点关注的是长期在城市务工、有在城市落户的强烈愿望和条件的农民工群体。他们处于城乡居民之间，带有城市居民和农村居民的双重特点，解决其户籍问题，更有利于制度上的突破，惠及民生，在转户口的同时又增加了社会福利。

问：媒体报道称，重庆户籍制度改革摆脱了"就户籍改户籍"的思路，配套设计了土地、社保、教育、卫生等十个方面的政策，形成了系统的配套制度体系，以实现城乡制度之间的有效衔接，保证农民转户的平稳过渡，逐步消除城乡户籍待遇差距。

杨庆育：是这样的。在推动重庆户籍制度改革的同时，市委、市政府也在推进七大制度改革。

一是配套建立农村土地处置机制。建立、完善农村居民转为城镇居民的土地处置机制，是户籍制度改革的核心问题。能否妥善处理好转户农民的宅基地、承包地、林地等处置问题，是户籍制度改革能否成功的关键。

现行《农村土地承包法》规定，"承包期内，承包方全家迁入设区的市，转为非农业户口的，应当将承包的耕地和草地交回发包方"。但调查显示，在现行制度下，只有四成农民愿意转为城镇居民，多数仍然担心失去土地后缺乏稳定的生活来源。

重庆在制定户改政策时，按照现行有关法律法规，对转户进城的农民土地设置了三年过渡期。过渡期结束后，仍然充分尊重转户居民的要求。对转户居民自愿退出宅基地使用权及农房的，对农村住房及其附着物给予一次性补偿，并参照"地票"价款政策一次性给予宅基地使用权补偿及购房补助。对自愿退出承包地的，按本轮土地承包期内剩余年限和同类土地的平均流转收益给予补偿。对转户农民退出的宅基地，在优先保障农村发展建设用地需求

在推动重庆户籍制度改革的同时，重庆市委、市政府也在推进七大制度改革。

的前提下，通过与城乡建设用地增减挂钩、
"地票"交易等方式，显化其资产价值。由此
产生的"地票"及大宗的承包地、林地使用
权，可在重庆农村土地交易所上市交易。对
转户居民退出的承包地和宅基地，重庆市和
各区县分别成立了农村土地整治流转机构，
负责补偿和处置事宜，并且遵循规划及用途
管制和不改变农地集体所有权的要求，对退
出的承包地和宅基地加大整治力度。

重庆市把符合条件的转户农村居民纳入公共租赁房、廉租房等保障范围。

二是配套建立住房保障机制。重庆长期
在城镇务工经商的农民工中，相当一部分没
有住房。为了避免农村居民转为城镇居民后
流离失所，重庆市把符合条件的转户农村居
民纳入公共租赁房、廉租房等保障范围，改
善稳定就业农民工、新毕业农村籍大中专生、
新退役农村籍士兵等无房或住房困难人员居
住条件，同时鼓励有条件的转户居民购置普
通商品房。

重庆户籍改革政策规定，主城区及区县
城镇规划区农村居民，具备条件的可转户进
入统一规划建设的集中居住小区。同时，加
大主城区及区县城镇规划区内转户集中居住
小区、农民工公寓的投入和建设力度。目前，
重庆市已规划在 2020 年前建设 4000 万平方
米，租金仅为同类房屋租金的 60%，符合条
件的转户居民可申请居住，5 年后可转为购买。

三是配套建立社会保障制度。重庆规定，凡农村居民转为城镇居民，均可参加城镇职工养老保险。具体而言，自愿退出宅基地的和已经失去土地的，可参加征地农转非人员养老保险，享受一次性缴纳基本养老保险费的优惠政策和财政专项补贴；未退出宅基地的，有用人单位的，由单位统一组织参保并按规定缴费，没有用人单位的，以灵活就业人员身份参保缴费；没有条件参加被征地农转非人员养老保险、城镇企业职工基本养老保险的，可自愿参加城乡居民社会养老保险。

在医疗保险方面，目前，重庆医疗保险制度已基本实现城乡一体，农村居民转为城镇居民，可按规定参加城镇职工基本医疗保险，享受与城镇职工同等的医疗保险待遇。没有条件参加城镇职工基本医疗保险的，可自愿参加城乡居民合作医疗保险。

最低生活保障体系是社会保障的最后一道防线。重庆户改政策规定，应及时把符合条件的转户居民纳入城市低保范围；同时，建立社会福利服务体系，加强城市社会救助和社区公益性服务设施建设，切实满足城市扩容后社区服务管理和救助保障等需求。

四是配套建立就业保障机制。重庆户籍改革政策把转户居民纳入城镇就业服务和政策扶持范围，促进其在城镇稳定就业。

重庆户籍改革政策把转户居民纳入城镇就业服务和政策扶持范围，促进其在城镇稳定就业。

对有一技之长的，通过开展职业指导和职业介绍，提供有针对性的就业信息，帮助其通过市场竞争实现就业。对就业困难人员，作为就业援助对象，开展"一对一"的帮扶，开发公益性岗位予以托底安置。鼓励大中专毕业生、农民工和其他转户居民自主创业。提供政策咨询、创业培训、项目推荐、开业指导、小额担保贷款、跟踪服务等政策扶持，帮助其通过创业实现就业。凡办理农转非的，即纳入城镇创业扶持政策范围。

五是建立城乡教育保障机制。重庆市按户籍改革转移人口目标和重点接受农民工转户的区域，准确把握城乡适龄人口及中小学在校生规模变化状况，要求各区县（自治县）政府科学规划城乡学校布局，留足教育用地，在主城区、区县城、小城镇按照城乡规划，加快新建一批幼儿园、中小学、中职学校。

同时，加大教师队伍建设力度，做好新增学校师资配备、师资专项培训等工作，满足新增学校教师需求。完善各级各类学生就读政策和资助体系，保障转户居民子女接受公平的教育。

改善转户居民子女接受义务教育条件，按照就近入学的原则，使转户家庭学生与现有城镇学生享有同等待遇；按照"指标到校、区县安排"的原则，满足转户居民子女就读普通高中的要求；完善各级各类学生资助政策，确保转户居民子女享受国家政策优惠。

六是配套建立完善卫生服务保障机制。按照城市功能区布局规划，科学合理布局综合医院、专科医院和社区卫生服务医疗机构，加快县级医院、乡镇卫生院、社区卫生服务医疗机构的建设，加快覆盖城乡的医疗卫生服务体系的建设，逐步完善医疗服务基础设施、设备建设，保障转户居民及其子女和低收入群体在市内居住地享有国家规定的公共卫生服务。

七是完善计划生育相关政策。凡是未享受城镇社会保障待遇的转户居民，继续执行原户籍所在地农村居民的生育政策及农村计划生育奖励优惠政策。已享受城镇社会保障待遇的转户居民，从享受城镇社会保障待遇当年起，给予5年的政策过渡期。在政策过渡期内，转户居民继续执行原户籍所在地农村的生育政策及农村计划生育奖励优惠政策。

问：记得您在2014年的中国经济体制改革研究会第12届改革论坛上指出，统筹城乡改革是一个非常复杂的系统课题。城乡统筹改革的确是一个系统工程，好像一个人抱着一个很大的西瓜，真的无法下口。但经过了认真清理，发现就是要解决人、地和钱的问题。也就是说，在改革的主线中，人往哪儿去的问题，主要是推进城乡劳务经济的健康发展。抓住一

重庆保障转户居民及其子女和低收入群体在市内居住地享有国家规定的公共卫生服务。

个问题，就是农民工市民化。地怎么处理的问题，就是推进土地的流转和集约利用，突破口就是城乡建设占补平衡，得到国土部的支持，设立了制度。钱从哪儿来，东部的人测算一个农民从农民到城市需要 20 万元，重庆测算当时需要 15 万元左右。如果要转 100 万农民工，所涉及这么大金额，钱从哪儿来，我们的思路是推进城乡经济社会协调发展，针对落后的"三农"问题建立造血机制，来解决钱的问题。您能介绍得更加具体点吗？

杨庆育：你总结得很好。我先说一下关于人的问题。

引导城乡人口的分布，通过户改引导部分农民工进城定居。

我们考虑到四个制度，一是提升劳动力的素质和引导就业创业。我认为对农民最不公平的就是教育的起点不公平，他们没有到城里打工就业的条件，是因为他们的素质不够，所以我们发展职业教育，建立劳动力市场，使他们有环境和条件、渠道进入重庆，进入各级城市。二是覆盖城乡有序转移社会保障的问题，城乡之间的差别非常大，我们就努力地实现，实现农村的新农合和城市居民的医保对接，逐渐实现其他的包括养老、教育、医疗对接，实现社会保障问题的转移。三是引导城乡人口的分布，通过户改引导部分农民工进城定居。四是促进和谐的现代社会管理，当时重庆的农民工到本市打工有 480

万人，就是建立和保障维护农民工权益的问题。

地的问题，也考虑了四个制度。一是农村土地的流转和规模化的经营。还是按照国务院的要求，在农民自愿、依法、有偿的原则下进行流转。二是耕地的保护和征地制度的改革，就是设立地票，在座的估计至少有 20% 的人到过重庆的土交所。设立地票，城乡建设用地增减挂钩。这个目前还不能在其他 30 个省份（区、市）推广，因为这是国土部专门批的。三是基础设施由城市向农村进行延伸。国务院批准了第一个省级的城乡规划就是重庆，我们是规划引领，实现城乡同质生活条件，从那个时候起，发改委、规划局、国土局各个部门规划都到我们农村去。四是我们对农村的资金要通过招标的方式进行配置，来支援农村，用市场的手段。今天上午看论文集的时候，也有一位专家提出这样一个建议，就是有一年我在引导我们市财政局进行教育实践活动的时候就说，财政局应该拿出一笔资本设立专门的基金，吸引社会资金，设立混合基金，委托基金管理公司，把政府配置资金的手段用市场的手段去实现。当时汪洋同志提出以招标的方式来配置农村的资源。

钱的问题。从广义上来说，完全依靠一个省政府、市政府筹集钱是不可能的。我们第一

国务院批准了第一个省级的城乡规划就是重庆。

个考虑，就是探索内陆开放的模式，这好像与钱没有关系，怎么没有关系？要吸引那么多农民工进城，要创造就业岗位。重庆在三五年时间搞了一个笔记本电脑的产业，相应的信息终端已经成为重庆的第一信息产业。

当时我们观察了全球在简单的产品上面扁平化的配置，什么意思？就是这个主机在一个地方，但是零部件在全球各个地方，通过大量的物流集中到一个地方进行组装。我们把这种扁平的变为一种重叠，也就是说在一个地方形成一个笔记本电脑配套的产业，能够在这个地方形成。所以，产业配套集聚，吸引了外资，首先抓住主体。所以汇丰一来，富士康就来，带动了一批企业进来。大量创造就业，吸引了外资。第二的确有一个政府财力的问题，投向公共服务尤其农村公共服务的基本比例问题，当时我们的方案，财政局逐年提高这个比例，缩小城乡之间的差距。第三是区域帮扶，童小平副市长提出两个大局，一个先，一个后。我们重庆和全国的格局刚好相反，全国是东部发达，西部不发达，重庆是西部发达，东部不发达，中部分两块，一块是东北，一块是东南少数民族地区，所以我们重庆习惯称"一圈两翼"。当时我们提出"一圈两翼"这个区域规划以后，汪洋同志提出要考虑，就是一圈尽管不富裕，但是

重庆在三五年时间搞了一个笔记本电脑的产业，相应的信息终端已经成为重庆的第一信息产业。

我们要走共同富裕之路，所以我们提出圈翼的帮扶制度。

产业的合理布局，根据主体功能区的原理、资源禀赋、现有开发强度和合理的开发潜力，确定重庆 8.24 万平方千米的主体功能，有三个：人的问题、地的问题和钱的问题。在这当中有很多改革的措施，我只给大家介绍两个比较典型的，一个是户改，我是户改办的副主任，当时对我们的工作很多人惊呼，甚至国外的媒体都惊呼，重庆从 2010 的 8 月到 2011 年 12 月 31 日 322 万的农民工进城，按照我们的测算，需要的钱需要 4500 亿元，哪来那么多钱？可不可能？重庆一年到现在为止加上中央转移支付一年可支配的财力，全部加起来就是接近 4000 亿元左右，不可能的事情。所以，当时我们实际上在具体情况的掌握上，公安局一户一户掌握情况，在城里的农民工，在大城市、中等城市、小城镇的农民工进行了认真的分析和研究的基础上，以解决符合条件的农民工为对象，来进行了户改。

问：您曾经说，"农民"转"市民"并不难，难在身份背后的"市民权利和福利权益之变"。重庆农民大规模进城并非是剥夺农民权益的"农转非"，而是通过以户籍制度改革为核心，匹配完善的土地处置、住房保障、养老保险等配套改革，保障公民自由迁徙和居住

重庆有很多改革的措施，户籍改革比较典型。

的权利，实现城乡人力资源自由流动。

　　杨庆育：你说得对。黄奇帆市长打了一个形象的比喻：农村户口捆绑了宅基地、林权、承包地"三件衣服"；城市户口捆绑着养老、医疗、教育、住房、就业"五件衣服"。农民转户进城，不仅仅是身份的转变，更重要的是可享受到与城镇居民同样的社会保障。为此，重庆户改要求农民转户后就业、社保、住房、教育、医疗纳入城镇保障体系，实现转户进城后"五件衣服"一步到位，真正实现"学有所教、劳有所得、病有所医、老有所养、住有所居"。

　　农民转户进城，不仅仅是身份的转变，更重要的是可享受到与城镇居民同样的社会保障。

　　例如，面对目前中国城市高昂的房价，农民进城最难解决的就是住房。2010年重庆20多个市级部门对5.1万名进城务工经商的农民工进行问卷调查显示，重庆农民工在城镇拥有合法住所的比例仅占13%，绝大部分农民工第一盼望的就是在转为城镇居民后，政府能解决住房保障问题。

　　对此，重庆市在全国率先将转户农民工这些"新市民"纳入公租房、经济适用房、廉租房、农民工公寓等完善的住房保障体系之中。以体量大、解决范围广的公租房为例，根据规划，在接下来10年，重庆市将建设4000万平方米的公共租赁房，到2012年将有2000万平方米公租房建成，这些房源主要针对进城落户的"新市民"、新毕业的大学生等城市夹心层。将农民工纳入这样的住房保障体系，就为农民进城大大降低了门槛。

问：作为重庆统筹城乡改革的参与者，从思路的策划到制度的设计，一直到后面的管理协调，三个环节都进行了直接参与，对重庆城乡统筹也有很深的感受。请问我市的统筹城乡改革是否有别于其他省市，具有怎样的特点？

杨庆育：区别肯定是有的。总的来说，重庆统筹城乡改革的特点可以概况为"三线三同六突破"。"三线"即改革总体方案中明确的三条主线；"三同"可以概括为城乡之间"发展同步""生活同质""要素同权"，是改革所要达到的目标；而"六突破"则是围绕"三线"实现"三同"的方法与路径。

重庆统筹城乡改革的特点可以概况为"三线三同六突破"。

具体来说，即以推进城乡经济社会协调发展为主线，通过建立圈翼互动机制突破区域平衡发展问题，通过培育市场主体突破各种所有制经济平等发展问题，促进发展同步；以推进劳务经济健康发展为主线，通过农民工户籍制度改革突破城乡人口有序流动问题，通过建立统筹城乡社会保障体系突破城乡基本公共服务均等化问题，促进生活同质；以推进土地流转和集约利用为主线，通过地票制度改革突破统一城乡建设用地市场问题，通过农村"三权"抵押融资突破农村资源资本化问题，促进要素同权。

问：统筹城乡改革的一个重要目的就是要改变城乡二元结构，缩小城乡居民的收入差距。基尼系数就是衡量它的重要指标。重庆的基尼系数从 0.438 降至 0.421，下降了 0.017。重庆在"十二五"期间通过有效方式基尼系数再次降至 0.35。

杨庆育：首先我认为重庆在缩差方面取得了了不起的成绩。基尼系数是衡量居民间收入差距的国际公认指标，在 0—1 之间，数值越小，收入差距就越小。一直以来，不论是全国范围内其他省市还是重庆自身，基尼系数都呈上升趋势，做到维持现状不上升，都十分困难，因此，重庆虽然只下降了 0.017，但是扭转了收入差距的扩大态势，从这个角度看，确实是了不起的成绩。

> 重庆的缩差共富不是以牺牲效率为代价的"平均主义"，后发地区和弱势群体不能仅仅靠一般性的财政转移支付来缩小差距。

"十二五"期间，重庆要通过各种努力，把基尼系数缩小到 0.35，我认为重要的方式是"授人以渔"。

重庆的缩差共富不是以牺牲效率为代价的"平均主义"，后发地区和弱势群体不能仅仅靠一般性的财政转移支付来缩小差距，如果这样，会使落后地区经济发展失去持续的动力。因此，我们要在缩差共富过程中让后发地区和弱势群体拥有自身的"造血功能"。

2012 年是实施"十二五"规划的关键之

年，为了使落后地区更好地发展，我们继续抓好"两翼"农户万元增收计划，大力发展各具特色的优势产业，在全市范围内实施差异化和互补的发展。鼓励以创业带动就业，扶持发展小型微型企业 3 万户以上。进一步鼓励金融机构探索服务小型微型企业的创新举措，建立大型国有企业和骨干民营企业通过外包、订单等形式带动微型企业发展新机制。

问：农民工户籍制度改革，是城市化进程中的关键环节。必须根据中央精神，在进行充分调研、征求各方意见的基础上，做出相关决策。请您回顾一下当时农民工户籍制度改革决策的具体过程和一些印象较为深刻的细节。

邱杰：实际上农民工户籍制度改革也是按照中央的要求，按照国家的要求来搞的，不是重庆市自己突发的一个想法。因为按照国发 3 号文件关于重庆市统筹城乡改革的意见明确提出，要求重庆市把解决农民工问题作为统筹城乡的突破口。所以我们这是根据中央的要求，重庆本身的市情也是这么一个情况。我记得当时我准备管这个事，童小平副市长作为分管发改委的市领导抓这个工作。当时我们搞了一个摸底，对整个重庆市农民工现状的摸底。当时大致的数据是，2009 年的时候重庆的农民工接近 900 万。其中，市外

邱杰，时任重庆市统筹城乡综合配套改革办公室改革信息处处长。现为重庆市发展和改革委员会机关党办调研员。

的略多一些，可能有 500 多万人。童小平副市长当时是非常严谨的，对整个重庆市的市情也做了一些调研。包括问卷调查这些工作量很大，当时大概做了几万份的问卷调查，包括了在重庆市打工的农民。在这个基础之上，也根据中央的要求启动了户籍制度改革。

问：在 2011 年重庆市统筹城乡户籍制度改革领导小组全体会议上，全面评价了 2010 年统筹城乡户籍制度改革的状况，并部署了 2011 年的户改工作，强调"三个为主"，即以农民工为主，开发区为主，区县城和主城区为主。

邱杰：当时是这么提的。这个事我参与了，2011 年年底，从 2010 年启动户改工作到 2011 年进入转户，2012 年进入常态化，所以 2011 年是一个阶段性的实施。当时，我记得在市委电视电话会议室召开了全市农民工户籍制度改革的电视电话会。市级部门，还有区市县的分会场，当时出席的领导有童小平副市长。她对 2010—2011 年整个转户的情况做了一个介绍，还做了一些工作安排。

童小平副市长就两年来农民工转户的情况进行了一个全面的回顾，也做了一些重点的阐述；对当年的工作，常态化的工作也提了一些具体的安排。当时"三个为主"是非常有针对性的。实际上农民工进城，现在都

2011 年的户改工作，强调"三个为主"，即以农民工为主，开发区为主，区县城和主城区为主。

在说拐点这些，我们现在农民工进来之后可以解决我们企业用工不足，特别是笔电产业的用工不足。笔电实际上是劳动密集型企业，用工量很大。这些工人进城务工就解决了我们产业的需要，解决了企业农民工用工不足的困难。"三个为主"，一是以农民工为主。我们转户当中体现了人性化，农民工进城，他们的子女、配偶，还有共同生活的父母都会进来。整个转户的300多万大部分是农民工，但其中有一部分是老人和小孩。这300多万大数当中大部分是农民工，有一部分老人和小孩不是劳动力。今后进入常态化主要转劳动力。二是以开发区为主。因为我们很多区县开发区，特别是笔电产业都在开发区。保障它的用工，往开发区转。三是以主城区和区县城为主。主城区和区县城相对来说产业集聚，产业发展得好。有产业，农民进来有工作做；不然的话转了没有工作，在城市里面不是流浪者吗。"三个为主"，既能满足经济发展的需要，满足我们产业发展，满足企业用工的需要；同时也保证农民进来有一个比较稳定的工作，有收入，有工作，他们才能安安心心在城市里面扎根。这个"三个为主"就是保证我们进城农民工有一个更好的工作环境。

"三个为主"保证进城农民工有一个更好的工作环境。

问：农民工进城以后，意味着农村劳动力从农村向城市的转移。进城以后，大家能够和城里人一样，享受到公共产品、公共服务吗？家里的老人、子女进来，读书的问题，市政府有具体的安排和考虑没有？

邱杰：　"户改"之后所谓的"五件衣服"，就是要保证农民工进城的教育、医疗、就业等问题得到妥善解决。他们实际上长期在城市生活，只是转户的话，我们有个门槛，比如在主城区要五年，经商在区县城要有三年以上才能转户。我们转户的人基本上都是在城市生活的人，他们只是没有取得市民身份而已。实际上已经在城市居住了，这些人相当于半市民化。如果没有转户，虽然他们在城市工作、生活，却没有享受城市市民的待遇；包括他的子女，也没有享受到城市孩子应有的权利，这也反映到社会公平正义的问题。所以这方面是下了大力气的，因为童小平副市长也了解农民工的诉求。有相当一部分农民工，解决他们的父母养老、子女就学等问题。实际上很多学校，只要是农民工的子女都是接收的，重庆这是出的真枪实弹，做得很扎实。包括新建了很多中小学，有些是没有条件扩建中小学，把班扩大，把师资力量充实，这个教委是应该有数据的。居住的话，比如说保障房，像民心家园，我原来陪市领导包括国家发改委，中央部委去看民心家园。现在有一个数据，大概是国土房管

"户改"之后所谓的五件衣服，就是要保证农民工进城的教育、医疗、就业等问题得到妥善解决。

局提供，重庆建的公租房，现在在全国都是领先的，建的几百万套。公租房有一个数据，农民工和转户的居民大概占的比例是四成左右，整个入住公租房的，大概四成多一点都是农民工。还包括保险、社保对农民工的覆盖也都是有数据的。这个比例也是很高的，享受了重庆城市的福利。这肯定也跟童小平副市长当初一开始就关注农民工"转户"后的权益密切相关。包括这个政策一开始启动，之前她对市民、对农民工市民化的这些诉求、需求的了解和掌握，这些都与之息息相关。应该说她个人可能在决策层面提出了这些保障他们权益的措施。

重庆一开始就关注农民工转户后的权益。

调研访谈十:

电力改革——保障城市运行新品质

问:能源是国民经济的基础产业,是经济发展的血液和动力,也是社会前进的重要物质基础。能源的开发和利用对国民经济的发展具有举足轻重的作用,关系到经济社会的正常运行和发展,关系到经济安全和国家安全,关系到生态环境,也涉及子孙后代的生存与发展。请您介绍下当前重庆的能源情况。

重庆市能源发展基础薄弱,特别是一次能源总量不足,能源长远开发利用受到限制。

于学信:从总体来说,重庆市能源发展基础薄弱,特别是一次能源总量不足,能源长远开发利用受到限制。主要表现在以下几个方面:

一是煤炭资源不足。重庆市现人均保有煤炭资源储量仅76吨/人,后备资源储量不足。而且煤炭品质普遍不高,煤矿物质技术基础还较为薄弱,安全问题比较严重。

二是境内水能资源有限。根据全市水力资源复查成果,理论蕴藏量2300万千瓦,其中经济可开发量仅820万千瓦。

三是天然气资源有一定优势。现已探明

储量 3650 亿立方米，可采储量 2678 亿立方米，年产 50 多亿立方米，且不断有新的发现，资源总量还在增加。但天然气发展仍面临较大障碍：重庆气矿天然气净化设施能力不足，天然气管道设施陈旧，存在安全隐患，无法确保安全平衡供气；天然气体制尚未理顺，天然气开发存在严重的体制约束。

四是重庆没有石油资源。市内不出产石油，也无炼油厂，所需成品油全部靠市外调入。随着经济社会的快速发展，人民生活水平不断提高，轿车消费持续升温，对成品油的需求不断增长。在我国石油进口量逐年攀高、石油安全问题日益严重的形势下，重庆市的成品油供应也潜伏着不稳定因素。

重庆电力供应面临新的挑战。

五是电力供应正在面临新的挑战。重庆属于典型的受端网络，自发电量不能满足重庆市经济发展的需要，将近 1/4 的电量需从市外调入。电力工业的发展，受到一次能源资源约束，特别是 2010 年以后，资源约束问题日益突出。

问：智能电网是我国电网改革的重要举措，也是促进"一带一路"发展的基础。在去年"两会"政府工作报告中提出，要全方位对外开放新格局，预示着发展智能电网广阔的空间。这对我国智能电网的发展有着指引作用，并将推进我国智能电网建设的进程。重庆正是抓住机遇推动电力建设与改革的。

　　于学信：你分析得很有道理。所谓抓机遇，抓什么机遇呢？就是指北京的"两会"。在"两会"的间歇，推动重庆电力建设进国家规划。这个我要讲一个背景，在2003年童小平当副市长的时候，重庆的电力装机总量包括万州、涪陵、黔江大概就300万千瓦。我亲自参加了珞璜电站的建设。当时珞璜最大，72万千瓦；重庆电厂第二，60万千瓦，这就占了一半。其他的狮子滩就算最大的了，15万千瓦，其余的就都是2万千瓦，有些还更小。所以说加起来不到300万千瓦。"停三保四"记忆犹新吧。所以，重庆要发展，库区产业要上马，首先一个制约其发展的还不是交通问题，最最首要的是能源问题。当然，交通也很重要，但是当时如果一定要摆位置，首先还是能源问题。因为当时主城的能源都不够，还不用说郊区。我记得好像她是2月开始当选为副市长，4月黄镇东就开了一个大会，叫能源建设会。这次会议召开大概两个月后，当时重庆推出了1000万千瓦的电厂。那个时候1000万千瓦，吓人啊，是之前的整整3倍。我干过电力我知道，电力项目，从规划、选址、建设没有10年是不行的，所以当时觉得是不大可能的。但是直辖市建设的任务，三峡库区移民的任务，逼得重庆市非

重庆积极抓住机遇推动电力建设与改革。

上不可。尤其是与四川分开以后，四川自身都有点难保。当时市委、市政府给我们下了一个任务，就是厚着脸皮向三峡要电。三峡水电站已经发电了，当时征求了重庆的意见。包括二滩电怎么分配也征求了重庆的意见。当时重庆不想要这些电力供应。我明白这个背景，那个时候还没有直辖。因为重庆发展的意识不是很强，谁也想不到未来发展会这么快。当时就不想要这些电，因为当时你如果答应了要，计划就要给你弄起来，那就是要也得要，不要也得要。电是不能储存的，但是用不上，你钱花了没有产出啊。所以当时二滩电和三峡电，重庆市都谢绝，都不想要，这个跟当时经济发展和认识也有关系。结果没有想到，过了四五年情况就发生变化了，因为我知道珞璜刚刚投产的时候，生产都不饱和。为啥呢？因为发了之后卖不出去，是最近几年才满负荷生产了。当时一直是亏损经营的。所以这东西就是，没有不行，多了又没有用。所以说，到国家发改委要三峡电我们真的还是受了很多气，人家就讽刺我们，当时要给你们，你们偏不要，现在又来说怎么怎么回事了，现在我们分都分完了，没有了。人家也说得很有道理，当时我找曾培炎，搞三峡电分配的时候，他是发改委主任，后来才是国务院副总理。我们说过去认识不足，国家从三峡库区的立场出发，最后才同意

当时二滩电和三峡电，重庆市都谢绝，这个跟当时经济发展水平和认识有关系。

调节一部分。所以说当时市委、市政府提出的 1000 万千瓦电力建设规划。你提这个规划是你自己的事，但这个规划能不能进国家的盘子，才是关键。这个国家上不了盘子，你是安排不了项目的，比如说像这种大型项目，都是国家五大电力公司来建设，国家没有计划别人是不干的，设备也定不了，资金贷款都没有，还有煤炭供应也不行，所以这一切都是在国家的掌控之中。又不是小水电站，特别是这个 1000 万千瓦规划当中，涉及我们重庆市区域平衡发展需要支持的几个项目，比如说渝东南要不要有大型的发展项目。当时市委、市政府隔几年要开一个少数民族地区的会议，提供一些支持政策。当时彭水要求上、石柱要求上，武隆也要求上，大家都要求上。当时市委就说，不能都上，都上不可能。首先煤炭没有这么多，但又不能不上，渝东南这么大一个地方，一个大型发电厂都没有。最后平衡了一下，就是石柱上一个，一方面他们那里有一定的煤炭产量，另一方面用水也比较方便。另外就是三峡库区，也没有大型项目，只有开县建了一个，当时还没有 30 万千瓦，以刘伯承家乡的名义，建设了两台 5 万千瓦的机组，后来才规划上一个 30 万元的项目。除了开县（现在的开州区——编者注）之外，那么大个库区，当时哪

上电力项目，除了能源本身需要以外，还要扶持"两翼"的发展。

个地方比较多呀？除了开县之外，哪个地方煤炭比较多呢？奉节。奉节比较多，奉节没有一个大型的项目，就定了。当然松藻啊、永川松暨啊，这都属于当时 1000 万千瓦当中的。到了北京以后，这两个项目都遭枪毙了，一个是石柱，另一个是奉节。第一，这两个地方的煤炭都不丰富，因为当时国家新一轮火电站规划要出台，最起码要上 30 万千瓦以上的，最少是两台，要求煤炭至少年消费 140 万—150 万吨。当时石柱一年也生产不了 100 万吨，不够，所有加起来也不够。奉节那里虽然说可以生产一点，但是也达不到这么大的量。另外就是奉节对开县电站、对湖北那边还供量了一些煤炭。铁路也没有，外地运也不行。第二，考虑到污染，因为火电站必然有一些粉尘呀这些。那怎么办呢？其实这两个项目它的作用有双重性，除了能源本身需要之外，还有一个扶持两翼的问题。两翼要上项目，上什么项目啊，你动不动搞高科技等更不行。当时就只能上农产品加工，当时的矿产资源的水加工，当时水运码头发展物流，搞农产品加工，搞旅游，就搞这些。矿产资源有什么？只有几样，卤水，就是制盐，万州化工就搞制盐嘛。天然气国家控制了的，没有办法。另外就是煤炭。还有点石灰石，搞水泥，其他没有别的资源，所以说煤炭很重要。卖煤炭不如卖电，煤炭向

卖煤炭不如卖电，煤炭向电力转化。

电力转化。但是国家那关没有过，可以说已经是死都死了，国家的规划都已经确定了，不能改了。

　　怎么办呢？我记忆最深的是童小平副市长锲而不舍的精神。记得是 2005 年 3 月的事情。我是人大代表，她不是人大代表，她就跟我说，人代会期间约一下国家发改委的领导，再一次从西部大开发、库区发展的角度争取一下这个事情。再利用一下汪洋书记的威望，他曾经在发改委当过副主任，更重要的是利用人代会这个气氛。我是人大代表，约请发改委相关领导来，你不能不来，因为这个是人大代表发挥职责的事情。我以人大代表的名义，可能要好一点。加上汪洋的威望，西部大开发和库区发展的需要。她还是比较善于动脑筋，她就给我提出这个要求。我也就在人代会期间提出来了。确实在人代会期间还是比较规矩的。当时张国宝"两会"期间要到俄罗斯，那没有办法。出差回来还是在人代会期间。我记得是中午 11 点多钟，他到飞机场，我们两个跟秘书衔接，汪洋书记还有我们几个人大代表都在等他。当然，从个人感情来讲，汪洋是他的老同事了；从职责来讲，人大代表请他。下了飞机，单位都没有回直接就过来了，找了一个会议室开始谈了。童小平副市长也来了，实际上她发

关闭一些小电厂，来开大电厂，实际上是关小建大，是有利的。

挥了很重要的作用。当时我们就谈到这个问题，能源的保证问题、污染问题这些。童小平副市长就讲自己争取的原因，从政治上、西部大开发上、库区发展上讲，讲一圈带两翼带什么，带先进工业项目；从资源上看，当前就做煤炭，其他没有优势，物流配套都不行。水泥现在已经发展，水泥工艺比较简单，到处都在上。我们也考虑到一个区域不止一个项目。至于你谈这个能源问题，我们怎么来组织，我们在煤炭发展上又有什么计划，要准备开几部新的矿井。至于环保问题，那么一方面我们是关闭一些小电厂，来开大电厂，实际上是关小建大，是有利的。第二个我们上设施，封闭什么运行这些。再讲西部大开发也好，你们都支持，你说我们不干这些干什么？讲得确实还是有道理，最后分管负责人说，这个样子，前面的规划已经定了，国务院已经批了，已经改不了。也就是2007年这两个项目已经上不了了。根据你们的要求，我们看2007年过后上不上得了。当时有这么一个松动，就是说我们2007年以后考虑一下，当然你看这两个项目现在已经在上了，虽然说已经过了这个1000万的时间了，但是没有当时这个工作，这两个项目今天也上不了。实话说，纯粹从电力的角度来讲，这两个项目都不优秀，但是从区域发展来讲，这两个电站很重要。所以说当时来

彭水电站、石柱电厂确实来之不易。

讲，"两会"间歇童小平副市长抓住机遇，力推电力的规划做了很多工作。

虽然例子我只举了这两个，在电力建设上，应该说童小平副市长在她任职十年确实是尽她的力气做了许多工作，比如说彭水电站，涉及 30 多亿元。当时这么大的项目，150 万千瓦就需要国家审批的，也是很难审批下来。我记得是 2004 年开工的，确切时间记不清楚了。但当时国家根本就没有批，重庆市考虑还是先动，因为可行性研究等早都做好了。那么先动国家没有批，就涉及一系列的问题，如企业搬迁问题、移民问题、移民淹没问题、航运调整问题等。如果没有一个国家的立项规划，没有一个开工报告的话，那么这些都没有依据开展了。所以当时水电项目有这个特点，枯水季节如果截不到流，就等到第二年。当时，航运部门有意见，林业部门也有意见，移民部门也有意见，他们确实不具备条件，也有点束手无策。童小平副市长找我去商量，怎么办？要么就等，一等，即使明年批下来了，要后年才能开始，那就得再等两年时间了；要么我们就想办法，找这些部门谈，说服这些部门，那就先个别找这些部门负责人开一个协调会来寻求支持。我就分别找交委、水运水管、林业局这些部门的领导，找他们谈，希望他们要顾全大局，

彭水电站建设涉及企业搬迁、移民安置、航运调整等问题。

支持这个事情。该修编的要修编，航运方案该调整要调整，移民需要先动就动一点，让他们有积极性做这个事情。做了工作以后，开了这个协调会，好像是 2003 年，个别部门就开始开工。2005 年 9 月，国家发展改革委正式核准彭水水电站项目。

总之，童小平副市长为此想了很多办法。又比如说当时我们下决心要上石柱的项目。但石柱的项目不是重庆市想干就干，石柱的煤炭条件比奉节还差，说实话谁都不想接这个项目。当时我们就想大唐来接办。两个原因：其一是大唐就在渝东南那个片区。其二是肥瘦搭配，因为彭水比较好，但是石柱比较差，搭配起来就比较合适。但大唐也是企业，不是你说给我，我就接受的。你说我彭水这个项目是个优质项目，我早都定了的，条件都是之前说好了的啊，已经拿给我了，合同都在手上了。但是如果说石柱项目找不到业主，国家申请都没有办法申请。那就做大唐的工作，唯一的希望就是想办法把彭水下游的水电站想办法交给他。而当时这个项目是谁拿在手上的？是市建设投资公司，这个项目当时是在它手上的，也签订了合同。因为那个项目虽然比不上彭水，但也还是不错的。当时是建在武隆境内还是涪陵境内还没有确定。童小平副市长说，反正市里面的事好办，就动员建投公司放弃这个项

2005 年 9 月，国家发展改革委正式核准彭水水电站项目。

目，然后由大唐来做。这样就有一个好处，上下两个电站都是它的，水可以调节，效益就会更好。两个电站的效益就比一个还要好。这样子它就得利益。那就要找大唐，她和我一起到北京，找大唐，到外面餐厅吃饭，当然还要感谢大唐支持我们三峡库区，支持我们少数民族地区。最后大唐也就接受了这个提议。

在电力发展和建设上，还有一个事情就是电力体制改革，重庆市电力体制改革在2004年、2005年是高潮。因为重庆直辖以前各个县市都是各自为政，自己的电力公司、自己的发电厂，电量小、质量差、电费贵。当时成立一个公司，重庆电力公司为大股东。在这个过程当中，很多辛酸苦辣的事情，涉及基础问题、利益问题、人员安置问题等。电力公司人家觉得你愿意给我就给我，不愿意就算了。就区县来讲，他们也两难，为了电价、电力质量来讲，他们愿意改革，但是又考虑到人员安置问题，又不好下决心。有些电站容量就几千万千瓦，但人员可以达到200多人。过去一个县里面没有什么工业企业，有点什么关系的都把人塞进去，人员成本居高不下是重要原因。童小平副市长带领我们一家一家地做工作，一家一家地协调，基本上用了两年半三年的时间才把电力体制

重庆市电力体制改革在2004年、2005年是高潮。

改革基本上推进理顺。

再一个就是电网建设，电力建设一要有电，二要能输电。重庆电网过去是非常弱的，有电也不能用。老重庆都有一个印象，空调多了就不行。这个也是在汪洋书记的带领下，跑国家电网，争取重庆的电网建设。电网建设的国家规划时间大概也是 2005 年制定的。在国家电网公司，长安街边上，我们去拜访他们的老总，现场敲定了 375 亿元的建设规模，这也是一个天文数字，从来没有过的事情。反正是大讲他们对重庆的支持、关注，希望促进西部大开发，所以说高压水电一直摆在重庆。第一个规划我们是跑到国家电网总公司那边。当时我记得有汪洋书记和童小平副市长，他们和电力公司的老总在吃饭时，就积极争取，所以现在重庆电网基本上形成了网络。

问：电力工业是国民经济先行产业。电气化程度，是衡量社会文明发展程度的重要标志。在一般情况下，电力增长速度总体上超过经济增长速度。构筑我市安全可靠的能源保障体系，要执行电力工业优先发展的方针。重庆经济的快速发展，将带动全市用电的快速增长。未来时期重庆经济快速发展和人民生活水平提高对电力供应提出的要求，将成为电力建设的强大推动力。请问当前以至今后一段时期，要重点抓好哪些工作？

未来重庆经济快速发展和人民生活水平提高对电力供应提出的要求，将成为电力建设的强大推动力。

于学信：一是加快在建电源项目建设和加快推进已列入规划的重大电源项目前期工作。目前，五大国家发电公司均已进入重庆，一批重大电源项目前期工作取得重大进展。彭水电站、珞璜电厂三期工程、合川双槐电厂一期工程、合川草街航电枢纽工程、松藻煤矸石电厂共 435 万千瓦装机规模的电源项目，通过中国国际咨询公司评估，正式进入国家审批程序，这在重庆电力发展史上是史无前例的。

二是抓紧策划并推进一批重大电力接续项目。考虑到重庆经济发展对电力接续能力的要求，策划了核电站、天然气发电厂和抽水蓄能电站等一批重大电源接续项目。关于重庆核电站，我想多说两句。重庆是有条件发展核电的地区。规划的核电站项目，厂址选择在重庆市涪陵区白涛镇，依托建峰化工厂（816 厂）。该厂原是核工业部直属军工企业。该厂交通运输条件好，拥有近 5000 亩闲置地可加以利用，拟建的核电站厂址周围都属于山区，地理环境适宜，工程地质条件良好。该处具有建设大型核电站的条件，可供布置 400 万—600 万千瓦大型核电站。

加快重庆市电网建设，实现电源与电网协调发展。

三是加快重庆市电网建设，实现电源与电网协调发展。为了改善电网长期"卡脖子"现象，提高用电质量和用电可靠性，必须加快电源建设，实现电源与电网协调发展。目前，已在除主城区外的 34 个区县（市）全部启动电网改造工程，争取按照国家要求在今年内全部完成。此外，还将多渠道筹集资金推进城市中低压电网改造，以进一步提高城市的供电质量和供电可靠性。重庆电网急缺调峰能力。抽水蓄能电站既能调峰又能填谷，具有双倍的解决系统峰谷差的容量效益，还具有调频、旋转备用等作用，是解决电网调峰问题的有效而又经济可行的途径。

四是抓紧推进全市电力体制改革工作，为加快我市电力发展创造良好体制条件。为了改变重庆市大小电网并存的电力体制格局，理顺电力体制，为加快电力发展创造良好的体制环境，从 2003 年 7 月开始启动全市电力体制改革工作。半年来，已经完成 15 个区县的电力体制改革工作，组建了供电有限责任公司，占全市 26 个待改制县的 2/3。2004 年的时候启动电力体制改革第二步工作任务，要尽快构建起全市统一、稳定、高效的电网，在第二步改革完成以后，实现城乡居民用电同质同价。抓紧组建华中电网辖下的重庆电网有限责任公司。以重庆市历年投入重庆电网建设的资产，与国家电网在重庆的资产一起，以资产为纽带，共同组建华中电网辖下的重庆电网有限责任公司。

抓紧推进全市电力体制改革工作，为加快重庆市电力发展创造良好体制条件。

问：您刚刚提到了推进全市电力体制改革工作。早在2003年7月，重庆市政府出台了《重庆市电力体制改革的意见》（渝府发〔2003〕40号，以下简称渝府40号文），该文件就重庆市的电力体制改革（包括供电体制）作了明确而详细的规定，目的是重庆主城区和下辖的众多区县连接成一个统一的电网。

马述林：对。对于整个重庆市，这是一场不得不进行的改革。根据这个文件，重庆电力体制改革的一个核心步骤是，重庆市政府以重庆建设投资公司（以下简称重庆建投）为投资主体，以改造农网形成的资产和持有的农网改造基金与县域电力公司联合出资组建新的县级电力公司。即重庆市政府先进入地区电力公司，形成资产纽带，打破先前重庆市政府和地方电网没有直接联系的局面。然后，再由重庆建投与国家电网所属的重庆电力公司进行资产置换，联合组建重庆电网有限责任公司。对整个电力系统进行了体制改革，使重庆电网覆盖了黔江、涪陵、万州等38个区县，基本形成了"一城一网，同网同价"，这是一个重大的进步，尤其对贫困地区的发展有起到重要的作用。

对整个电力系统进行体制改革，使重庆电网覆盖38个区县，基本形成了"一城一网，同网同价"，这是一个重大的进步。

问：改革想必是不容易的。县级电力公司在规避重庆市电力体制改革给公司带来的不确定性方面，他们肯定也是有办法的。我就了解到涪陵电力曾经坚持：针对重庆市电力体制改革的40号文，重庆市政府有关领导也曾批示，改革不影响上市公司。因为涪陵电力就是上市公司。请您跟我们介绍一下当时对涪陵电力的改革情况。

马述林：事实上，重庆市的电力体制改革也绕开了上市公司。考虑到它（涪陵电力）是上市公司，我们组建一县一公司时，没有触及，这也是考虑改革中的相对稳定。绕开之策最终选择的是重庆川东电力集团有限公司（以下简称川东电力）——涪陵电力的大股东，股改前占股61.05%。2004年6月，涪陵区政府控制的水电投资集团公司根据重庆市政府关于重庆市电力体制改革意见精神，将川东电力发电资产和非电网资产剥离后的电网账面净资产，以增资扩股的方式与重庆建投在涪陵持有的农网改造基金进行重组，共同组建了全新的川东电力，重组后涪陵水电投资集团和重庆建投分别占注册资本金的57.56%和42.44%。这样，一直以来作为重庆市电力建设投资主体的重庆建投以资产合作的方式进入涪陵区。川东电力可能是唯一一个重庆市政府没有占大头的县域电力公司，但这并不意味着永远，只是暂时先维持现状。

重庆市的电力体制改革绕开了上市公司。

问：重庆"贫煤、少水、富气、无油"，

而天然气资源配置权又不在重庆，重庆实际上是个缺能城市。您刚说重庆是适合发展核电的地区。日本福岛第一核电站在2011年时事故频发，其中多台机组都出现了起火、爆炸，从而引发了核物质的泄漏。这为各国的核安全敲响了警钟。

马述林：日本核电事故发生后，国务院常务会议立即听取应对日本核电泄漏情况汇报。日本核电站的这次事故，还让我对建设核电站的选址有了新的认识，就是把核电站建在海边，在遭遇海啸袭击的时候就会酿成巨大灾难。把核电站设在内陆就可以避免这种威胁。重庆的核电站未来将采用三代半核电技术，其安全设计思路之一是，在核电站外壳上方布局几个可以装几千吨水的水箱，在出现紧急状况时，不使用电力也能将这些水引入炉芯降温，这能避免福岛核电站因失去电力而出现冷却系统失效的问题。中国核电投入商业运营，核电站主要集中在沿海地区。

国外的核电布局主要集中在内陆地区，法国的19座核电站中有15座都位于内陆的8条河流上，美国内陆核电站的比例超过80%。全球范围内，位于内陆滨河、滨湖地区的核电站占全部核电总装机容量的2/3以上。

尽管在重庆设立核电站可以避开海啸袭

国外的核电布局主要集中在内陆地区。

击，但地震问题似乎难以回避，这也是在重庆
建核电站的主要争议点之一。事实上这场争议
从当地公布要建核电站以来，一直没有停息
过。我曾经在一家全国性媒体上撰文回应，
2000 多年来，有关重庆地区地震的历史记载
很少，这也从客观上证明重庆是地震发生频度
低的地区。现在修建的核电站，都设计了地震
情况下的反应方案，更不要说重庆不在强震
带上。

问：重庆从能源自给有余的局面转变为需
要能源调入。这将是个严峻的考验，已经成为
重庆经济发展的"瓶颈"。"发展核电"被重
庆市政协经济委的提案被列为政协 3 号提案，
足见核电对解决重庆市能源问题的重要性和紧
迫性。2017 年重庆核电站或将投产，这是好
消息。但这之前的种种坎坷不为大多数人所
知，请您给我们介绍一下重庆核电的发展
之路。

马述林：外界对重庆核电有误解。这是重
庆核电发展充满坎坷的原因。当时有专家认为
距离汶川 300 千米的重庆，建核电站的"可
能性不太大"。他的发言是因为不了解重庆，
对重庆的印象停留在比较浅的层面，以此否定
重庆的核电发展，这种论断是很不严谨科学
的。2010 年我在《中国经济导报》发表文章
《安全有保障重庆核电项目面对外界质疑》。

外界对重庆
核电有误解，这
是重庆核电发展
充满坎坷的原因。

重庆的经济快速发展，对能源的需求也快速增长，从 2005 年起，重庆的能源消费需要依靠大量的外调。当时预测在"十五"期间，重庆能源供求形势将形成拐点，重庆将从能源自给有余的局面转变为需要能源调入。这将是个严峻的考验，如果依靠外调，那么在价格、数量、运输等很多方面都要受制于人，经济发展势必受到巨大影响。在自身挖潜无望，外购来源有限，内外交逼的情况下，重庆电力紧张已成定局。着手研究常规能源的替代能源，发展核电，成为当务之急。

着手研究常规能源的替代能源，发展核电，成为当务之急。

2004 年 5 月，重庆正式成立核电项目工作协调小组，黄奇帆市长亲自挂帅，任核电小组组长，下设的办公室与市电力发展领导小组办公室合署办公，我兼任办公室主任。在核电办的前期工作计划安排下，勘探设计部门一批一批的工程技术人员进入现场作业，对地质、气象、水文、运输条件等方面做了大量的工作，采集了大量数据，并提交了一个又一个报告。结论是，被选地区的地质构造稳定，核岛及主要安全相关构筑物均可采用岩石做天然地基，是我国内陆适宜建设大型核电厂最优良的厂址之一。

看上去一切很顺利——修建核电站，最关键的便是选址。选址得到国家认可，就预示着向前跨了一大步。其实最大的门槛是进入国家规划，只有进入了国家规划，我们才能动工。当时市里的目标是在"十一五"进入国家规划，能在"十一五"期末进行动工，成为我国内陆最早修建的核电站。尽管核电办做了大量工作，但是国家"十一五"发展规划确定，重庆核电项目没有被列入。得知消息后简直就像一盆冷水浇到头上。做了那么多的前期工作，很多上级部门都跟我说进入"十一五"规划没问题，包括国家电力顾问公司都说没问题，可最终却仍然关闭了核电的大门。核电是个长期的工作，"十一五"不行，我们就铆足劲儿进"十二五"，总之，不能停下来！

之所以很多人谈核色变，是对核能的不了解造成的。人们一说到核，就想到原子能爆炸，就想到放射性元素，但这其实是一种认识的误区。我们能想到的所有能产生安全问题的因素，都在核电站建设中预先采取了措施，都是经过了千百次的模拟实验论证的。大亚湾核电站，你去参观过后会终生难忘，完全就是一个巨大的花园，后面的小镇距离核电站只有两三千米的距离。人们不但不会谈核色变，相反说起来都是自豪的语气，他们认为，干净优美的环境和安居乐业的生活，恰恰是核电站所带来的。

"十二五"规划明确提出，在确保安全的

干净优美的环境和安居乐业的生活，恰恰是核电站所带来的。

前提下，积极、高效地发展核电，不管是环境保护、资源保护，还是能源的可靠供应，抑或是安全性能，在现在的能源消费里面比较，核能都具备明显的优势。化石燃料总有枯竭的那一天，核能将是近期唯一可以替代的能源，这个重要性也就不言而喻了。这就是一个马拉松比赛。很多内陆省市都在申请这个项目。但机会是给有准备的人，我们把前期工作准备好了，国家松了口，我们就跑到前面去了。重庆的核电基础工作做得好已得到承认，也已纳入国家长期规划，现在就等"临门一脚"了。如果项目能及时得到国家批准，就可完成场地平整和各项施工准备工作，具备开浇第一罐混凝土条件，争取2017年、2018年各投产1台机组。

重庆的核电基础工作做得好已得到承认，也已纳入国家长期规划。

附录　重庆西部大开发大事记

2000 年

1 月 9 日，市西部开发工作小组首次会议召开，重庆正式启动西部大开发工作。

1 月 11 日，重庆市 107 个西部大开发重大基础设施项目敲定，投资总额达 2400 亿元。

3 月 21 日，重庆市确定西部大开发战略年度 10 件大事：切实抓好以基础设施建设为重点的西部开发重大项目；抓好以退耕还林（草）工作为重点的生态建设和环境保护工作；推动国企改革和经济结构调整取得明显进展；搞好西部开发人才培育及引进工作；做好融资和引资工作；开好"重庆·中国西部开发国际研讨会"；办好第五届中国三峡国际旅游节暨投资贸易洽谈会；举办好西南六省（区、市）七方经济协调会；制定好《重庆市实施西部大开发总体规划》；建立健全西部开发工作机制。

3 月，市政府决定，在西部大开发中，重庆市将加快发展具有本地优势的电子信息、生物医药、环保和新材料四大重点产业。

3 月 26 日，重庆市出台了包括放活土地经营使用权、推进农业产业化经营、加强农业基础设施和生态环境建设等 10 项政策措施，推进农业和农村经济结构调整。

4月3日，重庆市政府与国家开发银行金融合作协议签字仪式在万豪酒店举行。重庆市将获国家开发银行127.7亿元贷款。

4月19日，重庆市启动"2345"创新工程，加速建设长江上游高新技术产业基地。

6月8—9日，"重庆·中国西部开发国际研讨会"召开，研讨会以"西部大开发与面向经济全球化的中国"为主题。

7月11日，中共重庆市委召开一届七次全会，研究深化干部制度改革。

9月5日，西南六省区市七方经协会第十六次会议在重庆召开。

2001 年

1月20日，重庆市提出本年度西部大开发十件大事：一是制定重庆市贯彻国家西部大开发政策措施的实施意见并抓好落实；二是制定三大经济发展区的实施方案并启动建设；三是抓好重大基础设施建设，竣工一批、续建一批、新开工一批、推进前期工作一批；四是搞好生态建设和环境保护，按计划完成退耕还林还草和25度以下坡耕地综合整治任务，编制上报并争取启动《三峡库区生态建设和环境保护规划》；五是结构调整取得新成效；六是科技教育和文化卫生事业取得新进展；七是启动北部新区的开发建设，搞好出口加工区和大学科技园区的规划建设；八是实施民心工程，改善城乡人民生产、生活条件；九是办好"一会一节"和"重庆高新技术成果交易会"；十是继续深化和落实"十个一批"措施，搞好发展环境的综合整治。

2月19日，市政府第44次市长办公会审议通过《重庆市鼓励外商投资若干政策规划》。进一步贯彻国家西部大开发战略部署，提出鼓励外商投资 9 个方面共 53 条有关政策。

4 月 23 日，重庆市决定实行土地公示制，同时大力推进招标拍卖，建立土地收购储备制。

4 月 25 日，第六届中国重庆投资贸易洽谈会暨三峡国际旅游节开幕。共签订投资项目 337 个，总投资 220.28 亿元人民币；签订出口合同 3965.5 万美元。美国福特汽车、通用 BS 公司等世界著名企业落户重庆。

6 月 20—21 日，中共重庆市委一届九次全会举行，提出科教兴渝战略。

7 月 13 日，市企改革发展领导小组第十一次会议要求，继续举全市之力打好国企改革攻坚战。

9 月 28 日，中共重庆市委、市政府正式印发《重庆市实施西部大开发若干政策措施》，涉及财政税收、信贷和融资、土地和资源开发、对内对外开放、人才和科技创新 5 个方面 50 条具体政策。

11 月 23 日，经国务院批准设立的重庆出口加工区奠基，该区距市中心 6 千米，距重庆江北国际机场 9 千米，总体规划面积为 3 平方千米，首期开发面积 1 平方千米，近期围网封关运行面积 0.4 平方千米，出口加工区具有"免税、保税、退税"的税收优惠政策，是我国对出口加工企业的最优惠政策。

12 月 28 日，重庆市全面推进粮食购销市场化改革。

2002 年

1 月 12 日，渝澳合作向纵深拓展，共签订 13 个合作项目，总投资额 7.76 亿元。

1月24日，重庆市提出本年度西部大开发十件大事：一是全面启动构建三大经济区的各项规划任务；二是抓紧研究制定和落实应对"入世"的各项措施；三是实施"八大民心工程"，搞好重点项目建设；四是出台促进城乡居民消费的政策措施；五是加大生态环境建设与保护力度；六是加快推进经济结构战略性调整，重点抓好10个"农业产业化百万工程"和一批重大高新技术项目建设；七是进一步增强经济增长活力，重点是完善政策措施，促进中小企业和非公有制经济发展；八是落实科教兴渝战略决定，将市委一届九次全会的精神落到实处；九是加快投融资体制改革；十是精心组织好一系列国际国内重大活动，重点办好重庆市第二次党代会和 AAPP 会议等。

4月20—21日，重庆市隆重召开重庆直辖与西部大开发研讨会，与会人员探讨了设立重庆直辖市的战略意义、重庆在西部大开发中的战略地位和发展方向。李鹏委员长号召"努力把重庆改革建设发展推向新阶段"。

6月，中共中央总书记江泽民视察重庆时提出："重庆在实施中央关于三峡工程建设和西部大开发这两大决策中处于重要的战略地位，应该充分利用自己的优势条件，抢占先机，有所作为，加快发展，更好地发挥特大中心城市的作用。"

8月5日，重庆市决定建设培育十大商贸中心区和十大品牌流通企业、100个社区商业服务中心、100个小城镇商业群，新设1000个规范化的连锁店铺，发展1000万元级的边界市场与市外分销机构。

8月27日，重庆市委、市政府决定对外商投资企业采取七项措施改善投资软环境。

8月30日，重庆市政府决定用专项资金帮助中小企业开拓国际市场。

10月14日，中共中央总书记江泽民为重庆定位，努力把重庆建设成为长江上游的经济中心。

10月23日，三峡库区第一条铁路——达万铁路（达川市至万县市）全线通车。

10月30日，我国自行设计制造的亚洲第一条年产1万吨大规格铝及铝合金中、厚板材预拉伸板生产线在西南铝业（集团）有限责任公司竣工投产，结束了我国大规格铝合金预拉伸板全部依赖进口的历史，填补了国内空白。

2003 年

1月8日，重庆市提出本年度西部大开发十件大事：一是深入研究建设长江上游经济中心和全面建设小康社会的目标任务；二是突出抓好基础设施和生态环境等方面的90个重点项目建设；三是通过多种渠道和方式吸纳30万人就业和再就业；四是在信息化带动工业化和发展劳动密集型产业方面取得新进展；五是以小城镇及特色园区建设为重点促进三大经济区协调发展；六是在开拓出口产品和市场多元化上取得明显进展；七是全面完成二期移民并启动三期移民；八是加快国有企业、国有资产管理体制及投融资体制改革步伐；九是进一步实施好"科教兴渝"和"人才强市"战略；十是以解决开放引资中暴露的体制弊端为重点继续整治发展环境。

5月8日，在渝东南民族地区经济社会发展现场办公会上，重庆市委、市政府提出努力建设渝东南特色经济走廊和武陵山区经济高地。

6月13日，沙坪坝区政府与重庆市地产集团正式签订重庆市大学城土地联合开发建设协议，重庆地产集团将投入 60 亿元用于重庆大学城项目开发建设。大学城位于沙坪坝区西部虎溪镇和陈家桥镇，占地 20 平方千米，计划建设总投资 80 亿元。建成后的大学城将形成现代化、网络化、园林化、生态化的西部地区高级人才培训中心、科学研究与创新中心、国际科技教育交流中心。

6 月 19 日，重庆市政府召开第 9 次常务会，酝酿电力体制改革，最终目标是实现全市城乡居民用电同质同价。

6 月 27 日，市委二届三次全会审议并通过《关于加快实施城镇化战略的决定》。

7 月 8 日，重庆市有线数字电视试播仪式在彩电中心举行。重庆市成为继北京、上海之后第三个数字电视试播城市。

9 月 8 日，联合国工业发展组织在重庆设立其在中国的第一个专业常设机构——联合国工业发展组织国际投资与工作转包促进机构重庆中心（SPX）。

9 月 15 日，重庆市文化体制改革试点工作全面启动。

12 月 24 日，世界银行发表《改善投资环境、提高城市竞争力——中国 23 个城市排名》调查报告，重庆市投资环境位列 23 个受评城市的第五位，在西部城市中名列第一。

12 月 26 日，国道 319 线涪陵至秀山段全线通车仪式在涪陵白涛镇举行，"8 小时重庆"交通工程全线贯通，实现从离重庆主城区比较边远的县城出发乘汽车在 8 小时之内到达主城区。全长 181 公里的长万（长寿至万州）高速公路全线通车，这是重庆主城区通往三峡库区的第一条陆上大通道。

2004 年

1月15日，重庆市委发布《关于贯彻〈中共中央关于完善社会主义市场经济体制若干问题的决定〉的意见》。

2月3日，川渝双方签订一系列经济社会发展合作协议。

2月20日，万宜铁路正式进入施工阶段，该铁路被誉为中国铁路建设史上桥隧比重最高（桥梁183座、隧道114座，桥隧总长占干线71%以上）、造价最高（每公里造价450万元）、施工难度最大（70%的线路处于岩溶地区）的干线，对推动形成中国沿长江东西向铁路大动脉和沿线地区经济开发意义深远。

6月30日，重庆市委出台《关于加快推进新型工业化的决定》。

7月6—7日，国务院三峡库区经济发展暨对口支援工作会议在重庆召开。三峡重庆库区签下22个项目，合同金额170亿元。

9月5日，2004中国企业五百强发布会暨高层论坛在重庆开幕。重庆钢铁集团、重庆商社、宗申集团、力帆集团、庆铃集团、建工集团、隆鑫集团和重庆医药集团等重庆企业入选中国企业五百强。

9月29日，重庆市电力体制第二步改革启动，市电力公司从市建设投资公司手中接过巫山等11家供电有限责任公司改革的接力棒，年底实现全市同网。

10月30日，全市发展开放型经济工作会议召开，提出开创大开放促大发展的新局面。

11月29日，市委、市政府召开重庆市三峡库区经济社会发展工作会议。会议强调要以全面实施《三峡库区经济社会发展规划》《三峡水库周边绿化带建设工程规划》《长江三峡区域旅游发展规划纲要》为新的起点，推进库区社会全面协调可持续发展，努力把库区建设成为经济发展、社会进步、生活安定、环境优美的新型生态经济区。

12月8日，重庆江北国际机场扩建工程竣工启用。该工程是中国民航总局和重庆市"十五"重点建设项目。

2005 年

1月11日，重庆在西部率先全免农业税。全市 2000 多万农民向国家交纳农业税的历史一去不复返了。

3月14—15日，20 国集团第 12 次财政和央行副手会议在重庆召开。会议主题为"加强全球合作实现世界经济平稳有序发展"，会议讨论了当前国际经济形势、布雷顿森林机构 60 周年回顾与改革、国际发展援助与创新发展融资机制、老龄化与移民、发展理论创新等议题。

4月26日，市政府发布《重庆市主城"蓝天行动"实施方案（2005—2010）》。

7月10日，全国最高级别科研项目——973 计划正式启动，重庆市有 3 个项目入围，全国排名第二。

9月1日，惠普全球软件开发中心重庆分中心在渝注册成立，这标志着世界知名 IT 企业、在全球 500 强中排第 24 位的美国惠普公司正式落户重庆，重庆成为继上海、北京、大连之后，惠普公司在中国的第四个战略基地。

10月12—13日，第五届亚太城市市长峰会在重庆召开。这次盛会是重庆直辖以来规模最大、影响最深的一次国际盛会，共有 41 个国家和地区、123 个城市参会。361 位代表和媒体记者参加了城市历史、人居环境、城市产业、世界文化遗产四个主题的参观考察活动。会议通过了峰会举办以来的第一个宣言——《重庆宣言》，诠释了城市可持续发展的道路，实现了峰会主题——"城市·人·自然"和谐共生。

10月24—27日，中国权威桥梁委员会——茅以升桥梁委员会2005年年会认定：重庆是中国唯一的、真正的"桥都"。

10月，重庆被列为全国首批循环经济试点城市。

12月26日，重庆轻轨2号线（较场口—新山村）实现全线贯通，标志着重庆成为西部首个拥有轨道交通的城市。

12月28日，总投资5.89亿元，占地2175.3亩，可容纳70万标箱的"西部第一大集装箱站"——重庆铁路集装箱中心站在沙坪坝区土主镇奠基，该站是铁道部规划的全国18大货运节点之一，将填补中国西部无现代化铁路物流枢纽的空白。

2006 年

1月18日，重庆市决定农村义务教育从春季起免除学杂费。

2月16日，重庆市首家本地航空公司——重庆航空公司完成工商注册。

2月26日，中国轻工业联合会授予重庆市璧山县"中国西部鞋都"称号。

4月13日，重庆市林权制度改革提速。全国落实林权，实行分类经济，培育林业市场，促进资源流转，规范林权管理，落实林业政策。

6月20日，市委二届九次全会通过《关于加快库区产业发展，着力解决移民就业，促进库区繁荣稳定的决定》。

11月17日，中共重庆市委二届十次全会批准《关于构建和谐重庆的决定》。

11月21日，重庆市决定从2007年起，实行社区卫生补助制度，初步标准定为人均15元。

11月22日，重庆市政府召开第86次常务会议，决定从2007年1月起全面实施农村居民最低生活保障制度。

12月1日，重庆市委常委会研究全市农村劳务开发工作时提出：把农村劳务经济培育成第一资源型产业。

12月30日，市政府召开新闻发布会，宣布2007年启动重钢环保搬迁工程。

2007 年

1月12日，召开2007年全市规划建设管理工作会，重庆市将大力推进"快捷城市"和"宁静行动"，完成重点工程投资700亿元，建成25个重要项目，并加强对噪声污染的控制。

3月4日，重庆代表团建议批准在重庆设立国家级统筹城乡综合改革试验区。

3月8日，中共中央总书记胡锦涛在参加重庆代表团审议时为重庆发展"导航定向"，指出要"把重庆加快建成西部地区的重要增长极、长江上游地区的经济中心、城乡统筹发展的直辖市、在西部地区率先实现全国建设小康社会"。

3月20—23日，第三届中国（重庆）火锅美食文化节召开，重庆市荣膺"火锅之都"称号。

4月2日，重庆市政府、四川省政府签订《关于推进川渝合作共建成渝经济区的协议》，川渝携手打造国家新的增长极。

5月25日，重庆市委、市政府出台《关于发展劳务经济促进城乡统筹的意见》。

6月7日,《国家发展改革委关于批准重庆市和成都市设立全国统筹城乡综合配套改革试验区的通知》提出,重庆市、成都市要根据城乡综合配套改革实验区的要求,全面推进各个领域的体制改革。

6月27日,国务院原则通过重庆市城乡总体规划,首次明确重庆是"中国重要的中心城市之一"等五大定位。

9月25日,美国福特公司与重庆长安公司合作建设第三工厂正式签约并举行奠基仪式。长安福特三工厂落户重庆以后,发动机工厂、变速箱工厂及大批零部件配套企业相继落户重庆。

10月11日,法国罗兰集团投资修建的罗兰石墨工业(重庆)有限公司正式开工投产,这是国内最大的一家石墨生产基地。

2008 年

4月30日,重庆市统筹城乡综合配套改革试验总体思路确定,5月向国家上报改革试验方案。

6月21—30日,国家发改委和国务院研究室牵头,组织由45个部委、219人组成的调研组,集中调研在重庆设立全国统筹城乡综合配套改革试验区的问题,策划了17个专题,分19个调研组走遍了重庆所有区县。

7月24日,教育部与重庆签订合作协议,共建国家统筹城乡教育综合改革试验区。

8月22日,国务院三峡办与重庆签署《合作框架性协议》,共建和谐稳定新库区。

11月12日,重庆两路寸滩保税港区经国务院正式批准设立,成为我国首个内陆保税港区。

12 月 4 日，全国首家农村土地交易所在重庆挂牌成立。

12 月 11 日，重庆惠普电脑生产基地项目在西永微电园正式开工。

12 月 12 日，江北机场三期扩建重要项目——T2A 航站楼开工奠基。

12 月 22 日，西部最大水泥生产项目——安徽海螺集团总投资 36 亿元，年产 1000 万吨新型干法水泥项目在忠县动工。

12 月 29 日，沪汉渝蓉大通道的重要组成部分——渝利铁路开工。

2009 年

1 月 6 日，我国西部最大的长途客运站——重庆龙头寺长途汽车站正式投入使用。

1 月 26 日，国务院发出《关于推进重庆市统筹城乡改革和发展的若干意见》，由此，重庆统筹城乡改革发展上升为国家战略。

2 月 2 日，国务院批准重庆等 20 个城市为中国服务外包示范城市，将实行一系列鼓励和支持措施，加快服务外包产业的发展。

3 月 30 日，长寿长江大桥正式通车，全市沿长江所有的区县都拥有长江大桥。

6 月 21 日，首届中国西部旅游产业博览会在重庆市闭幕，会议期间签约金额 593.39 亿元。

7 月 7 日，西南首条快速铁路达成铁路全线通车，重庆至成都车程将缩短至 2 小时。

8 月 4 日，惠普（重庆）笔记本电脑出口制造基地项目在重庆举行签约仪式。富士康（重庆）产业基地项目在重庆举行签约仪式。

9月6日，重庆大剧院举行竣工典礼，正式并投入使用。

11月12日，重庆外滩摩配大宗商品中远期电子交易所正式开业，这是全市首家大宗商品中远期电子交易所，也是全国首家以摩托车配送、汽车配件为交易品种和以工业半成品，成品为交易类别的大宗商品中远期电子交易所。

12月26日，全球服务器最大生产商和全球五大笔记本电脑代工商之一的英业达集团与重庆市签约，在渝建立其在中国的第二生产基地。

2010 年

1月26日，惠普公司中国第二个综合性电脑生产基地在重庆竣工投产，中西部地区首台笔记本电脑在重庆诞生。

2月5日，重庆市首次被住建部列为五大国家中心城市之一。

2月26日，举行重庆西永综合保税区揭牌暨英业达集团重庆生产基地奠基仪式。

4月7日，西部地区12个省区市十三方共同签订科技合作框架协议。西部地区实现科技资源全部有效利用和共享。

5月19日，装载富士康代工制造的惠普电子产品的集装箱专列驶出西永团结村集装箱站。重庆铁海联运国际大通道正式开通启运，重庆制造的首批电子产品销往海外。

6月18日，重庆两江新区正式挂牌成立，面积达1200平方千米。这是继上海浦东新区、天津滨海新区之后，我国内陆唯一的国家级开发开放新区。国务院批复文件将两江新区定位为统筹城乡综合配套改革试验的先行区，内陆重要的先进制造业基地和现代服务业基地、长江上游金融中心和创新中心、内陆地区对外开放的重要门户、科学发展的示范窗口。

7 月 28 日，重庆市统筹城乡户籍制度改革工作全面启动。

9 月 30 日，渝湘高速公路黔江至洪安段、重庆段通车。渝宜高速公路云阳至巫山段、重庆段通车。重庆市"二环八射"2000 千米高速公路建设目标提前 10 年实现，构筑起"4 小时重庆""8 小时周边"的高速公路网主骨架，全市高速公路密度达到每百平方千米 24 千米，居西部地区第一。

12 月 18 日，举行重庆江北国际机场第二跑道和新航站楼（T2A 航站楼）扩建工程竣工启用仪式。

12 月 22 日，2003 年开工建设的宜万铁路建成通车，投入运营。其前身是川汉铁路，这条我国铁路史上修建难度最大、单位造价最高、历时最长的山区铁路，全程仅 377 千米，从筹建到通车竟历经百年。同日，渝黔铁路重庆段和三江至南川铁路扩能改造、渝万铁路、重庆火车北站改扩建、重庆火车西站 5 个铁路项目开工建设。

2011 年

3 月 19 日，渝新欧国际铁路联运班列首次全程运行，列车载着惠普在重庆生产的电子产品，从重庆团结村始发，开行 16 天，顺利抵达德国的杜伊斯堡。其后，五定班列（定起点、终点、定运行路线、定运行时间、定运输内容和定运输价格）不断从重庆开往欧洲。

4 月 6 日，两江国际云计算中心暨中国国际电子商务中心重庆数据产业园在两江新区开建，启动打造国内最大的离岸数据处理中心。

5月6日，国务院批复《成渝经济区区域规划》。到2015年，建成西部地区重要的经济中心；到2020年，成为我国综合实力最强的区域之一。

6月20日，市政府与全球最大笔记本电脑制造商仁宝电脑集团签署战略合作协议，仁宝正式签约落户重庆。继惠普、宏碁、华硕三大电脑品牌商落户后，总产量占全球产量的90%、全球排名前6位的笔记本电脑代工企业全部落户重庆，全球最大笔记本电脑基地初显轮廓。

7月28日，重庆市首条地铁交通1号线一期工程开通试运营。

7月30日，渝新欧国际铁路重庆至德国货运班列开通。

9月27—28日，中国、俄罗斯、哈萨克斯坦、德国等铁路部门及重庆举行五国六方"渝新欧"国际铁路联运联席会议，与会各方签署《共同促进"渝新欧"国际铁路常态开行合作备忘录》。提出将"渝新欧"铁路打造成具有世界品牌意义的货运线路。

10月18日，国务院批复《重庆市城乡总体规划（2007—2020年)》。

12月23日，重庆江北国际机场第三跑道和东航站区奠基。

12月30日，轻轨3号线全线开通运营。

2012 年

2月24日，全球最先进、最高效、最具可持续性的整车工厂——长安福特马自达重庆二工厂在北部新区正式投产，新福特福克斯下线。

4月3日，地铁6号线二期工程全面开工建设。

4月12日，渝新欧（重庆）物流有限公司挂牌成立。该公司是目前唯一由中国、哈萨克斯坦、俄罗斯、德国4国铁路部门和重庆交运控股有限公司"四国五方"合资组建的铁路物流企业。

5月30日，重庆机场获得"2011年度亚太地区最佳进步奖"和全球旅客吞吐量1500万—2500万级最佳机场第2名两个奖项。

6月25日，重庆市创建"世界温泉之都"温泉旅游重点项目授牌仪式在九龙坡区举行。

6月26日，市政府与国家开发投资公司举行战略合作框架协议签约暨国投重庆页岩气开发利用有限公司揭牌仪式。

9月22日，霍尼韦尔与两江新区签署战略合作备忘录，在中国西部布局最大的研发中心。将利用霍尼韦尔在航空航天、楼宇控制、节能环保、安全安防等领域的全球领先技术和先进经验，推进两江新区在通用航空产业、智慧城市、云计算、节能环保等领域的创新和发展。依托重庆获得国家低空空域管理改革试点的战略契机，霍尼韦尔帮助重庆打造国家级国际低空航空枢纽。

9月28日，新加坡在华最大投资项目——重庆朝天门来福士项目举行开工典礼。

10月26日，世界温泉及气候养生联合会将全球首个"世界温泉之都"称号授予重庆。

12月21日，京东方科技集团"第8.5代新型半导体显示器件及系统项目"选址两江新区，重庆将成为国内最重要的笔记本电脑、打印机、显示器生产基地。

2013 年

1 月 8 日，重庆市打印机单月产量突破 150 万台，成为全球最大的打印机生产基地。

3 月 18 日，"渝新欧"首趟回程货运试验班列从德国杜伊斯堡顺利抵达重庆。

3 月 25 日，重庆国际博览中心场馆正式运营，其展示面积列西部第 1 位、全国第 2 位。

7 月 3 日，"中国—中东欧国家地方领导人会议"在重庆南坪国际会展中心举行，这是重庆市继 APP 会议、亚太城市市长峰会后举行的又一次大型国际会议。

9 月 3 日，国家能源局正式批准重庆涪陵页岩气田为国家级页岩气产能建设示范区，面积 7307.77 平方千米。

9 月 4 日，根据国际机场协会（ACI）发布的数据，重庆机场国际排名升至第 70 位，旅客吞吐量、货邮吞吐量、起降架次三大指标跻身全球百强。

9 月 13 日，市委四届三次全会通过了《关于科学划分功能区域、加快建设五大功能区的意见》，将全市 8.2 万平方千米划分为都市功能核心区、都市功能拓展区、城市发展新区、渝东北生态涵养发展区和渝东南生态保护发展区。

10 月 28 日，全长 51 千米、投资约 342 亿元的重庆市轨道交通环线开工建设。

12 月 5 日，长江上游最大的"水、铁、公"联运物流枢纽港口——重庆果园港开港运行。

12 月 28 日，渝利铁路（重庆—湖北利川）正式建成通车。重庆全面接入全国快速铁路网络。

2014 年

1 月 28 日，重庆市跨境贸易电子商务综合服务平台上线运行。上线的综合服务平台是全国唯一涵盖一般进口和出口、保税进口和出口的全业务流程服务平台。

4 月 27—29 日，中共中央政治局常委、国务院总理李克强在重庆就西部开发开放进行调研，并在渝主持召开座谈会，研究依托黄金水道建设长江经济带，为中国经济持续发展提供重要支撑。

5 月 25 日，市交委发布《重庆市五大功能区交通发展规划》，明确全市交通发展总体目标：建成国家公路运输枢纽、长江上游航运中心、西部最大铁路枢纽、门户性复合型航空枢纽。

6 月 7 日，渝东南武陵山区、渝东北三峡库区入围全国首批生态文明先行示范区建设名单。

6 月 26 日，猪八戒网虚拟产业园开园，这在全国文化创意产业界尚属首例。

8 月 15 日，《重庆市统筹城乡重点改革总体方案》出台，涉及新型农业经营体系、农民工户籍制度、农村金融服务、地票制度、农村流通体系五个方面。

8 月 21 日，第 10 届中国国际会展文化节闭幕，重庆获得"中国会展名城"称号，重庆国博中心被评为 2013—2014 年中国会展标志性场馆。

9 月 11 日，重庆市委常委会审议通过《关于统筹要素资源完善渝东北生态涵养发展区和渝东南生态保护发展区扶持政策的实施意见》和《城市发展新区重大基础设施建设实施方案（2014—2020 年）》。

12 月 18 日，重庆市政府出台《贯彻落实国家"一带一路"战略和建设长江经济带的实施意见》。

12 月 29 日，"渝新欧" 2014 年第 100 班去程班列发车，自此成为丝绸之路经济发展战略的重要部分和中欧铁路大通道的主要载体。

2015 年

1 月 8 日，重庆笔记本电脑产量占全球 1/3，成为全球最大生产基地。

1 月 29 日，市政府第 79 次常务会议，审议通过《重庆市页岩气产业发展规划（2015—2020）》，重庆市规划打造国家级页岩气开发利用综合示范区。

3 月 25 日，农业部试点土地经营权入股，重庆纳入首批试点省市。

4 月 3 日，重庆入选国家"海绵城市"建设试点城市。

6 月 11 日，潼南、荣昌撤县设区，至此城市发展新区全域成为市辖区。

6 月 14 日，全国首个国家文物保护装备产业基地落户南岸区。

7 月 3 日，全市扶贫攻坚工作会议提出，确保 2017 年年底全市 14 个国家级扶贫工作重点区县和 4 个市级扶贫区县全部"摘帽"，165.9 万贫困群众全部越过扶贫标准线。

9 月 7 日，市政府召开新闻发布会，指出重庆市将实施城乡统一的户口登记制度，取消农业户口与非农业户口性质区别，五大功能区域实行分区落户政策。预计 2020 年全市常住人口城镇化率达到 65% 以上，户籍人口城镇化率 50% 左右。

10月2日，我国首个大型页岩气田——涪陵页岩气田探明储量增加到3805.98亿立方米，含气面积扩大到383.54平方千米，成为全球除北美之外最大的页岩气田。

11月7日，《中华人民共和国和新加坡共和国关于建立与时俱进的全方位合作伙伴关系的联合声明》发表。双方全力支持在中国西部地区的第三个政府间合作项目发展，确定项目名称为"中新（重庆）战略性互联互通示范项目"。

2016年

1月4—6日，中共中央总书记习近平在渝深入港口、企业考察调研，就贯彻落实党的十八届五中全会精神和中央经济工作会议精神进行指导。他指出，"一带一路"建设为重庆提供了"走出去"的更大平台，推动长江经济带发展为重庆提供了更好融入中部和东部的重要载体，重庆发展潜力巨大、前景光明。他要求重庆完善各个开放平台，建设内陆国际物流枢纽和口岸高地，建设内陆开放高地。习近平听取了重庆市委和市政府工作汇报，对重庆近年来经济社会发展取得的成绩和各项工作给予肯定。他希望重庆发挥西部大开发重要战略支点作用，积极融入"一带一路"建设和长江经济带发展，在全面建成小康社会、加快推进社会主义现代化中再创新的辉煌。5日，中共中央总书记习近平在重庆召开推动长江经济带发展座谈会，听取对推动长江经济带发展的意见和建议并发表重要讲话。

1月15日，国务院批准在重庆等12个城市设立跨境电子商务综合试验区。

2月，重庆市委、市政府出台《关于调整优化两江新区管理体制的决定》。

2月19日，重庆市委常委会会议审议通过《重庆市推进供给侧结构性改革工作方案》。

4月12日，国务院批复《成渝城市群发展规划》。

5月16日，重庆市委、市政府出台《关于深化拓展五大功能区域发展战略的实施意见》。

5月23日，两江新区入围国家首批双创示范基地。

6月12日，川渝签署《关于加强两省市合作共筑成渝城市群工作备忘录》，携手共建西部重要增长极。

8月，党中央、国务院决定在重庆市设立自贸试验区。

9月5—6日，中国共产党重庆市第四届委员会第九次全体会议召开。会议的主题是，深入学习贯彻党的十八大、十八届三中四中五中全会精神、习近平总书记系列重要讲话和视察重庆重要讲话精神，以及全国科技创新大会精神，研究部署深化改革、扩大开放，加快实施创新驱动发展战略工作。

参考文献

［1］《中国共产党历次代表大会、全会文献》（2000—2016 年）。

［2］《重庆市政府工作报告》（2000—2016 年）。

［3］《重庆市国民经济和社会发展规划、计划》（2000—2016 年）。

［4］《重庆市国民经济和社会发展统计公报》（2000—2016 年）。

［5］《童小平同志在重庆市政府工作期间（2003—2012 年）的讲话、会议纪要》。

［6］《改革》历年样刊（2000—2016 年）。

［7］《人民日报》历年资料（2000—2016 年）。

［8］《光明日报》历年资料（2000—2016 年）。

［9］《经济日报》历年资料（2000—2016 年）。

［10］《重庆日报》历年资料（2000—2016 年）。

［11］新华网、人民网、华龙网相关资料。

索　引

事件索引（按拼音字母排序）

人物索引（按拼音字母排序）

后　记

　　2000 年启动大幕的西部大开发战略正向纵深推进。2017 年 6 月，中西部唯一直辖市——重庆二十华诞。

　　当您翻开《潮起巴渝——西部大开发重庆剪影》一书，您就看到了中央决策的落地效应：重庆被批准成为全国统筹城乡综合配套改革试验区，国务院为重庆量身定制"3 号文件"，两江新区应运而生，自贸试验区花开重庆……无一不体现着中央的垂青和远见。

　　当您翻开《潮起巴渝——西部大开发重庆剪影》一书，您就看到重庆的努力、重庆的创新。从铁路入渝的"蜀道难"到福特落户的"重庆速度"，从轻轨的快捷便利到"渝新欧"的互联互通，从改革的先行先试到笔电产业的"无中生有"、发展的后来居上……无一不反映着重庆的求真和务实。

　　当您翻开《潮起巴渝——西部大开发重庆剪影》一书的同时，我们也在激动，因其献映的是近 20 年的历史余香，也因其流淌的是近 5 年的编者笔墨。

　　在重庆市原副市长童小平同志的关心和支持下，享受国务院政府特殊津贴专家、重庆智库理事长、改革传媒发行人兼编辑总监王佳宁研究员主持《潮起巴渝——西部大开发重庆剪影》的编写工作。从 2013 年 9 月起，组建并启动调研和写作团队，编写组多次通气、会商，组织专人消化相关讲话文稿与会议纪要。书中一些关键的实录即摘编自讲话文稿和相关会议纪要，佐证材料包括参与同志的讲述、照片以及媒体报道。

2014—2015 年，编写组着手开展访谈工作。王佳宁、康庄、胡静峰、莫远明等选取了在相关事件中所在部门参与度较强、出现较频繁的人员作为访谈对象。

2016 年 1 月以来，总协调人王佳宁制定并明确了出版工作要点和初步分工，就编写计划、梳理文献及时通报进展和明确基调。7 月 11 日，编写组向童小平同志就体例、流程安排作专题汇报。7 月 12 日，编写组召开会议讨论新的编写计划和体例，决定对书稿的时间跨度进行调整，以 2006—2015 年为主体，去掉媒体报道附录部分，对西部大开发全国层面的政策和重庆市的政策进行梳理，会后制定新的编写计划。同时，明确新的编写计划和体例。7 月 25 日、29 日，编写组两次召开专题会议，就新的编写计划和体例进行讨论，形成最终计划和体例。8 月 3 日，编写组召开会议，就编写过程中出现的一些问题进行讨论并研究对策。最后，细化书稿体例，修改完善书稿。9 月 2 日，编写组召开第七次专题会议，对书稿的体例作了进一步的细化和分工落实，对书稿的遣词造句、标点符号、逻辑关系等进行修正完善。10—11 月，童小平同志两次对书稿涉及的重要时间点和事件进行把关确认。11 月 11 日，童小平同志对书稿质量给予较高评价，肯定编写组的辛勤工作。

您手上的《潮起巴渝——西部大开发重庆剪影》，以"中国视野、西部蓝本、重庆剪影"为理念，回眸西部大开发战略实施以来重庆的发展轨迹与脉络。全书分为全国视野、重庆态势、案例献映、访谈撷英四章，再现西部大开发全国和重庆的政策演进轨迹、西部大开发重庆直辖市的重大事件。内容充实，贯通18 载西部开发史；选择精准，纪实 20 岁重庆直辖市。

您手上的《潮起巴渝——西部大开发重庆剪影》，全书 20 多万字，编写组数易其稿。编写组克服人手紧张、工作超负荷、资料检索考证难度大等困难，历经长期熬更守夜、炎暑撷英、忘我而扎实的工作，终于完成了资料收集、遴选和编撰等各项任务。全书由王佳宁总纂、设计架构，并取名《潮起巴渝——西部大开发重庆剪影》。总策划、总撰稿：王佳宁；策划、撰稿执行：王资博、罗重谱、王妙志、王君也；访谈：王佳宁、康庄、胡静锋、莫远明、刘霖。

在编写过程中，编写组查阅了大量重要的报刊、图书及有关文献，参考资料繁多，不能一一细标，在此一并致谢。

《潮起巴渝——西部大开发重庆剪影》再次验证：资讯从来就不是稀缺资源，但准确的选择是稀缺资源；机会从来就不是稀缺资源，但理性的分析是稀缺资源；甚至连财富也不是稀缺资源，但独到的眼光是稀缺资源。

《潮起巴渝——西部大开发重庆剪影》编写组

2017 年 1 月于重庆江北桥北村